작심 3일 파이썬은
독자들의 작심력을 응원합니다

이제는 문과 전공자들도 배워야 하는 대세 파이썬.
카이스트에서는 전학생 필수과목이 된 지 오래.
당신도 이제 파이썬 배우기를 작심해야 할 때입니다.

작심 3일 파이썬은
독자들의 인내심을 존중합니다

당신의 인내심은 죄가 없습니다.
아무리 쉬운 일도 아무리 힘든 일도 3일을 넘어가면 몸이 배배 꼬이게 마련.
그래서 작심하고 3일 이내에 일정한 성취를 얻는 것이 중요합니다.

작심 3일 파이썬은
독자들의 쉴 권리를 보장합니다

아무리 맘이 급하더라도, 아무리 책이 재밌더라도(?)
더도 덜도 말고 작심일차만 읽어나가시고 쉬거나 노시기 바랍니다.
단, 당일차 2독은 말리지 않습니다.

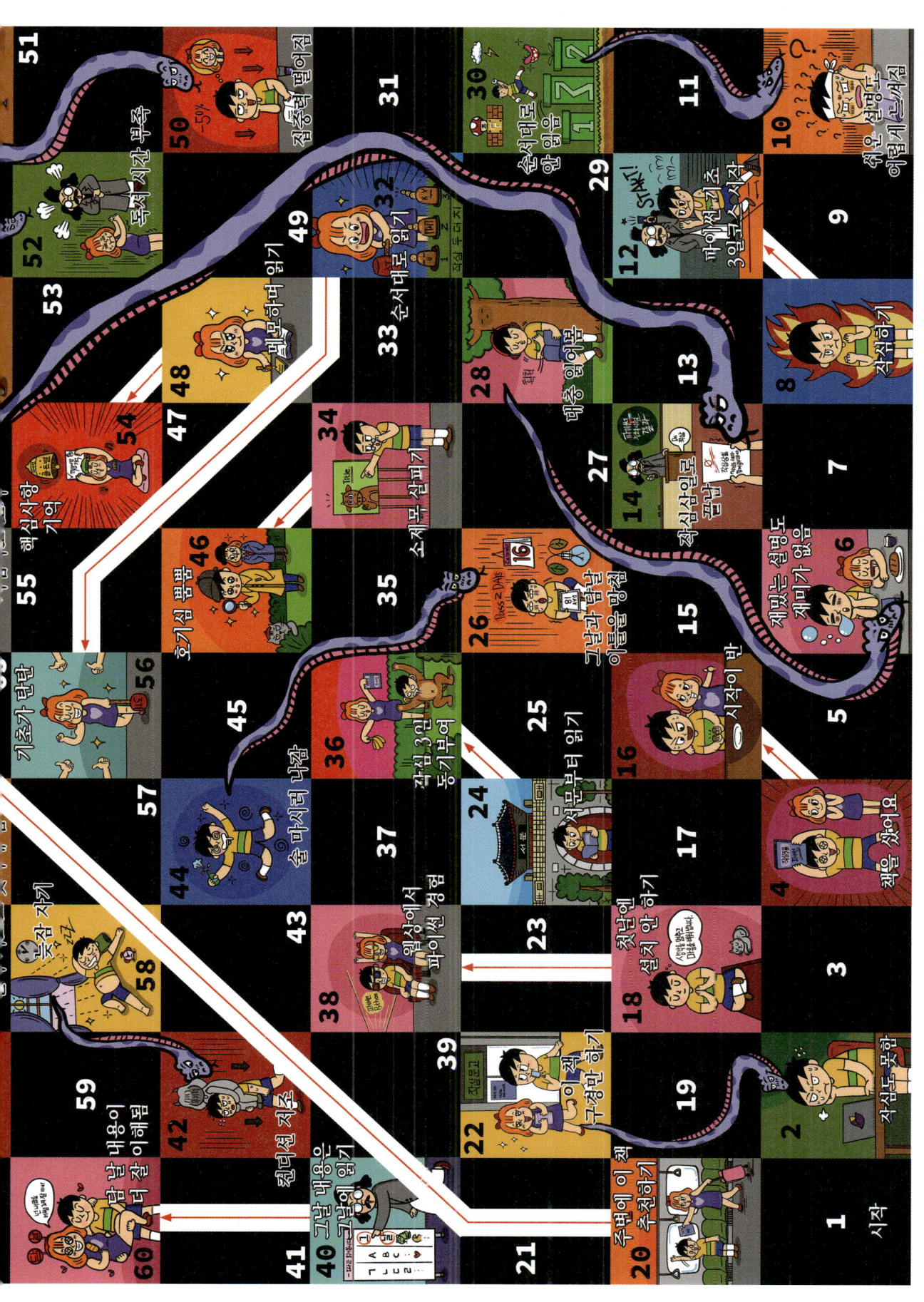

점선을 참고하여 조심스럽게 잘라

뒷면지의 나머지 한쪽과 이어붙이시면

진짜로 주사위 놀이를 할 수 있습니다.

열심히 파이썬 기초를 공부하다가

머리 식힐 때 참 좋습니다.

저자 : 황덕창

수학을 전공한 영어번역가이자 개발자 출신 코미디 방송작가 겸 프리랜서 프로그래머인 황덕창 작가는 트랜지스터팩토리의 제안에 속아(?) 『작심3일 파이썬』의 저자가 됐다. 아주 쉬운 1일차, 좀 만만한 2일차, 꽤 어려운 3일차로 구성된 초보자를 위한 파이썬 원고를 써달라는 주문을 받고, 꼬박 3개월을 몸부림쳤다고 한다. 전문작가, 번역가, 국제행사 기획자, 자동차경주(F1) 기술위원 등 다양한 분야에서 왕성하게 활동을 하고 있는 저자는 개인적으로도 파이썬을 활용해 업무 효율성을 높이고 있다며 비전공자들에게도 파이썬을 적극 권유하고 있다.

모두가 배워야 할 Python, 남몰래 3일만 투자하자!

파이썬
Python

트랜지스터팩토리 기획

황덕창 지음

1독에 3일 이상 소요 금지!

기획 : 트랜지스터팩토리

"창작과 증폭!"을 기치로 삼아 전문지식의 대중화를 획책하는 기획사. 전류 에너지를 증폭시키는 트랜지스터처럼 세상에 유익한 지식과 정보를 재미있게 가공하는 일에 매진하고 있다.

순서대로 끝까지 3일 안에 읽어라!

작심삼일로 끝나고 마느냐
작심 3일 동안 완성하느냐
그것만이 문제일 뿐입니다

책 읽는 법

3일 동안(72시간 내)에
완독을 목표로
쭉쭉 읽어나가세요

소제목들을 먼저 살피고
처음부터 순서대로
읽어주세요

하트, 표정을 참고하고
QR 코드로 동영상을 확인하며
집중 독서의 리듬을 타보세요

하트 뽕뽕

♥ **핵심**　　반드시 알아야 할 내용입니다

♥ **뒷심**　　가볍게 넘어가고 뒤에 설명합니다

♥ **명심**　　틀리면 곤란, 명심해야 합니다

♥ **심심**　　심심타파, 재미있게 읽어봐요

♥ **샾심**　　샤프심처럼 샾하게 요약합니다

문과 전공 초보 여러분!
문송(?)하다 하지 마시고
파이썬, 3일만 집중해보세요

"우리가 시간이 없지, 책이 없냐?"

어디선가 이런 탄식이 들리는 듯합니다. 맞습니다. 책은 이미 많습니다.
계속 나옵니다. 좋은 책 참 많습니다. 유명한 저자의 책도 있고
베스트셀러 리스트에 올라가 있는 책들도 부지기수입니다.
그런데, 시간은요?

지금 이 글을 읽고 있는 여러분은 파이썬을 대충 알고 있거나 책을
봤거나 이미 경험을 해보았을지도 모릅니다. 그만큼 파이썬은 대세고
피할 수 없는 흐름입니다. 하지만, 아는 것과 그것으로 뭔가를 할 수 있는
것은 다르죠.

파이썬을 제대로 배우고는 싶은데 시간은 부족하고, 다들 좋다고 하는
책을 선택하자니 내 수준에 맞는 건지도 잘 모르겠고….
그렇게 고민하다가 시간이 흘러갑니다.

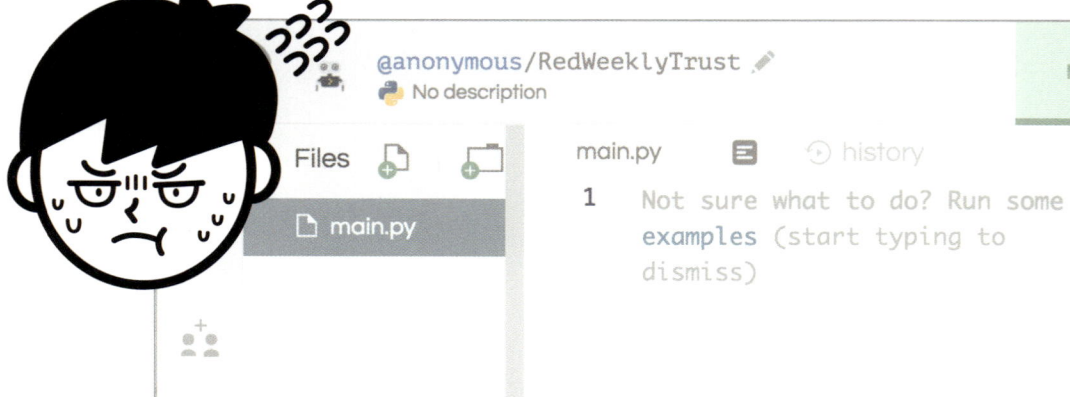

'**3일** 동안 매달린다면 기초 활용이라는 '강'은 건널 수 있지 않을까?'
이 책을 기획하고 만든 우리의 생각은 여기에서 출발했습니다. 이유는 아래와 같습니다.

한달은, 솔직히 말해서 너무 깁니다. 4주라고 불러도 마찬가지입니다. 그 사이 무슨 일이 터질지 알 수 없습니다. 핑계가 될 수도 있지만 피치못할 사정일 수도 있습니다. 흐름 끊기고 중도 포기하기 쉽습니다.

2주, 15일, 보름이라는 기간도 말이 그렇지 한달만큼 허술한 기간입니다. 역시 보통사람의 인내심이 감당할 수 없는 기간입니다.

일주일요? 좋습니다 7일간의 코스, 매력적입니다. 그런데, 그런데 말입니다…. 일주일이 휴가라도 되나요? 월화수목금토일 중에서 차포 떼고도 7일이 보장된다고 누가 그러던가요? 일주일 완성은 전혀 현실적이지 않은 코스입니다. (물론 개그계의 레전드 전유성 선생님은 그 일주일 권유로 베스트셀러를 만들어내셨습니다만. 『컴퓨터 일주일만 하면 전유성만큼 한다』라는 책으로요.)

3일. 다큐 3일 말고 작심 3일.

결국 우리가 파이썬 기초 학습을 위하여 선택한 코스는 3일 규모입니다. 악명높은 작심삼일의 장벽을 깨부술 수만 있다면, 3일은 무언가를 집중해서 배울 수 있는 최적의 기간입니다. 이러한 사실을 검증한 논문들이 있는지는 모르겠지만 우리 몸이 그것을 증명하고 있습니다. 3일 동안 기초를 배우지 못하는 일이란 세상에 없습니다.

작심 3일 파이썬 -모두가 배워야 할 Python, 남몰래 3일만 투자하자

"작심하고 3일을 못 넘길 바엔 그 **3일 안에 완성**하도록 만들기"
이것이 이 책의 사명입니다.

1

1일차. **"참 쉬운 1일차"**, 작심한 첫날을 위한 컨셉입니다.

첫날은,

'설치 없이 웹상에서 프로그램 짜보는 날' 입니다.

3일 코스라 시간을 아껴야 합니다. 괜한 이야기로 힘빼기 전에 빨리 프로그램을 하나 짜보게 하려고 파이썬 설치 작업조차 생략하고 넘어갑니다.

대신 프로그램을 체험하게 해주는 repl.it이라는 웹 서비스를 이용합니다. 브라우저로 접속해서 파이썬으로 이것저것 해볼 수 있습니다. 간단한 프로그램도 짜보고 코드를 고쳐보고 개선해나가면서 기초 스킬을 배웁니다.

개념이나 용어는 초반부터 줄줄 쏟아내지 않고 딱 필요할 때 딱딱 필요한 만큼만 알아보고 넘어갑니다. 이 책은 3일 코스니까요.

```
Python 3.6.1 (default, Dec 2015, 13:05:11)
[GCC 4.8.2] on linux
5050
▶ |
```

2

점심 3일 파이썬

모두가 배워야 할 Python, 낭폴래 3일만 투자하자!

2일차. **"좀 만만한 2일차"**, 작심 두 번째 날을 위한 컨셉입니다.

이날의 테마는,

'설치하고 만나보는 파이썬과 아이들(IDLE)' 입니다.
자기 PC에 파이썬을 설치 후 기본 편집기를 활용하는 것으로
시작합니다.

기념일 계산을 위해 윤년을 구분해내며 날짜를 세는 원리의
알고리즘을 짜고 프로그램화 하는 과정입니다.

새로운 유형의 데이터를 익히고, 코드의 오류를 살피는 디버거 사용법을
배웁니다. 각종 조건문과 연산자, 루프 문, 예외처리까지 새로운 스킬을
익히며 스마트하고 보기 좋은 프로그램을 완성해나갑니다.

사실상 프로그래머로서 한발을 푹 담그는 날이라 해도 과언이 아닙니다.

3일차. **"꽤 어려운 3일차"**, 3일 코스의 마지막 날을 위한 컨셉입니다.

테마는, **'파이썬과 함께라면 자동화도 문제 없다'** 입니다. 그제와 어제, 기초 과정을 겪고 활용 과정을 거쳤으니 좀 어려워도 더욱 집중해서 배워볼 만한 내용이 듵쳐집니다. 반복적이고 지루한 작업을 파이썬 프로그램으로 해결해보는 것입니다.

원하는 기능을 불러와 활용하고, 파이썬으로 특정 파일을 열고 닫고 수정하는 등 객체를 콘리하는 폼나는 일을 경험합니다. 심지어 특정 웹사이트에서 정보를 자동으로 가져다가 보여주는 자동화 프로그램까지 만들어보는 날입니다.

3일차에 다루는 내용들은
결코 얕잡아볼 수준이 아닙니다.

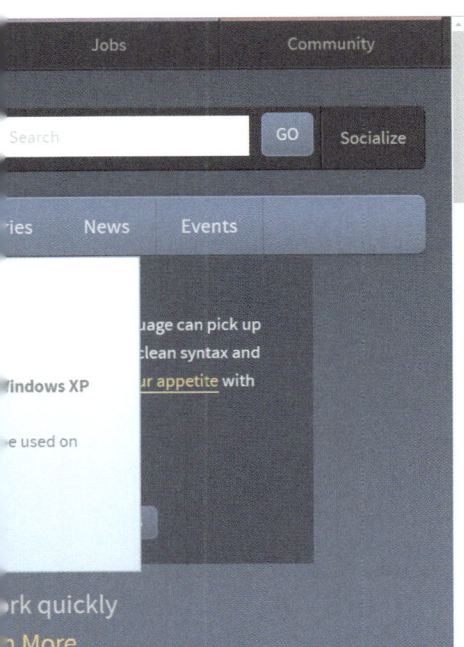

작심 3일 파이썬

모두가 배워야 할 Python, 남들래 3일만 투자하자!

연탄재, 함부로 발로 차지 마라

너는

누구에게 한번이라도 뜨거운 사람이었느냐

안도현 시인의 '너에게 묻는다'라는 시의 전문입니다.

너무나 유명한 시죠.

작심 3일, 함부로 포기하지 마라

너는

무엇에든 3일이라도 뜨겁게 미쳐보았느냐

그렇습니다. 3일만이라도 뜨겁게!

```
start_value = input('시]
start_value = int(start
start_value = input('끝값
end_value = input('끝값
end_value = int(end_va
total = 0
for i in range(start_
    total = total + i
print(f'{start_value
```

3일이라도 파이썬을 향한 의지를 유지할 수 있는 독자라면
우리는 최선을 다해 드울 것입니다.

이 책은 독자의 손에 잠시 머물다 책장으로 직행하는 책이 아닙니다.
적어도 3일, 72시간 만큼은 손때가 묻고 지저분하게 펼쳐지고
낙서가 난무하는 책이 되었으면 좋겠습니다.

만약 금요일에 읽기 시작했다면 금토일 3일은 파이썬을 배울 수 있는
최고의 3일이 될 확률이 높습니다.

작심 3일 파이썬 사용법, 즉 **읽는 방법**은 간단하고 단순합니다.

3일 안에 완독을 해야 하며 순서대로 읽어나가야 합니다. 초보자용 책이라도 중간부터 들춰보면 당최 무슨 얘기를 하는지 알 수 없을지도 모릅니다. 훌렁훌렁 읽는 버릇이 있는 사람이라면 이번만은 차근차근 읽어주셨으면 좋겠습니다.

이야기하듯 설명해나가는 방식이니 한쪽 한쪽 읽어나가시면 됩니다. 각 문장, 문단은 가독성을 고려하여 편집했습니다. 예를 들어, 모든 문장은 끝에서 단어를 중간에 자르지 않는 왼쪽 맞춤 정렬이 기본입니다. 문장의 내용 파악을 쉽게 하기 위한 편집입니다.

일단 완독이 중요합니다. 그래봐야 3일짜리 코스니까요. 심지어는 실습은 다음으로 미루고 QR코드로 동영상을 보면서 책 내용만을 정독하셔도 봐드리겠습니다. 이해하면서 완독해낸다면 당신은 어느새 파이썬 기초의 강을 건너가 있을지도 모릅니다.

파이썬을 배우는 책 중에 어떤 책이 가장 좋으냐고 묻는다면 다양한 답이 나올 것입니다. 유명한 사람이 쓴 책을 봐라, 베스트셀러가 답이다, 번역서가 그나마 낫다, 교재는 피해라, 얇은 책이 있으면 그걸 사라, 다 필요없다 그냥 아무거나 봐도 기본은 한다…. 뭐 모두 틀린 말은 아닙니다.

하지만 3일 동안 집중해서 파이썬 기본을 끝내고 싶은데 뭘 보는 게 좋을까,라고 묻는다면 단언컨대 **작심 3일 파이썬**입니다. 왜냐하면 이 책은 그러라고 만든 책이니까요.

제일 먼저 이 책을 후딱 읽어내고, 그 다음으로 좋은 책들, 다양한 책들을 하나씩 하나씩 소화해 나가시기를 권합니다.

파이썬 기초를 익히기 위한 여러분의 작심 3일,
건투를 빕니다.

```
> import this
The Zen of Python, by Tim Peters

Beautiful is better than ugly.
Explicit is better than implicit.
Simple is better than complex.
Complex is better than complicated.
Flat is better than nested.
Sparse is better than dense.
Readability counts.
Special cases aren't special enough to break the rules.
Although practicality beats purity.
Errors should never pass silently.
Unless explicitly silenced.
In the face of ambiguity, refuse the temptation to guess.
There should be one-- and preferably only one --obvious way to do it.
Although that way may not be obvious at first unless you're Dutch.
Now is better than never.
Although never is often better than *right* now.
If the implementation is hard to explain, it's a bad idea.
If the implementation is easy to explain, it may be a good idea.
Namespaces are one honking great idea -- let's do more of those!
>
```

컬러 및 스타일

이 책의 본문에는 3가지 컬러의 글상자가 나옵니다.

- 코드가 아닌 예문이나 알고리즘

  1. 이거 한다
  2. 저거 한다
  3. 끝낸다

- 입력하거나 참고해야 할 파이썬 코드 내용

```
total = 0
for i in range(1, 100):
    total = total + i
print(total)
```

- 실행 결과 혹은 코드 입력을 위한 셸 창

```
>>> spam = '맛있다!'
>>> spam[0]
'맛'
```

그리고 본문 중 **강조**하는 부분이나 **특정 용어** 또는 **메뉴**를 구별해서 표시할 때, 또는 `print()` 같은 코딩의 일부는 한 문장 안에서 서체나 스타일이 적절하게 변화합니다.

가끔 한줄로 표시되어야 하는 코드가 다음 줄로 넘어가는 경우에는 그 끝 부분과 ↵
↵다음 앞 부분을 이와 같이 연결해서 표현합니다. 이럴 땐 한줄이라고 이해해주세요.

요약 차례

아주 쉬운 1일차

설치 없이 웹상에서 프로그램 짜보는 날

프로그램 설치 없이, 웹 브라우저에서 바로 파이썬을 경험하자 | 프로그램 코드를 보이는 그대로 입력해보기 | 수학 천재 가우스보다는 약간 느릴 수도 있지만 1부터 100까지 더해주는 프로그램 | run 버튼을 눌러 실행시키기, 달려라 달려 파이썬 | 돌고 돌고 또 도는 돌아버리는 for | 줄 끝에 있는 쌍점(:)은 블록의 시작이다 | 따옴표도 코딩이고 쉼표도 코딩이며 뜨어쓰기도 코딩이다 | function은 함수이자 기능이다 | 몫을 구하는 연산자와 나머지만 구하는 연산자를 아시나요? | 변수 이름을 어떻게 붙여야 잘 지었다고 소문이 날까? | 디버그는 귀찮지만 융통성이 없는 파이썬이라 다행이야 | 사랑도 데이터도 어떻게 변하니? 리터럴은 안 그래! | 백슬래시가 초대하는 유용한 특수문자의 세계

좀 만만한 2일차

설치하고 만나보는 파이썬과 아이들(IDLE)

이제 내 컴퓨터에 파이썬을 도서올 때가 되었다 | 실행하려면 저장 먼저 하라고 말씀하시는 파이썬 선생님 | 윤년 계산을 위한 알고리즘에 등장한 '만약'이르는 치트키 | 오로지 진실 혹은 거짓밖에는 모르는 불린 데이터 유형 | else + if, 그래서 elif | 표현식과 조건문을 잘 이해하는 방법이 여기에 | 맛집에만 줄서지 말고 리스트의 맛을 느껴보라 | 처음 들어본다고 해도 결코 이상하지 않을 이름, 튜플 | for가 유기징역이면 while은 무기징역 | 날짜 계산 프로그램의 완전체가 드러나다 | 한 번 실수로 이렇게 끝낼 수는 없잖아? 예외 처리 | 안심하고 try 합시다, except:가 있으니 | 문자열을 얇게 저며서 슬라이스로 씹어먹거보자

꽤 어려운 3일차

파이썬과 함께라면 자동화도 문제 없다

3글자짜리 국가 코드를 국가 이름으로 바꿔보자 | 국내에 없는 건 수입해서 쓰면 되지, import 키워드 | 냉장고 문처럼 열었으면 제때 닫아줘야 하는 컴퓨터 파일 | 사람이 '클래스'라면 철수와 영희는 '객체'다 | 키워드 매개변수, 너의 이름은... | with와 함께라면 파일 작업이 안전해진다 | 패키지 관리자 pip과 친하게 지내는 방법 | 남이 만든 것만 갖다 쓰지 않고, 나만의 함수 만들기 | 종합주가지수를 파이썬으로 받아보자 | 뷰티풀 수프의 아름다운 기능을 맛보는 방법 | HTML에서 원하는 태그만 쏙쏙 뽑아먹기 | 보기 좋은 주가지수가 먹기도… 아니 읽기도 좋다 | 복잡한 문자열 패턴을 이잡듯 뒤져주는, 정규표현식 살짝 겉핥기

차례

1일차
설치 없이 웹상에서 프로그램 짜보는 날 · 28

프로그램 설치 없이, 웹 브라우저에서 바로 파이썬을 경험하기 · 30	프로그래밍 '성패의 변수'는 바로 변수다 · 40	돌고 돌고 또 도는 돌아버리는 for · 42	고치면, 비로소 보이는 것들 · 51
프로그램 코드를 보이는 그대로 입력해보기 · 34	코드를 한 줄씩 채썰기 해서 살펴보기 · 39	줄 끝에 있는 쌍점(:)은 블록의 시작이다 · 43	function은 함수이자 기능이다 · 50
수학 천재 가우스보다는 약간 느릴 수도 있지만 1부터 100까지 더해주는 프로그램 · 35	아직 우리는 프로그램이 어떻게 돌아가는지 모른다 · 39	값을 더해가며 대입해나가는 요령 · 44	아무리 첫날이라도 함수에 대해선 함구할 수 없다 · 49
run 버튼을 눌러 실행시키기. 달려라 달려 파이썬 · 36	인간이 유리한 계산과 파이썬이 유리한 계산은 따로 있다 · 38	같은 블록의 글줄은 들여쓰기도 같아야 · 45	따옴표도 코딩이고 쉼표도 코딩이며 띄어쓰기도 코딩이다 · 48
더 큰 값을 더해보고 싶은 마음이 든다면 · 37	무식하게 우직하고 무지하게 빠른 파이썬 · 37	뭔지는 모르겠으나 아무튼 값만 넣어주면 뭔가 돌려주는 함수 · 46	더 친절하게 표현하고 싶은 욕심 · 47

본문에서 소제목을 만나면 추임새라 생각하고 계속 읽어나가시면 됩니다

- 파이썬이 묻습니다. "난 어떻게 태어났나요? 그리고 스팸은요?" · 86
- 작심 1일차에 우리가 배운 것들 · 84
- 백슬래시가 초대하는 유용한 특수문자의 세계 · 83
- 어색한 순간을 만들지 않는 것도 실력이다 · 81
- 내가 무엇으로 어떻게 해야 할지 당신이 알려주세요! · 79
- f-문자열이 중괄호 { }를 만났을 때 · 78
- 사랑도 데이터도 어떻게 변하니? 리터럴은 안 그래! · 77

- 컴퓨터는 태생이 전자계산기. 그러니 이제 본격적으로 계산을 · 52
- 찬물에도 위 아래가 있고 연산자 처리에도 우선순위가 있다 · 54
- 몫을 구하는 연산자와 나머지만 구하는 연산자를 아시나요? · 55
- 더더하기(++)는 그냥 더하기(+) 빼빼기(--)는 더하기(+)가 되는 신기한 규칙 · 57
- 프로그래밍은 결국 변수로 시작해서 변수로 끝난다 · 58

- 쉼표 때문에 들어간 빈칸을 없애고 싶을 때 · 66
- 어지간하면 변수를 쓰자! 두고두고 편해지니까 · 64
- 변수 이름을 어떻게 붙여야 잘 지었다고 소문이 날까? · 62
- 의미 있는 단어 조합해서 변수 이름 만들기 · 60
- 파이썬이 '안녕하세요'를 열 번 복창하게 된 사연 · 59

- 융통성이라고는 1도 없는, 파이썬 문법 선생님의 오류 메시지 · 67
- 디버그는 귀찮지만 융통성이 없는 파이썬이라 다행이야 · 69
- 세상에는 정의가 필요하고 파이썬도 정의가 필요하다! · 70
- 블록 내 변수의 외부 재활용은 도움이 안 된다 · 72
- 문자열과 숫자, 만나서 손잡고 싶은데 어떻게 하죠? · 74

차례

2장
설치하고 만나보는 파이썬과 아이들 · 88

- 이제 내 컴퓨터에 파이썬을 모셔올 때가 되었다 · 90
- 서태지와 아이들만큼(?) 유명한 파이썬과 아이들(IDLE) · 96
- 실행하려면 저장 먼저 하라고 말씀하시는 파이썬 선생님 · 99
- 알콩달콩 우리 커플, 100일, 200일, 300일은 언제지? · 101
- 윤년 계산을 위한 알고리즘에 등장한 '만약'이라는 치트키 · 102

- True일 때 False이고 False일 때 True인 청개구리 != · 111
- 블록 안에 또 블록, 러시아 인형 같은 파이썬 블록 · 108
- 오로지 진실 혹은 거짓밖에는 모르는 불린 데이터 유형 · 107
- '네'와 '아니요'로 답을 하고 넘어가게 하는 것이 조건 · 105
- 프루스트도 파이썬도 두 갈래 길을 모두 갈 수는 없다 · 104

- else + if, 그래서 elif · 112
- 더 깔끔한 방법을 찾는 노력은 계속되어야 한다 · 113
- 표현식과 조건문을 잘 이해하는 방법이 여기에 · 115
- 구슬이 서 말이라도 꿰어야 데이터! 리스트 데이터 유형 · 116
- 맛집에만 줄서지 말고 리스트의 맛을 느껴보라 · 119

- 날짜 계산 프로그램 요령 있게 얼개 짜기 · 127
- 코드 안에 있으면서 코드는 아니지만 코드만큼 중요한 주석 · 125
- 처음 들어본다고 해도 결코 이상하지 않을 이름, 튜플 · 124
- 넣고 빼고 바꾸면서 리스트 주물럭거리기 · 122
- 1부터 시작하는 사람, 0부터 시작하는 파이썬 · 121

소제목이 너무 긴 거 아니냐고요? 짧고 뻔한 교재식보다는 길어도 덜 지루한 게 좋잖아요

- 논리 연산자 가라사대. 진리표가 너희를 True, False하게 하리라 · 127
- 루프의 감옥을 탈출하라. break! · 129
- for가 유기징역이면 while은 무기징역 · 131
- for도 동안, while도 동안, 내 얼굴도 동안 · 132
- 드디어 프로그램 완성! 그러나 끝이 아니다 · 135

- 디버거 진행. 스텝을 밟을 것인가, 오버할 것인가? · 145
- 디버거가 속속들이 보여주는 프로그램 실행의 은밀한(?) 속살 · 144
- 한 발자국씩 따라가 버그 잡는 셜록 홈즈의 돋보기. 디버거 · 146
- 이제 코드를 파일로 저장하고 실행시켜볼까요? · 138
- 날짜 계산 프로그램의 완전체가 드러나다 · 136

- 즐겁게 실행하다가 그대로 멈춰라! 중단점 설정하기 · 149
- 수정 끝 행복 시작. 디버그를 마치고 다시 실행하다 · 155
- 한 번 실수로 이렇게 끝낼 수는 없잖아? 예외 처리 · 157
- 안심하고 try:합시다. except:가 있으니 · 160
- 문자열을 얇게 저며서 슬라이스로 씹어먹어보자 · 162

- 당신은, 파이썬의 도…를 아십니까? · 172
- 작심 2일차에 당신이 힘들게 배운 대단한 것들 · 170
- 개선을 반복하다보면 어느새 프로그램이 완성된다 · 166
- 잘할 때까지 계속 입력받는 코드 · 165

차례

3일차
파이썬과 함께라면 자동화도 문제없다 · 178

- 3글자짜리 국가 코드를 국가 이름으로 바꿔보자 · 180
- 누구나 사용하는 생활 속 매크로, 모두 바꾸기 · 185
- 국내에 없는 건 수입해서 쓰면 되지, import 키워드 · 187
- import하기 전에 알았더라면 좋았을 것 둘 · 189

- 파이썬의 사전에는 '불가능'도 넣을 수 있다 · 195
- 그때 우리는 이미 '반복할 수 있는 객체'와 마주쳤다 · 194
- 사람이 '클래스'라면 철수와 영희는 '객체'다 · 192
- 냉장고 문처럼 열었으면 제때 닫아줘야 하는 컴퓨터 파일 · 191

- 딕셔너리라 불러도 좋지만, 어쨌든 사전은 사전이다 · 197
- 사실, 컴퓨터에게는 글자도 숫자다 · 200
- 키워드 매개변수, 너의 이름은... · 201
- 여보세요? 혹시 지금 누구 안에 계신가요? 라고 묻는 법 · 202

- 패키지 관리자 pip과 친하게 지내는 방법 · 211
- 파이썬 안에 없는 건 밖에서 수입해서 쓰자, 라이브러리 검색 · 209
- with와 함께라면 파일 작업이 안전해진다 · 207
- 읽느냐 쓰느냐, 그것만 문제로다 · 205

확실히 집중이 필요한 3일차, 조금 어렵지만 뿌듯함도 커집니다

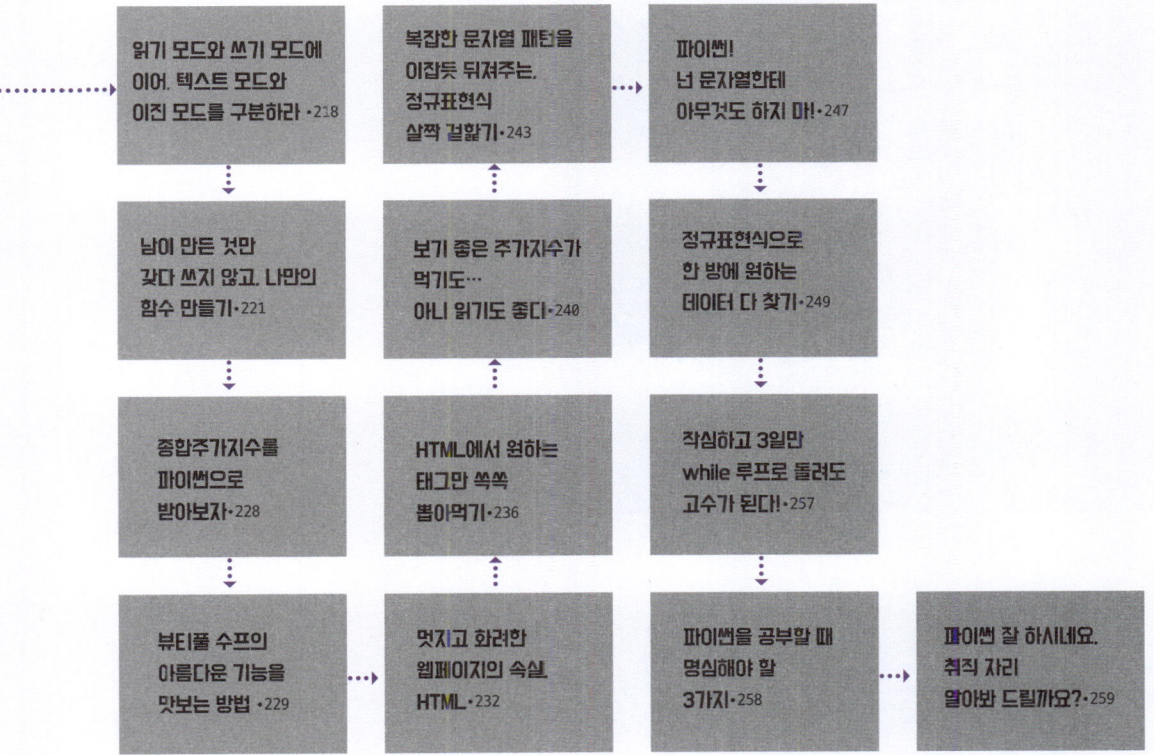

작심보이 : 착하고 성실(?)하지만 새로운 도전에는 의지박약의 주인공이 되는 남자. 하고 싶은 일, 배우고 싶은 것, 가보고 싶은 곳도 많다. 다만 시간이 없을 뿐. 가르쳐주는 귀인만 있다면 작심하고 배울 각오가 돼 있음.

설치 없이
웹상에서
프로그램
짜보는 날

간단한 프로그램 코드를 그대로 입력해보고
원리를 하나씩 배워봅니다.

용어나 개념은 꼭 필요한 그 순간에 설명합니다.

코드를 채썰기하듯 살펴보고, 오류 메시지를
읽는 법을 배우고, 프로그램을 개선해나가며
파이썬의 기초 스킬을 경험합니다.

프로그램 설치 없이, 웹 브라우저에서 바로 파이썬을 경험하기

많은 입문서들이 제일 먼저 하는 일이 있습니다. 프로그래밍 언어 소프트웨어의 설치 방법을 안내하는 것입니다. 그러다 보니 첫 번째 프로그램을 만들고 실행시키려면 시간이 한참 걸립니다. 설명도 꼼꼼하게 읽어야지, 설치 후 몇 가지 기본적인 사용법을 익히라는 책을 만난다면 초보자는 이래저래 부담이 됩니다. 도대체 첫 프로그램은 언제 짜볼 수 있는 건지 읽다가 짜증날 분들을 위해서 이 책은 다르게 시작하려 합니다.

 이 책에서는 **프로그램 설치는 1도 안 하고** 시작합니다. 웹 브라우저(익스플로러든 크롬이든 사파리든) 상태에서 바로 **파이썬**(python)을 써보는 것으로 말이죠. 이토록 간편한 파이썬 **첫경험**이라니. 상큼할 지경입니다.

묻지도 따지지도 말고 웹 브라우저 주소 창에 다음 주소를 입력해봅시다.

> `http://repl.it/languages/python3`

repl.it   ← 우리가 이용할 웹사이트의 주소입니다.

languages   ← repl.it은 여러 프로그래밍 언어들(languages)을 웹 브라우저 상에서 써볼 수 있는 기능을 제공하는, 유용한 웹 서비스입니다.

python3   ← 우리는 그중에서 파이썬(python)을, 그중에서도 버전 3을 사용할 것입니다. 아실지도 모르겠지만 프로그래밍 언어도 버전이 있습니다. 우리는 최신 버전을 써볼 것입니다.

주소가 조금 길어서 헷갈리나요? 귀찮으면 웹브라우저 주소창에 **repl.it**만 치세요.

 REPL은 Read-Eval-Print Loop의 약자랍니다. 읽고(read), 평가하고(eval), 출력하며(print) 반복한다(loop)는 뜻의 프로그램 대화형 환경을 말합니다. 셸 혹은 콘솔에서 컴파일 없이 코드를 입력하고 출력 결과를 확인할 수 있는 기능을 지칭합니다.

만약 주소를 끝까지 입력하지 않고 repl.it 홈페이지로 접속하게 되었다면 다음과 같은 페이지가 펼쳐질 텐데요. 이럴 경우, 맨 하단으로 스크롤하세요. 거기에 있는 언어 중에서 파이썬(**Python**)을 클릭해도 우리가 원하는 화면으로 이동하게 됩니다.

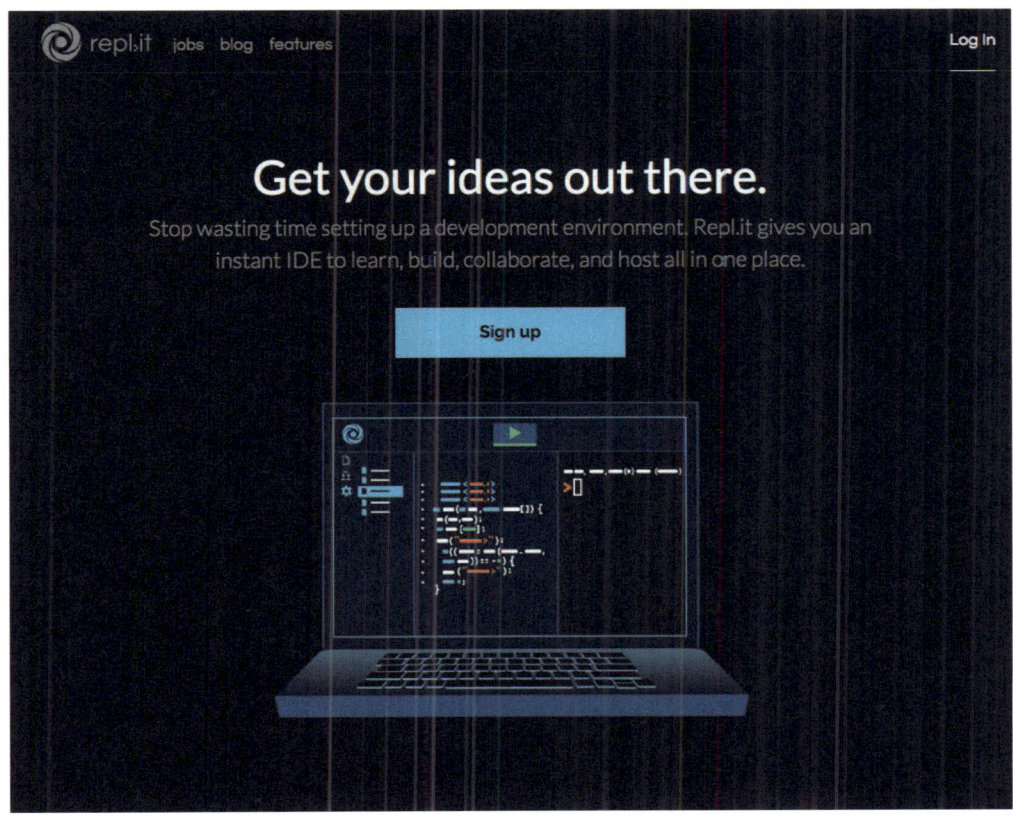

repl.it 홈페이지 상단 : 독자들이 접속했을 때는 이미지나 카피 등이 달라져 있을 수도 있습니다.

repl.it 홈페이지 하단 : 여기를 누르세요.

주소를 끝까지 입력하거나 홈페이지 하단에서 **Python**을 클릭했다면, 다음과 같은 화면을 볼 수 있습니다.

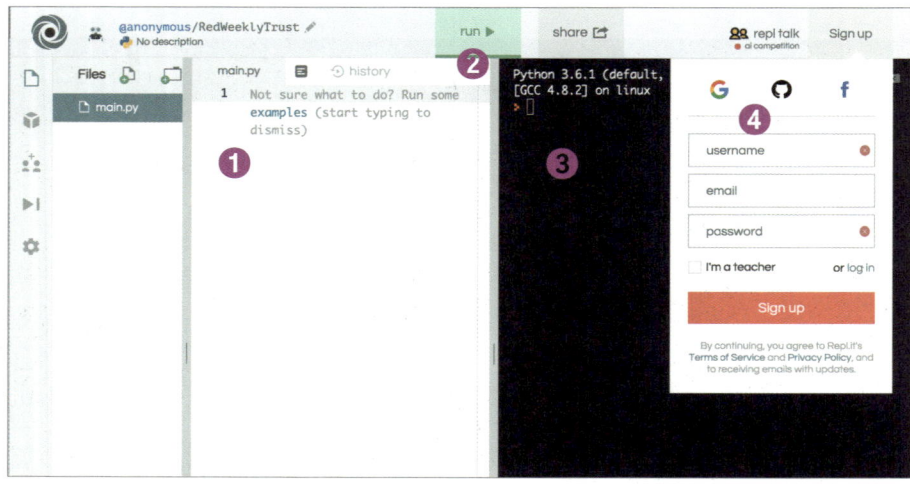

화면이 꽤 복잡하지만 우리가 주목할 건 딱 네 개입니다(사실은 세 개입니다).

① 파이썬 프로그램 코드를 입력할 **편집기**입니다.

② 입력한 코드를 실행할 때 누르는 **run** 버튼입니다. (파이썬아, 달려라 달려!)

③ 입력한 코드를 실행해보면 이곳에 그 결과가 나옵니다. 여기를 **셸**(shell)이라고 합니다.

④ 이 **repl.it** 서비스는 아이디를 만들고 로그인하면 입력했던 코드를 저장했다가 다시 실행시키는 등 여러 기능을 제공합니다. 그러나 우리는 이런 기능까지는 쓰지 않을 것입니다. 게다가 이 부분은 **셸**을 일부 가리므로 귀찮기만 합니다. 검은색 빈 부분을 아무 데나 마우스로 클릭하면 가입 또는 로그인 박스가 사라집니다.

그나저나 ①(편집기 공간)의 첫 줄에 뭐라고 주절주절 쓰여 있네요.

Not sure what to do? Run some example (start typing to dismiss)
뭘 해야 할지 잘 모르시겠어요? 예제를 실행시켜보세요 (타이핑을 시작하면 사라집니다)

뭘 해야 할지 우리는 이미 알고 있습니다. **첫 번째 파이썬 코드**를 입력하고 실행하는 일입니다!

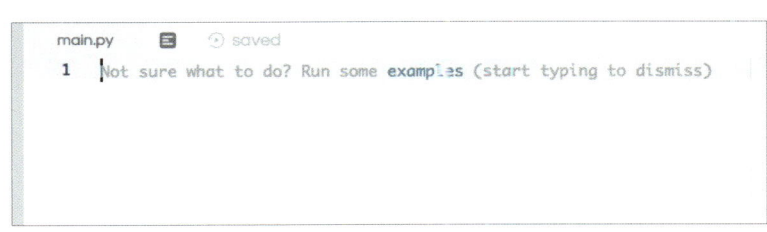

이 **편집기** 공간은 화면을 클릭해서 커서가 깜박이면 메모장 프로그램을 쓰듯 입력하면 됩니다. 입력하다보면 몇 가지 자동 기능들이 지원되는데 놀라지 마시고 차분하게 원하는 글자들을 입력하세요. run 단추 외에는 옆이나 위에 있는 기타 메뉴들은 신경쓰지 않아도 됩니다.

오른쪽 검은 부분인 **셸**의 상단에도 다음과 같이 두 줄의 정보가 있습니다.

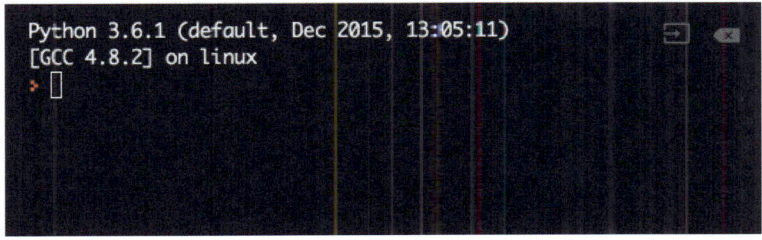

Python 3.6.1은 파이썬 버전을 나타냅니다. (default, Dec 2015, 13:05:11)은 repl.it 서버에 프로그램이 설치된 날짜 정보인 듯합니다. 다음 줄은 시스템 설명으로 컴파일러라는 것과 운영체제의 정보인데요, 지금은 몰라도 관계 없는 부분입니다. 그냥 기본 세팅 표시라고 생각하세요. 지금 이 책을 쓰는 시점의 화면이나 버전 정보는 여러분들이 실제 repl.it에 접속했을 때와는 다를 수 있습니다. repl.it도 계속 업데이트가 되기 때문입니다. 신경 쓰지 마세요. 실제 기능은 달라지지 않으니까요.

다만, 셸에 입력을 하게 될 경우 화면 내용을 지우고 다시 입력하고 싶다면 셸 공간 첫줄 오른쪽 끝에 보이는 **삭제 단추**를 활용하면 됩니다.

프로그램 코드를 보이는 그대로 입력해보기

이제 드디어! 첫 프로그램을 만들고 실행해보겠습니다.

일종의 전통과도 같이, 많은 프로그램 입문서들은 'Hello, world!'라는 문장을 화면에 출력하는 일을 첫 프로그램으로 가르쳐주곤 합니다.

음…… 그냥 키보드로 Hello, world!라고 입력하면 되지 뭐 하러 그런 일을 하려고 프로그램까지 짤까요? 우리는 그런 거 말고 처음부터 뭔가 프로그램다운 프로그램을 짜보려고 합니다.

복잡하게 생각하지 말고 그냥 화면 편집기 창에 다음 내용을 보이는 그대로 입력해보시기 바랍니다.

```python
total = 0
for i in range(1, 100):
  total = total + i
print(total)
```

 이 코드를 입력할 때 주의할 점이 있습니다. 3번째 줄(정확히는 3번째 줄에만) 맨앞에 반드시 빈칸이 들어가야 합니다. 즉 **들여쓰기**를 하는 것입니다. 보통은 빈칸(스페이스) 두 개 또는 네 개를 사용합니다.

아마 repl.it 화면에서 코드를 입력하다보면 2번째 줄 끝에서 쌍점(:) 기호를 입력하고 **엔터 키**를 쳤을 때 다음 줄로 넘어간 커서 앞에 자동으로 빈칸 두 개가 들어갈 것입니다. (**편집기** 공간 좌측에 나타나는 숫자는 자동으로 표시되는 줄 번호입니다.)

```
main.py                saved
1    total = 0
2    for i in range(1, 101):
3      |
```

하지만 마지막 줄인 4번째 줄은 앞에 빈칸이 있으면 안 됩니다. 아마 repl.it에서 3번째 줄 내용을 입력하고 **엔터 키**를 치면 4번째 줄에도 빈칸 두 개가 자동으로 들어갈 텐데요, 이때는 **백스페이스 키**를 눌러서 지워야 합니다.

번거롭지만 빈칸을 포함해서 앞에 나온 코드 예시와 완전히 똑같이 입력해야 합니다.

```
main.py                saved
1    total = 0
2    for i in range(1, 100):
3        total = total + i
4    print(total)
```

지금 입력한 코드는 **1부터 100까지의 수를 더하고 그 값을 화면에 보여주는 프로그램**입니다.

수학 천재 가우스보다는 약간 느릴 수도 있지만 1부터 100까지 더해주는 프로그램

혹시 여러분 중에 수학 천재 가우스의 어릴 적 이야기를 들어보신 분들이 있나요? 어느날 선생님이 학생들에게 벌칙 삼아 1부터 100까지 덧셈을 하라고 했습니다. 다른 학생들은 낑낑대며 1+2+3+4+…… 이렇게 더해나갔지만 가우스는 뭔가 잠깐 생각한 후에 답을 척! 쓰고 교실을 나가려고 했습니다. 말도 안 되게 일찍 나가는 모습에 선생님은 '저 녀석이 감히 문제도 안 풀고 중간에 나가?!' 하고 가우스를 붙잡았습니다. 확인해보니 가우스는 정확한 답인 5050을 적었습니다.

가우스는 1+100=101, 2+99=101, 3+98=101, 이런 식으로 양쪽 끝수끼리 더해나가면 똑같이 101이 나온다는 사실을 알아챘습니다. 그래서 50+51=101까지 더하면 되니까 101×50=5050으로 한 방에 문제를 풀었습니다.

안타깝게도 우리가 방금 입력했던 프로그램은 가우스만큼 똑똑하지는 않습니다. 그냥 무식하게 1부터 100까지 더하기를 합니다.

파이썬을 잘 몰라도 잘 살펴본다면 range(1, 100) 부분은 눈에 들어올 것입니다. range는 '범위'를 뜻하는 단어이지요. 아마 덧셈을 할 범위를 저렇게 지정하나보다, 하는 생각이 들었을 것입니다.

run 버튼을 눌러 실행시키기. 달려라 달려 파이썬

이제 코드를 실행해보겠습니다. run 버튼을 눌러보세요. 달려라 달려 파이썬!

```
total = 0
for i in range(1, 100):
    total = total + i
print(total)
```

```
Python 3.6.1 (default, Dec 2015, 13:05:11)
[GCC 4.8.2] on linux
4950
```

가우스의 이야기를 통해 우리는 1부터 100까지 더한 값을 이미 알고 있습니다. 그런데 우리가 입력한 코드는 가우스가 알아낸 정답 5050이 아니라 4950을 보여주었습니다.

이런, 뭐가 잘못되었을까요? 4950이라는 값은 우리가 기대했던 5050과 비교해보면 100만큼 작은 값입니다. 즉, 4950은 1부터 100까지가 아니라 1부터 99까지 더한 값입니다.

그렇다면, 우리가 range(1, 100)이라고 입력해서 덧셈을 할 범위를 지정하면 파이썬은 시작값인 1은 포함하지만 끝값인 100은 포함하지 않는 것일까요?

이를 확인하는 차원에서 range(1, 100) 코드를 range(1, 101)로 고친 다음 다시 실행시켜보겠습니다.

```
total = 0
for i in range(1, 101):
  total = total + i
print(total)
```

```
total = 0
for i in range(1, 101):
    total = total + i
print(total)
```

```
Python 3.6.1 (default, Dec 2015, 13:05:11)
[GCC 4.8.2] on linux
5050
```

오! 이번에는 5050이라는 제대로 된 값이 나왔습니다.

이로써, 프로그램에서 범위를 지정할 때 **끝값**의 경우 우리가 원하는 범위보다 **1이 많은 값**으로 넣어줘야 한다는 사실을 알았습니다. 이렇게 코드를 입력하고 실행하고, 틀린 것을 찾아서 고치는 과정은 가우스의 비법에 비하면 많이 느립니다.

더 큰 값을
더해보고 싶은
마음이 든다면

좀 더 큰 값을 더해보면 어떨까요? 예를 들어 1부터 10000까지 더한다면? 수학 천재 가우스라면 역시 10001×5000을 계산했을 것입니다. 우리는 이미 1부터 무식하게 더해나가는 파이썬 코드를 가지고 있으므로, 범위만 바꾸어주면 됩니다.
range(1, 101)의 끝값을 10000에 1을 더한 값, 10001로 바꿔주면 됩니다. 실행했을 때 어떤 값이 나왔나요? 50005000이 나왔다면 정답입니다.

1부터 100000까지 더하도록 코드를 고친 다음 실행해보면 5000050000이 나올 것입니다. 더 큰 값을 더해보고 싶은 생각이 들겠지만 이 정도까지만 하겠습니다

너무 큰 값을 넣어서 계산을 시키면 시간이 걸리는 문제도 있지만 '내 개인용 컴퓨터'가 아니라 repl.it 서비스를 제공하는 컴퓨터를 너무 혹사시키는 일이기 때문입니다 더 큰 값으로 해보고 싶다면 작심 2일차인 내일, 자신의 컴퓨터에 파이썬을 설치한 다음에 도전해보도록 합시다!

 ## 무식하게 우직하고
무지하게 빠른
파이썬

우리의 첫 번째 프로그램인, 이 간단한 코드를 통해서 알 수 있는 사실은 다음과 같습니다.

1. 파이썬은 무식합니다. 정확히는 컴퓨터가 무식한 것이죠. 가우스처럼 멋진
   방법으로 선생님을 놀라게 하는 것이 아니라, 그냥 우직하게 1부터 100까지, 또는

100000까지 요령 피우지 않고 일일이 더합니다.

2. 그럼에도 무지하게 빠릅니다. 일단 코드를 짜서 실행시켜보면 순식간에 결괏값이 나옵니다. 100000까지 더하도록 해보면 시간이 좀 걸리지만 그래도 3~4초 정도 안에 답이 나옵니다.

 3. 범위를 정할 때 시작값은 원래 생각했던 대로, 끝값은 원래 생각한 값보다 1만큼 많은 값을 지정해야 결과가 제대로 나온다는 것을 기억하세요. 파이썬만이 아니라 많은 프로그래밍 언어들이 이렇습니다.

인간이 유리한 계산과 파이썬이 유리한 계산은 따로 있다

그런데 혹시 눈치채셨나요?

- 1부터 100까지 더한 값 : 5050

- 1부터 10000까지 더한 값 : 50005000

- 1부터 100000까지 더한 값 : 5000050000

유심히 살펴보면, 끝값의 0의 개수보다 하나 적은 수의 0이 5 다음에 붙은 패턴이 두 번 되풀이 됩니다. 만약 1부터 10000000000(100억)까지 더한다면 5 뒤에 0이 9개 붙는 50000000005000000000이란 값이 나옵니다. 만약 아까의 코드로 파이썬에게 무식하게 덧셈을 시키면 아주 오랜 시간이 필요할지도 모릅니다. 아직까지는 인간이 컴퓨터에게 승리했습니다.

그러나 2부터 22335까지 더해야 한다면? 가우스의 방법으로 답을 찾는 게 불가능하지는 않지만 많이 복잡해집니다. 파이썬이라면 그냥 range 다음 괄호 안의 값들을 바꿔주는 것만으로 끝인데 말입니다. 이런 면에서는 컴퓨터의 승리입니다.

아직 우리는
프로그램이
어떻게 돌아가는지 모른다

파이썬에 대해 1도 몰랐던 우리가, 벌써 파이썬 코드를 **입력**하고, **실행**하고(파이썬을 달리게 만들고), **결과**(복잡하거나 귀찮은 더하기 계산)를 만들어보았습니다. 방금 만든 프로그램이 있으면 같은 코드로 간단하게 숫자만 바꿔서 어떤 범위든 그 안의 수를 모두 더한 결과를 볼 수 있습니다. 그러나 사실 우리는, 아직까지 이 코드가 어떻게 이런 일을 하는지는 잘 모릅니다. 그냥 어렴풋이 감만 잡았을 뿐입니다.

우리가 짠 코드는 대략 다음과 같은 일을 합니다. 무슨 말인지 쉽게 알 수 없더라도 일단 한 번 읽고넘어가시기 바랍니다.

> total이라는 변수를 만들고 0을 대입한다.
>
> i라는 변수를 만들고, 1부터 100까지 값을 하나씩 올려가면서 :
>   total에 i를 더한다.
>
> total 변수의 값을 화면에 출력한다.

코드를 한 줄씩
채썰기 해서
살펴보기

```python
total = 0
for i in range(1, 101):
  total = total + i
print(total)
```

첫 번째 줄을 봅시다.

```
total = 0
```

① total이라는 이름의 변수에
② 0을 대입한다

먼저 ①에 total이라는 변수 이름이 나옵니다. 사람들은 종종 '이번 축구 경기는 잔디 상태가 변수다.'와 같은 표현을 씁니다. **확실히 정해져 있지 않고 변하기 쉬운 것을** 변수라고 부릅니다. 수학에서는 주로 방정식에 쓰이며 알파벳 기호로 표시해서 어떤 값이든 넣을 수 있습니다.

학교에서 방정식을 배운 여러분은 $y = 2x$ 같은 수식이 낯익을 것입니다. x나 y는 0과 1처럼 딱 정해진 값이 아니라 우리가 정하기에 따라 어떤 값이든 담을 수 있는 일종의 **그릇**과도 같은 존재입니다. $y = 2x$와 같은 수식에서 x에는 우리가 원하는 대로 2를 넣을 수도 있고, 20을 넣을 수도 있으며, 2억을 넣을 수도 있습니다.

이번 코드의 total도 역시 우리가 **원하는 대로 값을 지정할 수 있는 변수**입니다.

수학에서는 x, y, z 혹은 α, β, θ 같은 한 글자를 변수 이름으로 많이 쓰지만 파이썬을 비롯한 컴퓨터 프로그래밍 언어에서는 변수의 이름으로 **의미를 가진 단어**를 많이 씁니다. 여기서는 '합계'를 뜻하는 total을 이름으로 썼습니다. 변수의 이름을 붙이는 규칙과 좀 더 자세한 내용은 잠시 후에 설명하겠습니다.

프로그래밍 '성패의 변수'는 바로 변수다

지금 이 프로그램에서 total이라는 이름을 가진 **변수**가 처음으로 나타났습니다.

프로그램 상에서 이전에 total이라는 변수가 없었다면 파이썬은 total이라는 변수를 알아서 하나 새로 만듭니다. 그 다음부터는 total이라는 이름을 썼을 때 파이썬은 이미 만들어둔 total 변수를 활용합니다. 변수는 만들고 싶다면 몇 개든 얼마든 만들 수 있고, 파이썬은 그것을 이름으로 구분합니다.

total = 0이라는 수식을 우리의 상식으로 살펴본다면 'total은 0과 같다'라고
할 수 있습니다. =(등호)는 우리가 알기로는 왼쪽과 오른쪽의 값이 같다는 뜻이기
때문입니다. 즉 $x = 2$이면서 $x = 3$일 수는 없습니다. 그러나 파이썬을 비롯한 거의 모든
프로그래밍 언어에서는 등호(=)의 뜻이 우리의 상식과 다릅니다.

핵심 파이썬에서 =는 오른쪽의 값을 왼쪽에 '대입'한다는 의미입니다. 즉,
total = 0이라는 수식은 'total이라는 변수에 0이라는 값을 대입한다'는 뜻입니다.

```
total = 2
total = 3
print(total)
```

이 파이썬 코드를 만들어서 실행시켜보면 3이라는 값을 화면에 보여줄 것입니다.
첫 줄에서 total에 2를 대입했지만(처음 total이 나타났기 때문에 이 이름을 가진
변수를 만듭니다) 두 번째 줄에서는 3을 대입했으므로 total에 저장된 값이 바뀝니다.

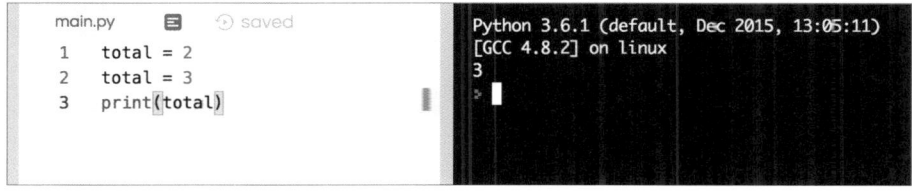

심심 생각해보면, '대입한다'는 의미의 기호로는 =보다는 ← 같은 것이 이해하기 쉬울지
모르겠습니다. total ← 0이라고 하면 더 쉽게 와닿겠죠.

문제는 ← 기호를 키보드로 쉽게 입력할 수가 없다는 데에 있습니다. <-와 같은 식으로
키보드 입력을 할 수도 있겠지만 프로그래밍에서 변수에 값을 대입시키는 일은 굉장히
자주 일어납니다. 키보드 입력 한 번으로 가장 간단하게 입력할 수 있는 편이 낫다는
생각에서 대입하기를 뜻하는 기호로 =를 사용하게 된 것이 아닐까 추정해봅니다.

뒷심 그렇다면 파이썬에서, 수학의 등호 의미(A는 B와 같다)를 가진 기호는 무엇일까요?
이것은 내일(작심 2일차에) 알아볼 것이고요, 지금은 두 번째 줄로 넘어가보겠습니다.

돌고 돌고
또 도는
돌아버리는 for

```
total = 0
for i in range(1, 101):
    total = total + i
print(total)
```

for i in range(1, 101):

① i라는 이름의 변수에
② 1에서 101보다 하나 적은, 즉 100까지 범위 안에서
③ 1씩 증가시키면서 값을 대입하는 일을 되풀이하는
④ 블록을 시작한다

이 부분은 영어에 익숙한 분들이라면 이해하기 쉽습니다. **영어 문장과 무척 비슷**하기 때문입니다.

'for'는 '~를 위하여'라는 뜻도 있지만 'I have been in New York **for** five years'(나는 5년 동안 뉴욕에 있었다)처럼 기간을 나타내는 '**~동안**'이라는 뜻도 가지고 있습니다. 코드의 두 번째 줄은 'i가 범위(range) 1부터 100(101보다 하나 적은 값)까지 안(in)에 있는 동안(for)'이라는 뜻으로 풀이할 수 있습니다.

파이썬은 무척 쉽게 배울 수 있는 프로그래밍 언어로 널리 알려져 있고 그래서 인기가 많습니다. 하지만 한국에서는 생각보다 그리 쉽지 않다고 생각하는 사람들이 많습니다. **영어를 쓰는 사람들은 파이썬의 코드가 마치 영어 문장을 읽는 것과 비슷**하기 때문에 쉽게 다가오지만 영어에 익숙하지 않은 사람들에게는 그렇게 쉽지만은 않습니다.

바꿔 말해서 간단한 영어 문장을 읽듯이 파이썬 코드를 읽어보면 좀 더 쉽게 코드를 이해할 수 있다는 뜻입니다. 파이썬을 이해하기 위해서 뛰어난 영어 실력이 필요하다는 것은 아닙니다. 초등학교 혹은 중학교 때 배운 정도의 영어 수준이라면 코드를 이해하기에 충분하고도 남습니다.

이제 우리 코드의 두 번째 줄을 읽어보겠습니다.

① 먼저 i라는 새로운 변수가 나타납니다. 아까는 total과 같이 의미를 가진 단어를 변수의 이름으로 썼지만 이번에는 간단하게 i를 썼습니다. 그 이유는 조금 뒤에 알아보겠습니다.

②에서는 범위를 정해주고, ③에서는 이제 지정된 범위의 시작값으로부터 끝값보다 1이 작은 값까지 1씩 증가시켜가면서 변수 i에 대입하는 일을 되풀이할 것이라고 알려줍니다.

그런데 진짜로 중요한 것은 별거 아닌 것 같은 ④, 즉 **쌍점**(:)입니다. 이 줄은 마지막 부분에 이 쌍점(콜론)을 붙여주어야 제대로 의미를 가지게 됩니다.

줄 끝에 있는 쌍점(:)은 블록의 시작이다

사실 영어권에서 이 콜론(쌍점)은 어떤 블록이 시작된다는 의미로 종종 쓰입니다. 예를 들어 영문을 읽다보면 다음과 같은 모습을 흔히 볼 수 있습니다.

> Today you have to buy the following items:
> - Eggs;
> - A pack of bacon;
> - A can of spam.
>
> The supermarket is open from 9.00 am to 8.00 pm.

오늘 당신은 이런 것들을 사야 합니다. 달걀, 베이컨 한 팩, 스팸 한 캔. 슈퍼마켓은 오전 9시부터 오후 8시까지 문을 엽니다.

달걀, 베이컨, 스팸은 오늘 사야 할 쇼핑 목록에 포함되어 있습니다.
즉, 이 세 가지는 쇼핑 목록이라는 한 '블록'을 이루고 있습니다. 그리고 블록을 알아보기 쉽게 각 항목마다 앞에 똑같은 모양의 기호(블릿)를 붙이고 들여쓰기를 하는 게 보통입니다. 블록이 끝나면 들여쓰기 없는 문장이 이어집니다.

파이썬도 이와 비슷한 구조를 사용하고 있습니다.
`for i in range(0,101)` 코드는 i라는 변수에 0부터 100까지 수를 하나하나씩 대입시키는 일을 되풀이합니다. 그러나 달랑 저 문장만 가지고는 그냥 i가 1, 2,

3, … 100까지 가는 것 말고는 하는 일이 없습니다. 우리는 저 i를 가지고 1부터 100까지 더하는 일을 해야 합니다. 바로 그 일을 하는 **'블록'을 시작하는 기호**가 바로 **쌍점**(:)입니다.

값을 더해가며 대입해나가는 요령

세 번째 줄로 넘어가보겠습니다.

```
total = 0
for i in range(1, 101):
    total = total + i
print(total)
```

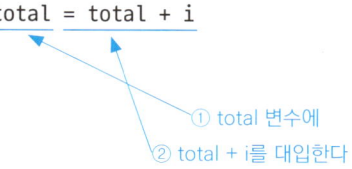

① total 변수에
② total + i를 대입한다

수학에서 쓰는 = 기호의 개념으로 본다면 이 문장은 말이 안 됩니다. i가 0이라면 모를까요. 파이썬에서, = 기호는 변수에 값을 넣는다(대입)는 의미로 쓴다는 사실을 이미 알아보았습니다.

즉 이 문장은 ① total 변수의 값과 i의 값을 더해서 ② 그 결과를 다시 total에 대입한다는 뜻입니다. 만약 total의 값이 6이고 i의 값이 4라면, total + i = 6 + 4 = 10이며, 이 값을 total에 대입하므로 total의 값은 6에서 10으로 바뀝니다. total + i 계산을 한 결과는 반드시 total에 다시 대입시켜주어야 합니다. 그렇지 않으면 계산 결과는 그냥 허공으로 날아갑니다.

 이 세 번째 줄에 정말로 중요한 것이 있습니다. **맨앞에 있는 빈칸**입니다. 앞서 한 번 이야기했지만 블록이 시작되는 줄의 앞에는 반드시 빈칸이 있어야 하며, 없으면 실행이 안 됩니다. 그 이유는 **'블록'**에 속해 있기 때문입니다.

앞서 영어 문장으로 된 쇼핑 목록을 살펴보았습니다. 목록에 속한 항목들을 다른 부분과 구별하기 위해서 글머리 기호를 붙이고 들여쓰기를 했습니다. 파이썬 코드에서는 **블록에 속한 코드** 줄에 영어 문장처럼 글머리 기호는 붙이지 않는 대신 **들여쓰기는 반드시 해야** 합니다. 반드시 빈칸 몇 개를 넣어서 들여써야 한다는 법은 없지만 파이썬의 공식 가이드라인인 PEP8에서는 들여쓰는 단위로 **빈칸 네 개**를 넣도록 권장하고 있습니다.

다만 repl.it에서는 줄 끝에 : 기호를 입력하고 엔터 키를 누르면 자동으로 빈칸 두 개를 넣어서 들여쓰기를 해줍니다. 오늘 repl.it을 쓰는 동안에는 일단 자동으로 해주는 대로 쓰겠습니다. 무엇보다도 빈칸 두 개를 추가로 더 넣으려면 귀찮으니까요.

같은 블록의 글줄은 들여쓰기도 같아야

이제 두 번째 줄과 세 번째 줄을 한데 묶어서 살펴보겠습니다.

```
total = 0
for i in range(1, 101):
  total = total + i
print(total)
```

```
for i in range(1, 101):    ← ① i변수가 1부터 100까지 범위 안에서 1씩 증가하는 동안,
  total = total + i        ← ② total에 i를 더해서 total에 대입한다.
```

이 두 줄이 한 덩어리를 이룹니다.

여기서는 블록에 코드가 한 줄뿐이지만 보통의 프로그램 코드에서는 블록을 나타내는 부분이 여러 줄인 경우가 많습니다. 단, **같은 블록은 똑같은 빈칸만큼을 들여쓰기 해야** 합니다. 이 코드는 다음과 같이 실행됩니다. 맨 처음 total에 0을 대입했다는 사실을 기억하세요.

i	total
1	0 + 1 = 1
2	1 + 2 = 3
3	3 + 3 = 6
4	6 + 4 = 10
...	
99	4851 + 99 = 4950
100	4950 + 100 = 5050

이렇게 블록 안의 코드를 100번 되풀이해서 5050이라는 값을 얻습니다.

가우스가 썼던 방법과는 아주 동떨어진, 가우스 반 친구들이 했던 아주 무식한 방법이지만 컴퓨터의 속도가 무시무시하게 빠르기 때문에 이 정도는 순식간에 결과가 나옵니다.

이렇게 어떤 명령이나 블록을 일정한 조건 안에서 반복해서 실행하도록 하는 것을 **루프**(loop)라고 합니다. 루프는 '고리'라는 뜻이죠. 고리 안에서 계속 돌고 돌고 또 돌듯이 루프도 똑같은 명령이나 블록을 계속 실행하고 실행하고 또 실행하게 만듭니다.

뭔지는 모르겠으나 아무튼 값만 넣어주면 뭔가 돌려주는 함수

이제 마지막 줄로 넘어가겠습니다.

```
total = 0
for i in range(1, 101):
  total = total + i
print(total)
```

print(total)

① total 변수의 값을
② 화면에 '인쇄'한다

1부터 100까지 더한 값을 화면에 보여주는 일을 이 코드가 합니다. 또한 이 줄은 들여쓰기가 없다는 점에 주목하세요. 즉, 바로 위의 for 루프에 속해 있지 않습니다.

모두가 알다시피 ② print는 '인쇄'라는 뜻입니다. 종이나 천 같은 곳에 잉크를 찍어내는 것을 뜻합니다. 그러나 우리는 화면으로 그 결과를 보고 있습니다. 파이썬을 비롯한 대부분 프로그래밍 언어에서는 print를 '**출력**'의 개념으로 사용합니다. ①에서 화면에 출력할 값으로 total 변수를 지정했습니다. 그리고 **괄호**로 둘러쌌습니다.

prirt()는 어떤 값을 줄 경우 그 값에 따라 일을 처리하는 **함수**(function)이며, 함수를 쓸 때에는 함수의 이름(여기서는 print) 뒤에 **괄호를 치고 함수에 넘겨줄 값을 지정**해야 합니다. 함수는 어떤 일, 예를 들면 print() 안에 문자열을 넣으면 이를 화면에 출력해주는 일을 하며, 어떤 값을 돌려줘서 변수에 저장할 수도 있습니다.

더 친절하게 표현하고 싶은 욕심

그런데 말입니다……, 계산 결과를 값(숫자)만 덜렁 화면에 보여주려니까 조금 심심합니다. 뭔가 설명을 덧붙일 수는 없을까요? 이 마지막 줄을 다음과 같이 고쳐보겠습니다.

```
print('1부터 100까지 더한 값은', total, '입니다.')
```

코드를 실행시켜보면 화면에는 다음과 같이 표시될 것입니다.

```
1부터 100까지 더한 값은 5050 입니다.
```

'1부터 100까지 더한 값은'처럼 하나 또는 많은 글자로 구성된 데이터를 프로그램에서는 **문자열**이라고 부릅니다.

원하는 내용을 그대로 화면에 출력하고 싶을 때에는 문자열의 주위를 **따옴표**로 둘러싸야 합니다. **작은따옴표, 큰따옴표 다 가능**하지만 파이썬에서는 작은따옴표를 널리 씁니다. 이때 문자열을 둘러쌀 때에는 반드시 **같은 종류의 따옴표**를 써야 한다는 점어 주의하세요.

```
'1부터 100까지 더한 값은"
```

이런 식으로 작은따옴표와 큰따옴표를 섞어서 쓰면 안 된다는 이야기입니다.

만약 문자열 안에 따옴표를 써야 한다면 다음과 같이 큰따옴표와 작은따옴표를
영리하게 섞어서 이용할 수 있습니다.

'철수가 "영이야 놀자!"라고 말했습니다.'

"이 문에는 '출입금지'라고 표시되어 있습니다."

따옴표도 코딩이고
쉼표도 코딩이며
띄어쓰기도 코딩이다

다시 코드를 살펴봅시다.

```
total = 0
for i in range(1, 101):
    total = total + i
print('1부터 100까지 더한 값은', total, '입니다.')
```

문자열 뒤에는 **쉼표**를 찍었습니다. 그리고 각 데이터 뒤에도 쉼표를 찍었습니다.
그러면 파이썬은 그 자리에 빈칸을 하나 넣고 다음 데이터를 계속 화면에 표시합니다.

여기서 또 주의할 점은 변수 이름인 total에는 따옴표로 둘러싸면 안 된다는 것입니다.
만약, 마지막 줄을

```
print('1부터 100까지 더한 값은', 'total', '입니다.')
```

라고 입력하고 실행시켜보면

```
1부터 100까지 더한 값은 total 입니다.
```

이렇게 표시됩니다. 즉, 파이썬은 따옴표가 없을 때에는 total 변수의 값을 출력하지만
따옴표로 둘러싸면 이 부분을 'total'이라는 문자열로 인식해서 그냥 total이란
문자열을 출력해버립니다.

아무리 첫날이라도 함수에 대해선 함구할 수 없다

이쯤에서 **함수**에 관해 좀 더 자세하게 알아보겠습니다. 함수는 파이썬은 물론이고 비롯한 대다수 프로그래밍 언어에서 아주 중요하게 쓰이는 개념입니다. 아마도 여러분은 학교에서 수학시간에 '함수'에 관해 들어본 적이 있을 것입니다.

$$f(x) = y$$

이와 같은 수식이 기억날 것입니다. 만약 $f(x) = x^2$이라면 x가 1일 때, 즉 $f(1)$일 때 y는 $1^2 = 1$, $f(2)$일 때 y는 $2^2 = 4$와 같은 식으로 x의 값에 따라서 $f(x)$의 값이 결정됩니다. 또한 함수는 값을 여러 개 받을 수도 있습니다. $f(x, y) = x^2+2y$와 같은 식으로 정의하면 $f(3, 5) = 3^2+2\times5 = 19$라는 값을 얻습니다.

파이썬의 함수도 비슷한 모양을 하고 있습니다. f보다는 긴 이름이지만 print()와 같이 함수의 이름 뒤에 괄호가 나오고, 그 안에 함수에 전달할 값이 들어갑니다. 그 값은 **매개변수**(argument) 혹은 **파라미터**(parameter)라는 용어로 부릅니다.

다만 수학에서는 전달할 값으로 주로 수가 들어가지만 파이썬의 함수에는 다양한 데이터가 들어갑니다. 지금 보는 것처럼 문자열도 들어가고, total과 같은 변수도 들어갑니다. 함수는 받은 데이터로 뭔가 열심히 일을 하고 그 결과를 돌려줍니다.

그런데, print() 함수는 전달한 매개변수 데이터를 화면에 출력하는 일을 하지만 어떤 값을 돌려주는 것 같지는 않습니다. 만약 print()가 돌려주는 값을 변수에 대입하면 어떤 일이 생길까요?

function은 함수이자 기능이다

앞에서 **셸**이라고 불렀던 **repl.it**의 콘솔은 **편집기**에 입력한 코드의 실행 결과를 보여주는 것은 물론이고, 간단한 파이썬 코드를 실행해보는 기능도 지원합니다. 간단하게 테스트 한번 해볼까요?

```
Python 3.6.1 (default, Dec 2015, 13:05:11)
[GCC 4.8.2] on linux
a = print('Hello!')    ← ①
Hello!                 ← ②
> a                    ← ③, ④
> print(a)             ← ⑤
None                   ← ⑥
>
```

 셸에서는 한 줄을 입력하고 **엔터 키**를 치면 곧바로 결과를 보여줍니다.

① `a = print('Hello!')`를 입력하고 **엔터 키**를 치자마자, ② `'Hello!'` 문자열이 출력됩니다.

그 다음, ③ 변수 a의 이름만 쓰고 **엔터 키**를 치면 변수의 값을 보여주는데 ④ 아무 값도 보이지 않습니다.

마지막으로 ⑤ `print(a)`를 입력해보면 ⑥ None이라는 문자열을 출력합니다. 이는 a가 None이라는 문자열을 가지고 있다는 뜻이 아니라, 말 그대로 아무런 값도 없다!는 뜻입니다.

수학 함수와는 달리 파이썬의 함수는 아무런 값도 돌려주지 않을 수도 있습니다. 매개변수가 없을 수도 있습니다. 수학 함수는 뭔가 값을 받아야만 그 값을 가지고 계산을 할 수 있는데, 파이썬 함수는 반드시 계산을 위해서만 쓰이는 것은 아니기 때문에 매개변수가 없을 수도 있습니다.

사실 '함수'를 뜻하는 영어 단어 function은 함수라는 뜻 말고 '**기능**'이라는 뜻도 있습니다. 매개변수가 없거나 돌려주는 값이 없는 'function'은 수학에서 의미하는 함수라기보다는 어떤 '기능'을 하는 것에 가깝습니다. 그래도 이미 오랫동안

프로그래밍 언어의 function을 '함수'라고 불러왔기 때문에 여기서도 function을 함수라고 부를 것입니다.

 파이썬의 함수는 말 그대로 '함수'일 수도 있고, 또는 어떤 기능을 간편하게 실행할 수 있는 **도구**일 수도 있다는 점을 기억해두시기 바랍니다. 지금은 미리 만들어진 함수를 쓰고 있지만 모레(작심 3일차)에는 직접 함수를 만들어 쓰면서 더욱 자세한 내용을 살펴볼 것입니다.

고치면,
비로소
보이는 것들

작심 1일차, 우리의 첫 파이썬 프로그램은 이렇게 시작됐습니다.

그러나 잠시 후 이 코드의 내용을 고쳐가면서 새로운 기능들을 실험해볼 거니까 아직은 **repl.it**의 창을 닫지 마세요.

파이썬은 정말 쉬운 언어로 통합니다. 앞에서 언급했듯이 특히 영어를 쓰는 사람들이라면 파이썬 코드가 영어처럼 자연스럽게 읽히는 부분이 많아서 이해하기가 무척 쉽습니다. 외계인 코드 같지는 않으니까요.

 가장 널리 쓰이는 프로그래밍 언어인 **자바**(Java)를 사용해서 1부터 100까지 더하는 코드를 짜보면 다음과 같습니다.

```
int total = 0
for(int i = 0; i <= 100, i++) {
    total = total + 1
}
System.out.println(total)
```

어떤가요? 파이썬 코드와 비슷한 점도 꽤 있지만, 파이썬과 비교하면 이해하기가 어렵다는 점만큼은 분명해보입니다.

재차 확인하는 결론, 파이썬은 **상대적으로도 쉬운** 프로그램입니다.

컴퓨터는 태생이 전자계산기. 그러니 이제 본격적으로 계산을

'컴퓨터'를 한자어로 표현하면 '전자계산기'입니다. 전자를 이용해서 계산을 하는 기계입니다. 줄여서 '**전산**'이라고도 부릅니다. 예전에는 대학교에서 컴퓨터 관련 학문을 공부하는 학과를 '전자계산학과'라고 많이 불렀습니다. 요즘은 '컴퓨터공학과'라는 말을 많이 쓰죠.

아무튼 컴퓨터는 본질적으로 계산을 하는, 그것도 아주 빨리 하는 기계입니다. 인간처럼 절묘한 방법(가우스가 보여준 것처럼요)을 사용해서 계산에 드는 수고를 대폭 단축하지는 못해도 수없이 되풀이하는 계산을 엄청나게 빠른 속도로 해치웁니다. 1부터 100까지 더하는 계산은 사실 수천 분의 1초도 안 걸립니다.

우리는 파이썬에게 단순한 덧셈 뺄셈 말고도, 곱셈과 나눗셈, 나머지 구하기와 같은 일도 시킬 수 있습니다. 정수(-2, -1, 0, 1, 2,…)는 물론이고 소수를 이용한 계산도 할 수 있습니다. 수학책에서 보았던 복잡한 계산들도 쉽게 시킬 수 있습니다. 이제 파이썬을 이용해서 여러 가지 계산을 해보겠습니다.

repl.it에서 간단한 계산을 해보죠. 이번에도 가운데 있는 **편집기** 공간이 아닌 **셸**이라고도 부르는 오른쪽 콘솔 공간에 직접 코드를 입력해봅시다. 콘솔을 마우스로 클릭하고 키보드로 입력하면서 계산을 해봅시다.

단 곱셈 기호는 × 대신 * 기호를, 나눗셈 기호는 ÷ 대신 / 기호를 사용합니다. 키보드로 ×, ÷ 기호를 바로 입력할 방법이 없기 때문입니다.

시험 삼아 1+2, 23*166 등과 같이 계산기 두드리듯 이것저것 입력해봅시다. 꼭 다음 화면에 있는 계산이 아니더라도 사칙연산 기호를 사용해서 원하는 수를 가지고 마음대로 계산을 해보기 바랍니다.

```
Python 3.6.1 (default, Dec 2015,
[GCC 4.8.2] on linux
1+2
3
>  16+57
73
>  27+99
126
>  5-77
-72
>  23*166
3818
>  67/22
3.0454545454545454
>  3+6+9
18
>  100-17-23
60
>  23+34-56-99
-98
>
```

그림에서 볼 수 있는 것처럼 3+6+9, 100-17-23과 같이 세 개, 또는 그 이상의 수를 한꺼번에 넣어서 계산할 수도 있습니다. 23+34-56-99처럼 기호를 섞어 쓰는 것도 가능합니다.

이렇게 한 번에 여러 개의 계산을 할 경우, 파이썬은 왼쪽에서 오른쪽으로 순서대로 계산을 합니다. 즉, 23+34-56-99 계산을 한다면,

① 23 + 34 = 57
② 57 - 56 = 1
③ 1 - 99 = -98

이렇게 차례대로 계산을 진행합니다.

컴퓨터 프로그래밍에서는 +, -, *, / 같이 어떤 계산(연산)을 지시하는 기호를 '**연산자**'라고 부릅니다. 파이썬은 이 네 가지 연산자 말고도 훨씬 다양한 연산자를 가지고 있는데, 앞으로 차차 배우게 될 것입니다.

찬물에도 위 아래가 있고 연산자 처리에도 우선순위가 있다

한 줄에 덧셈 혹은 뺄셈 기호와 곱셈 혹은 나눗셈 기호를 함께 쓰면 어떤 일이 벌어질까요? 예를 들어, 2+7×3을 계산하면 어떤 일이 벌어질까요? 기본 원칙은 왼쪽에서 오른쪽 순서로 계산을 진행하는 것입니다. 즉,

```
① 2 + 7 = 9
② 9 × 3 = 27
```

그래서 답은 27이 되어야 할 것입니다. 과연 그럴까요?
그대로 파이썬에게 계산을 시켜봅시다.

```
Python 3.6.1 (default, Dec 2015, 13:05:11)
[GCC 4.8.2] on linux
2+7*3
23
>
```

얼래? 생각과는 달리 답은 23입니다. 왜일까요?

이는 **연산자의 우선순위** 때문입니다.

한 수식에 여러 연산자가 섞여 있을 경우, **곱셈과 나눗셈은 덧셈과 뺄셈보다 먼저** 계산합니다. 따라서 2+7*3은 실제로 다음과 같은 순서로 계산이 이루어집니다.

```
① 7 * 3 = 21
② 2 + 21 = 23
```

만약 우리가 원래 예상했던 답인 27을 얻으려면 강제로 덧셈 계산을 먼저 하도록 해야 합니다. 괄호를 이용하면 됩니다.

```
(2 + 7) * 3
```

이렇게 하면 파이썬은 괄호가 쳐진 식을 먼저 계산한 다음 다른 계산을 진행합니다.
실제로 이 수식을 파이썬에게 계산시켜보면 27이 나오는 것을 볼 수 있습니다.

```
Python 3.6.1 (default, Dec 2015, 13:05:11)
[GCC 4.8.2] on linux
> (2+7)*3
27
>
```

결과를 확실하게 하기 위해서, 그리고 연산자의 우선순위를 신경 쓰지 않고 수식의 계산 순서를 쉽게 알아볼 수 있도록 하기 위해서, **괄호**를 활용하는 것이 좋습니다. 즉, 2+7*3이 원래 하고자 했던 계산이라고 하더라도 2+(7*3)처럼 확실히 표시해주는 것이죠.

몫을 구하는 연산자와 나머지만 구하는 연산자를 아시나요?

파이썬에는 더하기 빼기 곱하기 나누기의 사칙연산 말고도 나눗셈의 몫(//)과 나머지(%)를 계산하는 연산자도 있습니다.

```
Python 3.6.1 (default, Dec 2015, 13:05:11)
[GCC 4.8.2] on linux
10/7
1.4285714285714286
> 10//7
1
> 10%7
3
>
```

10/7로 나눗셈 계산을 해보면 1.4285714285714286라는 소수값이 나옵니다. 한편 10//7, 즉 나눗셈 기호를 두 번 넣어서 계산하면 1이라는 정수값이 나오고, 10%7은 3이 나옵니다. 10을 7로 나누면 몫은 1, 나머지는 3이라는 것은 머릿속으로도 쉽게 계산할 수 있습니다. 즉, // 기호는 나눗셈의 몫을, % 기호는 나머지를 계산해줍니다.

나눗셈 기호(/)를 두 번 써서 연산을 하면, 즉 // 기호로 연산을 하면 나눗셈의 몫을 얻을 수 있습니다.

그렇다면 곱셈 기호 *를 두 번 쓰면, 즉 ** 기호로 연산을 하면 어떤 결과가 나올까요? 파이썬에게 계산을 시켜서 어떤 결과가 나오는지 확인해봅시다.

```
Python 3.6.1 (default, Dec 2015, 13:05:11)
[GCC 4.8.2] on linux
2**3
8
> 2**10
1024
>
```

2**3은 8이라는 값이 나오고, 2**10은 1024라는 값이 나옵니다.
기호는 거듭제곱을 하는 연산자입니다. 즉, 23은 2^3을, 2**10은 2^{10}을 연산합니다.

이렇게, 곱셈과 나눗셈 기호는 두 번 겹쳐 쓰면 각각 거듭제곱과 몫을 돌려줍니다.

저장장치의 용량을 표시할 때 흔히 메가바이트(MB), 기가바이트(GB), 테라바이트(TB)와 같은 단위를 씁니다. 우리가 흔히 알기로는 1MB는 1000바이트, 1GB는 1000GB, 1TB는 1000GB라고 생각합니다. 하지만 정확히는 1MB = 2^{10}바이트, 즉 1024바이트입니다. GB나 TB도 마찬가지입니다. 컴퓨터 안은 0과 1의 디지털, 즉 이진수 세상이라는 사실은 많이 들어서 아실 것입니다. 그래서 단위를 표현할 때에도 1000이 아니라 1000과 가장 비슷한 이진수 값인 2^{10}을 씁니다.

더더하기(++)는 그냥 더하기(+) 빼빼기(--)는 더하기(+)가 되는 신기한 규칙

덧셈이나 뺄셈 기호도 두 번 겹쳐 쓰면 뭔가 다른 계산을 할 수 있지 않을까요? 상상만 하지 말고 직접 실험해봅시다.

```
Python 3.6.1 (default, Dec 2015, 13:05:11)
[GCC 4.8.2] on linux
3++7
10
> 3--7
10
>
```

얼씨구?

3+\+7도 10이 나오고 3--7도 10이 나왔습니다. 3++7은 3+7과 같은 결과를 내지만 3--7도 3+7과 같은 결과라는 것은 도대체 이해가 안 갑니다. 왜 이럴까요?

 +와 - 연산자는 **양수와 음수를 표현하는 기호**이기도 하기 때문입니다.
3++7을 계산시키면 사실 파이썬은 식을 이렇게 해석합니다.

> 3 + (+7)

파이썬에는 ++ 연산자가 없습니다. 따라서 파이썬은 앞의 +기호는 덧셈 연산자로, 뒤의 +기호는 7 앞에 붙어서 양수를 나타나는 기호라고 판단하고 계산을 합니다. 3--7의 결과가 10이 되는 이유도 이해가 되시나요?

> 3 - (-7)

3에서 -7을 빼면 3에 7을 더한 결과와 같다는 사실은 설명할 필요도 없을 것입니다.

아주 간단한 식이라면 문제가 없겠지만 연산자를 여러 번 사용하는 복잡한 계산이라면 연산자 우선순위나 연산자가 연달아 붙을 경우 헷갈릴 수 있고 의도와는 다른, 잘못된 계산 결과가 나올 수도 있습니다.

 괄호를 적극 활용하고 연산자 앞 뒤에 빈칸을 넣어서 잘 구별될 수 있게 해야 합니다.

2+3*7+15보다는 2 + (3 * 7) + 15가 더 알아보기 쉽습니다. 또한 한 줄에 무리하게 많은 계산식을 욱여넣기보다는 변수를 활용해서 알아보기 쉽게 나눠서 표현하는 것도 좋은 방법입니다.

프로그래밍은 결국 변수로 시작해서 변수로 끝난다

지금까지 파이썬으로 몇 가지 계산을 해보았습니다.

마치 계산기처럼 **셸**에서는 수식을 입력하고 **엔터 키**를 치면 파이썬은 곧바로 그 결과를 보여줍니다. 하지만 그것으로 끝입니다. 이런 계산을 하는 것만으로는 프로그램이라고 말할 수는 없습니다.

15부터 227까지 더하는 작업을 하기 위해서 15+16+17+18+…+227을 일일이 입력해야 한다면 컴퓨터나 파이썬 같은 것 필요 없이 만 원짜리 계산기만으로도 충분합니다.

같은 작업을 수백 번, 수천 번 또는 그 이상 되풀이해야 할 때 파이썬은 빛을 발합니다.

단순히 1부터 100까지 더하는 일은 물론이고 수백 개의 파일 이름을 바꾼다든지 수천 장의 사진 파일을 찍은 날짜별로 폴더를 따로 만들어서 옮긴다든지 하는 일들이 파이썬에게는 제격입니다.

숫자든 파일이든 사진이든 컴퓨터 안에서는 디지털로 변환된 '데이터'로 존재합니다. 컴퓨터 프로그램이란 그 데이터를 가지고 무언가 일을 하는 녀석입니다.

우리의 첫 프로그램에는 어떤 데이터가 있었을까요?

우리는 total이라는 변수에 0이라는 값을 저장했습니다. 그리고 i라는 변수를 1부터 100까지 하나씩 증가시켜가면서 total에 그 값을 더하고, 더한 결과를 다시 total에 저장했습니다.

바꿔 말하면 변수에 데이터를 저장했고, 변수에 저장한 데이터를 꺼내서 계산을 했고, 그 결과를 다시 변수에 저장했습니다. 사실 알고보면 **컴퓨터 프로그램은 변수에서 시작해서 변수로 끝난다**고 해도 지나치지 않습니다.

변수에 어떤 값을 저장한 다음에 이런저런 계산, 반복, 조건에 따른 처리를 통해서 그 값을 변형시키고, 다시 그 값을 저장하는 게 프로그램이 하는 일의 전부라고 해도 과언이 아닙니다.

파이썬이 '안녕하세요'를 열 번 복창하게 된 사연

첫 프로그램에서는 total, i, 이렇게 두 개의 변수만을 썼지만 그보다 복잡하고 쓸모 있는 일을 파이썬에게 시키려면 아마도 수십 개의 변수를 쓰는 일도 드물지 않을 것입니다. 그에 따라 헷갈리기도 더 쉽습니다.

예를 들어, 프로그램 앞에서 z라는 변수에 데이터를 저장했는데, 깜빡하고 프로그램 뒤쪽 어디선가 z라는 변수에 다른 데이터를 저장했을 경우입니다.

```
z = 3.141592
...
...
...
z = '안녕하세요'
```

프로그램 초반에는 원의 둘레를 구하기 위해서 변수 z에 원주율인 3.14159를 저장해두었습니다. 긴 프로그램을 짜다보니 100줄쯤 지난 후 z에 원주율 값을 저장했다는 사실을 까먹고 '안녕하세요'라는 문자열을 저장했습니다. 그 순간 z에 저장했던 원주율 값은 날아가버립니다. z에 문자열을 저장해놓고서는 나중에 가서는 이걸 원둘레를 계산할 때 쓰려고 한다면 더더욱 상황이 나빠집니다.

원둘레는 2×(반지름)×(원주율)입니다. 반지름이 5cm인 원의 둘레를 프로그램에서 구한다면 2 * 5 * z가 됩니다. z에 원주율을 저장했다면 2 * 5 * 3.14159 = 31.4159가 되겠네요. 그런데 프로그램 중간쯤 어쩌다 변수 z에 '안녕하세요'를 저장해놓고서 그 사실을 까먹은 채 파이썬에게 2 * 5 * z 계산을 시키면 2 * 5 * '안녕하세요'라는 괴상한 식이 되고 맙니다. 그 결과는 어떻게 될까요?

```
Python 3.6.1 (default, Dec 2015, 13:05:11)
[GCC 4.8.2] on linux
z = 3.141592
> z = '안녕하세요'
> 2 * 5 * z
'안녕하세요안녕하세요안녕하세요안녕하세요안녕하세요안녕하세요
안녕하세요안녕하세요안녕하세요안녕하세요'
>
```

'안녕하세요'를 열 번 되풀이하는 결과가 나왔습니다. 2×5=10이니까
2 * 5 * '안녕하세요'는 10 * '안녕하세요'와 같습니다. 그러면 파이썬은
나름대로 '아, 안녕하세요를 열 번 복창하라는 소리구나!'라고 판단하고 정말로 열
번 복창합니다. 만약 저 식이 225 * 57 * z였다면…… 그 끔찍한 결과는 생략하도록
하겠습니다.

의미 있는 단어 조합해서 변수 이름 만들기

변수를 쓸 때에는 x, y, i, j 같은 편리하지만 의미를 알 수 없는 이름은 피하는 게
좋습니다. 방금 전 코드에서 다음과 같이 각각 의미를 담은 변수 이름을 썼다면 헷갈릴
일도 줄어들었을 것입니다.

```
pi = 3.14159          ① pi는 원주율 기호 π의 이름입니다.
greeting = '안녕하세요'   ② greeting은 '인사'라는 뜻입니다.
```

변수의 이름을 짓다보면 여러 단어로 된 이름을 써야 할 수도 있고, 변수의 개수가
많아지면 한 단어로 된 이름으로는 부족할 수 있습니다. 예를 들어서 '시작값'을 뜻하는
start value를 변수 이름으로 쓰고 싶다면 어떻게 해야 할까요?
start value = 1이라고 하면 안 될까요?

안 됩니다. 파이썬은 곧바로 잘못된 코드라면서 투덜댈 것입니다. 여러 단어로 된 변수
이름을 쓰려면 다음과 같이 해야 합니다.

1. **빈칸 없이 단어의 시작을 대문자로 쓰기** : StartValue, 혹은 startValue라고 씁니다.
2. **빈칸 대신 밑줄을 쓰기** : start_value라고 씁니다.

파이썬에서는 이중에서 두 번째 방법을 주로 씁니다.

첫 번째 방법으로도 쓸 수는 있지만(Java나 C# 같은 언어에서는 이런 방법을 주로 씁니다) 파이썬 프로그래밍에서는 **빈칸 대신 밑줄**을 사용하는 두 번째 방법을 널리 쓰고 있습니다.

그리고…… 놀라지 마세요,
사실 파이썬 변수 이름으로 **한글**도 쓸 수 있습니다!

```
원주율 = 3.14159
인사 = '안녕하세요'
```

 이렇게 해도 되기는 합니다. 하지만 파이썬 프로그래밍을 하는 한국 사람들조차 대부분은 변수 이름에 영어를 쓰는 것이 보통입니다. 변수 이름에 한글을 쓸 수 있게 된 것은 파이썬 버전 3부터였기도 하고, 파이썬 코드를 인터넷에 올리고 공유하기 위해서는 아무래도 공용어인 영어를 쓰는 쪽이 훨씬 좋기 때문입니다.

물론 오로지 자기 혼자 쓸 목적이라면 한글 변수 이름을 써도 별 문제는 없습니다.

우리가 앞서 만든 첫 프로그램에서는 total이라는, 의미를 가진 변수 이름도 썼지만 i라는 별 의미 없는 변수 이름도 써봤습니다. 어떤 블록 안에서 잠깐 쓸 때, 특히 단순한 반복에 사용할 것이라면 그냥 한 글자짜리 변수를 쓰는 것도 괜찮습니다.

어떤 변수를 블록 바깥에서도 쓸 생각이라면 의미를 가진 이름을 붙이는 것이 좋습니다. 그리고 좀 번거롭더라도, 단순 반복에 쓰는 변수라도 i보다는 index와 같이 의미가 있는 변수 이름을 쓰면 코드를 알아보기가 더 좋습니다.

변수 이름을 어떻게 붙여야 잘 지었다고 소문이 날까?

변수 이름 안에 빈칸이 들어가면 안 된다는 것은 앞에서 이미 알아보았습니다.

- **숫자는** 이름 중간에 들어가는 것은 괜찮지만 **처음에 나오면 안 됩니다.**
  value_1이라는 이름은 괜찮지만 1_value는 안 됩니다. 변수 이름은 숫자로 시작하지 마세요.

- **연산자로** 쓰이는 기호, 예를 들어 +, -, *, /와 같은 기호들은 **변수 이름 안에 사용할 수 없습니다.** 이런 기호들을 변수 이름에 쓸 수 있게 하면 혼란이 생기기 때문입니다.

```
start = 1
end = 100
start+end = 5
```

위 코드에서 세 번째 줄의 start+end는 파이썬이 start와 end를 더한 값, 즉 101로 계산합니다. 101에다가 5를 대입하려고 하면 파이썬은 뭔가 잘못되었다면서 불평을 할 것입니다. 이런 헷갈리는 일을 막기 위해서 변수 이름에는 연산자로 쓰이는 기호를 쓸 수 없습니다.

- **파이썬이** 어떤 목적을 위해서 미리 **찜해놓은 단어들은 변수 이름으로 쓸 수 없습니다.** 예를 들어 for는 변수 이름으로 쓸 수 없습니다.
  for i in range(1, 101):처럼 어떤 일을 되풀이하는 블록을 시작한다는 뜻으로 쓰이기 때문입니다. 이렇게 파이썬이 미리 찜해놓고 다른 용도로는 쓸 수 없게 한 단어들을 **시스템 예약어**, 또는 **키워드**라고 부릅니다. 다만 키워드가 변수 이름의 일부로 들어가는 건 문제가 없습니다. 즉, forum, for_you 같은 이름은 변수로 쓸 수 있다는 얘기입니다.

- 파이썬은 **대문자와 소문자를 구별**합니다.
  일상생활에서 우리는 john이나 John을 같은 이름으로 생각하지만 파이썬에서 john과 John은 각각 다른 변수입니다.

이렇게 보면 변수 이름 짓기가 꽤나 까다롭겠다, 하는 생각이 들겠지만 다음과 같이 쉽게 생각하시면 됩니다.

1. **영어 단어를 씁니다**

    정말 개인적으로만 쓸 코드라면 한글 변수 이름도 괜찮습니다...만, **웬만하면 영어로** 쓰시길 권장합니다. 두 단어 이상으로 된 변수 이름을 쓸 때에는 **빈칸 대신 밑줄(_)을** 넣어줍니다. 영어를 쓸 때에는 **소문자만** 씁니다. 대문자를 쓰는 경우는 따로 정해져 있는데 모레(작심 3일차)가 되면 알려드리겠습니다.

2. **숫자는 될 수 있으면 쓰지 않는 것이 좋습니다**

    value_1, value_2, 이런 식으로 쉽게 이름 붙일 생각은 안 하는 게 좋습니다. 코드가 길어지고 변수의 수가 많아지면 어느 변수에 어떤 값을 담아놓은 것인지 헷갈리게 됩니다.

3. **의미를 담아보세요**

    이름을 붙일 때에는 나중에 내가, 혹은 남이 봤을 때 뜻을 알아차릴 수 있는 단어를 쓰는 것이 좋습니다. 손쉽게 value, x 같은 식으로 이름을 붙이면 코드가 길어지거나 변수의 수가 많아졌을 때 어떤 값을 담은 변수인지 알기 어려워집니다. 의미 없는 단어, 변수의 쓰임새와 관계 없는 단어는 피하는 것이 좋습니다. 남들이 쓴 코드를 많이 보다보면 일 잘하는 프로그래머들이 변수 이름을 어떻게 붙이는지 경험을 통해서 배울 수 있습니다.

피아노 앞에 앉아서 뚱땅뚱땅 치기만 해도 곡이 하나 만들어졌다는 신동 모차르트처럼 어떤 프로그램이든 앉은 자리에서 휘리릭! 하고 처음부터 끝까지 코드를 주루룩 써낼 수 있으면 좋겠지만 불행히도 모차르트 같은 천재는 정말 100년에 한 명 나올까 말까 합니다. 아마 모차르트가 프로그래밍을 했어도 쓸만한 프로그램 하나를 만들려면 며칠은 걸릴 것입니다.

프로그램 하나를 만들기 위해 여러 사람이 달라붙는 일도 많습니다. 요즘은 인터넷에 코드를 올리고 사람들과 공유하거나 인터넷을 통해서 공동으로 프로그램을 만드는 일도 많아졌습니다.

코드가 자꾸 오류를 내는데 그 이유를 모르거나 원하는 결과가 나오지 않을 때, 특정 부분에서 막혀 해결책을 찾고자 할 때 인터넷에 자기의 코드를 올리고 조언을 구할 수도 있습니다. 이를 위해서는 **자신이 만든 코드를 남들이 파악하기 쉽게** 해야 합니다. 남이 볼 때 이해하기 어려운 코드는 심지어 며칠 있다가 '내가 봐도' 뭘 한 건지 잘 모를 수도 있습니다.

변수의 이름을 이해하기 쉽게, 이름만 봐도 어떤 값이 저장되는지 파악하기 쉽게 붙이는 것은 매우 중요한 일입니다. 내일(작심 2일차)은 코드에 설명을 달아서 이해하기 쉽도록 하는 방법을 살펴볼 것입니다.

어지간하면 변수를 쓰자! 두고두고 편해지니까

1부터 100까지 더하기 위해서 우리는 for i in range(1, 101):이라는 문장을 썼습니다. 그리고 결과를 출력할 때 처음에는 값만 나오게 했지만 나중에 마지막 줄을 print('1부터 100까지 더한 값은', 'total', '입니다.') 이렇게 고쳤습니다. 일단 결과는 잘 나옵니다.

문제는 1부터 100이 아닌 다른 범위의 덧셈을 하고 싶을 때입니다. 예를 들어 12에서 1234까지 더하고 싶다면 어떻게 해야 할까요?

먼저 for i in range(1, 101): 부분을 고쳐야 합니다. 시작값은 12로 고치고, 끝값은 1234에 1을 더한 1235로 고쳐야 합니다. 마지막 줄도 '1부터 100까지 더한 값은'이라는 문자열을 '12부터 1234까지 더한 값은'으로 고쳐야 합니다.

이 정도 수고는 별로 번거롭지 않을 수 있지만, 프로그램이 길어지면 숫자 하나를 바꾸고 싶을 때 함께 고쳐야 할 곳들이 점점 많아집니다. for… 줄만 고치고 print… 줄은 까먹고 안 고치거나 하면 잘못된 결과가 나옵니다.

이럴 때 변수를 잘 활용하면 이것 저것 고치는 수고는 물론이고 잘못된 결과가 나올 가능성도 줄일 수 있습니다.

 바뀔 가능성이 있는 값에 변수를 활용하는 코딩을 하면 여러 모로 편리합니다. 1부터 100까지 더하는 프로그램을 다음과 같이 바꿔보겠습니다.

먼저 첫 번째 줄 앞에 다음 두 줄을 더합니다.

```
start_value = 1
end_value = 100
```

이제 이 두 줄이 무엇을 하는 부분인지는 짐작이 가실 것입니다. 이름을 보니까 시작(start)_값(value), 끝(end)_값(value)을 뜻하는 변수겠네요.

그 다음 for… 가 나오는 줄을 다음과 같이 고칩니다.

```
for i in range(start_value, end_value):
```

앗, 그런데 이렇게만 하면 한 가지 문제가 생깁니다.

이대로라면 for i in range(1, 100)이 되므로 우리가 처음에 경험(실수)했던 것처럼 1부터 99까지만 더한 결과가 나오게 되지요. end_value에 101을 대입하는 방법도 있겠지만, 이제 우리는 좀 더 우아한(?) 방법을 쓸 때가 되었습니다.

```
for i in range(start_value, end_value + 1):
```

어때요?

 end_value는 100으로 그냥 두고, 범위를 정하는 range()에서 end_value에 1을 더하는 방법입니다. 이러면 코드를 알아보기가 훨씬 쉬워집니다.

마지막 줄의 print() 부분도 고쳐보겠습니다. 원래는 이랬습니다.

```
print('1부터 100까지 더한 값은', total, '입니다.')
```

어느 부분을 고치면 될지 감이 오시나요?

```
print(start_value, '부터', end_value, '까지 더한 값은', total, '입니다.')
```

새롭게 고친 코드 전체는 다음과 같습니다.

```
start_value = 1
end_value = 100
total = 0
for i in range(start_value, end_value + 1):
  total = total + i
print(start_value, '부터', end_value, '까지 더한 값은', total, '입니다.')
```

실행시키면 우리가 원하는 결과가 나올까요? 달려라 달려 파이썬!

```
main.py                     saved
1   start_value = 1
2   end_value = 100
3   total = 0
4   for i in range(start_value, end_value + 1):
5       total = total + i
6   print(start_value, '부터', end_value, '까지
    더한 값은', total, '입니다.')
```

```
Python 3.6.1 (default, Dec 2015, 13:05:11)
[GCC 4.8.2] on linux
1 부터 100 까지 더한 값은 5050 입니다.
>
```

쉼표 때문에 들어간 빈칸을 없애고 싶을 때

잘 나온 것 같긴 한데 조금 눈에 걸리는 부분이 있습니다. 띄어쓰기가 제대로 되려면,

    1부터 100까지 더한 값은 5050입니다.

이와 같이 나와야 합니다. 그런데 실제 출력 결과를 보면 다음과 같습니다.

    1 부터 100 까지 더한 값은 5050 입니다.

숫자 다음에 무조건 빈칸이 하나씩 들어가 있습니다. print()를 쓸 때 변수 또는 문자열을 잇기 위해 **쉼표를 쓰면 빈칸이 하나씩** 들어가기 때문에 생기는 일입니다. 이 빈칸을 없애는 방법은 없을까요?

앞에서 변수 z에 '안녕하세요'라는 문자열을 대입한 다음, 2 * 5 * z 계산을 한 결과, 즉 2 * 5 * '안녕하세요' 계산 결과가 어떻게 나왔는지 기억하시나요? '안녕하세요'를 화면에 2×5=10번 출력했습니다. 즉, 문자열로도 계산을 할 수 있다는 얘기입니다. 숫자를 계산할 때와는 조금 개념이 차이가 있긴 합니다.

문자열 곱셈도 할 수 있는데 덧셈은 못할까요? 2+3=5라는 계산식을, 구슬 두 개 뒤에 구슬 세 개를 붙여서 다섯 개로 만드는 개념으로 본다면 문자열에 덧셈 연산을 하면 문자열을 이어붙여주는 건 아닐까요? 한번 실험해봅시다.

    print(start_value + '부터', end_value + '까지 더한 값은', total + '입니다.')

```
Python 3.6.1 (default, Dec 2015, 13:05:11)
[GCC 4.8.2] on linux
Traceback (most recent call last):
  File "main.py", line 6, in <module>
    print(start_value + '부터', end_value + '까지 더한 값은', total + '입니다.')
TypeError: unsupported operand type(s) for +: 'int' and 'str'
>
```

아, 이런. 파이썬이 코드에 뭔가 문제가 있다고 불평을 하네요. 역시 쉽게 해결되진 않는군요. 기왕 이렇게 된 김에, 파이썬이 뭐라고 투덜거리는지 알아보겠습니다.

융통성이라고는 1도 없는, 파이썬 문법 선생님의 오류 메시지

파이썬은 '언어'입니다. 정확히 말해서 파이썬은 프로그래밍 '언어' 중 하나입니다.

사람들끼리 의사소통을 하려면 언어가 필요합니다. 한국사람들은 한국어로, 중국사람들은 중국어로, 국제 무대에서 여러 나라 사람들과 의사소통을 하려면 보통은 공용어로 널리 쓰이는 영어로 이야기합니다.

마찬가지로, 프로그래밍 언어는 **사람과 컴퓨터가 의사소통을 하기 위한 언어**입니다. 정해진 단어와 규칙(네, 문법처럼요)으로 컴퓨터와 의사소통을 해서 컴퓨터에게 원하는 일을 시키는 명령을 내리는 수단이 프로그래밍 언어입니다.

 그런데 프로그래밍 언어는 사람의 언어와 비교하면 융통성이 참 많이 부족합니다. 우리는 외국인이 어설픈 한국어를 해도 웬만하면 알아듣고 이해합니다. 발음도 이상하고 단어도 좀 틀리고 문법이 부실해도 어느 정도 추측해서 이해하곤 합니다.

프로그래밍 언어를 듣는 컴퓨터가 이런 융통성이 있을 거라고는 기대하지 않는 게 좋습니다. 예를 들어, 다음의 1부터 100까지 세는 코드 일부를 살펴봅시다.

```
for i in renge(1, 101):
```

range이라고 써야 하는 것을 renge라고 잘못 입력했네요. 사람이라면 '에이, 여기 오타 났네' 하고 생각하면서도 무슨 코드인지는 이해할 것입니다. 그러나 파이썬은 인정사정 볼 것 없이 오류 메시지를 내면서 망신을 줍니다.

```
Python 3.6.1 (default, Dec 2015, 13:05:11)
[GCC 4.8.2] on linux
Traceback (most recent call last):
  File "main.py", line 4, in <module>
    for i in renge(1, 101):
NameError: name 'renge' is not defined
> 
```

여기 오류 메시지 핵심 부분을 한 줄 한 줄 채씹어가면서 들여다보겠습니다.

 단, **첫 번째 줄**은 이 책의 범위 안에서는 이해하기도 힘들고 별로 중요한 것도 아니니 넘어갑니다. Traceback, 즉 오류의 원인을 거슬러 올라간다는 정도로 알아두세요.

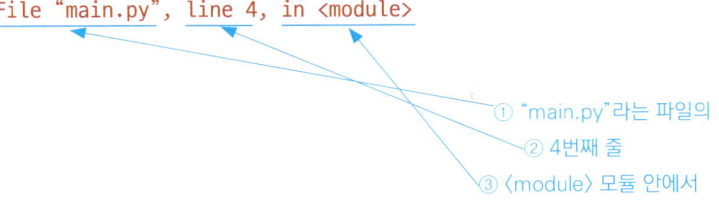

오류 메시지의 **두 번째 줄**은 오류가 어디에서 일어났는지 알려줍니다. 먼저 ①은 어느 **파일**(file)인지를 알려줍니다. 내일(작심 2일차)부터는 파이썬 코드를 파일로 저장하고 이를 다시 불러서 쓰는 방법을 알아볼 것입니다. 아직은 코드를 파일로 저장하지 않았지만 repl.it에서 기본값으로 main.py를 파일 이름으로 표시하고 있습니다.

②는 파일의 몇 번째 **줄**(line)에서 오류가 났는지를 알려줍니다. 보이는 것과 같이 4번째 줄이네요.

마지막으로 ③은 어느 **모듈**(module)에서 오류가 났는지 알려줍니다. 그리고 다음 줄에 그 내용을 출력합니다.

모듈은 아직 우리가 배우지 않은 개념이지만 아주 간단하게 언급해보겠습니다.

프로그램이 길어지면 한 덩어리에 모든 코드를 다 담아놓았을 때 보기에도 헷갈리고 관리도 힘듭니다. 그래서 기능에 따라 몇 개의 덩어리로 코드를 묶어서 관리합니다.

관리부, 인사부, 자재부, 영업부, 품질관리부로 부서가 나뉘어 있는 회사는 각 부서가 하나의 모듈이 됩니다. 이 모듈들이 서로 소통하고 협업하면서 회사라는 큰 덩어리가 굴러가게 됩니다. 회사의 덩치가 커질수록 부서도 많아지고 부서 안에 작은 부서들이 생기는 것처럼 프로그램도 덩치가 커지고 기능이 많아질수록 모듈이 많아지고 모듈 안에 모듈이 들어가기도 합니다.

 회사가 더 커지면 아예 사업장이 여러 장소로 나뉘는 것처럼 프로그램도 커지면 여러 파일에 코드를 나눠서 저장합니다.

아직 우리가 짠 프로그램은 간단하기 때문에 모듈이나 파일을 나눌 필요가 없습니다. 마치 1인 회사 같은 수준이죠. 앞으로 점점 파이썬을 많이 알고 여러 가지 기능들을 활용해서 더 많을 일을 할수록 모듈이나 파일이 필요하게 될 것입니다.

 정리하면, 파이썬은 오류 메시지를 통해 오류가 일어난 지점을 **파일**, **줄**(라인), **모듈**, 이렇게 세 가지 정보로 알려주기 시작합니다.

```
NameError: name 'renge' is not defined
```
① 오류의 종류는 NameError입니다.
② renge라는 이름이 정의되지 않았습니다.

오류 메시지의 **네 번째 줄**은 오류의 내용을 자세하게 알려줍니다.

①은 오류의 **종류**입니다. 파이썬은 갖가지 오류들을 나름의 기준으로 분류합니다. 우리가 글을 쓰다가 뭔가 틀렸을 때 맞춤법을 잘못 썼는지, 띄어쓰기를 잘못했는지, 어순을 틀리게 썼는지 분류할 수 있는 것과 비슷합니다.
여기서는 이름(Name)에 관련된 오류(Error)가 일어났습니다.

②는 오류의 **자세한 내용**을 알려줍니다. name 'renge' is not defined라는 메시지는 'renge'라는 이름(name)이 정의되지(defined) 않았다(not)는 뜻입니다. 이는 변수 혹은 함수를 정의하지 않고 사용하려고 했을 때 등장하는 메시지입니다.

파이썬은 프로그램을 실행하다가 'renge'와 같은 이름을 만나면, 먼저 파이썬의 **키워드**인지 여부를 살펴봅니다. 여기서 이상이 없으면 다음으로 변수나 함수 중에 이런 이름을 가진 녀석이 있는지 찾아봅니다. 그중에도 없으면 파이썬은 'renge가 누군데? 나 그런 놈 몰라!' 하고 NameError를 일으키고 프로그램 실행을 멈춥니다.

파이썬의 오류 메시지가 어떤 내용을 담고 있는지 간단하게 살펴보았습니다. 이것 저것 입력하며 읽고 있었다면 아마 이 설명이 나오기 전에 이미 한 번 혹은 그 이상 파이썬이 오류가 있다고 투덜거리는 상황을 목격한 분들이 많았을 것입니다.

디버그는 귀찮지만 융통성이 없는 파이썬이라 다행이야

융통성 없이 글자 하나만 틀려도 뭐라고 야단치는 파이썬이 짜증날 수는 있지만 오히려 그 편이 나을 수도 있습니다. 사람들이 의사소통을 하는 과정에서 오류가 있어도 넘겨짚어서 알아듣다보면 상대방의 말을 잘못 알아들을 때가 은근히 많습니다. 심지어는 그 때문에 일 처리를 잘못하거나, 싸움이 날 때도 있습니다.

융통성이라는 건 도움이 될 때도 있지만 때로는 '대충 이렇게 하면 되겠지' 하고 넘겨짚기를 하다가 큰 사고를 칠 수도 있는 양면이 있습니다.

예를 들어 '융통성이 넘쳐나는 파이썬'(실제 그런 건 없습니다)으로 동작하는 로봇이 지정된 시간에 물건을 가져다주는 프로그램을 만들었다고 가정해봅시다.
빗(머리 빗는)을 가져다 달라는 뜻으로 comb(빗)을 입력했는데, 그만 오타가 나서 aomb를 입력했습니다. '융통성이 넘쳐나는 파이썬'은 아무리 생각해도 aomb이라는 이름을 가진 물건이 없으니까 이렇게 생각합니다. 그럼 알파벳 순으로 가장 가까운 걸 찾아보면 되겠네(!), 해서 a 대신 b를 넣어봤습니다. 앗, 그랬더니 마침 그런 이름을 가진 물건이 있었습니다. 그래서 로봇은 주문자에게 폭탄(bomb)을 배달해주었습니다. 융통성 때문에 불행이 시작되겠죠.

방금 사례는 말도 안 되는 이야기겠지만 컴퓨터로 할 수 있는 일이 점점 많아지고 더욱 중요한 일을 컴퓨터에 맡길수록 프로그램의 숨은 오류가 저지를 수 있는 사고의 위험도 점점 커집니다. 파이썬을 비롯한 컴퓨터 프로그래밍 언어들이 좀 융통성이 없고 고지식해보여도, 아무 생각 없이 큰 사고를 치는 것보다야 나을 것입니다.

 이렇게 프로그램에 들어 있는 오류를, 흔히 벌레를 뜻하는 **버그**(bug)라고 부릅니다.

그리고 버그를 잡아서 고치는 일을 **디버그**(debug)라고 부릅니다. 앞서 만난 버그를 디버깅하는 방법은? 물론 renge를 range라고 고치면 됩니다.

그런데 아까 버그의 내용을 설명하는 과정에서 '정의'라는 말이 나왔습니다. 버그의 원인이, renge라는 변수 이름이 정의되지(defined) 않았다는 것이었습니다. 이게 정확히 무엇을 의미하는 것인지, 짚고넘어갈 필요가 있습니다.

세상에는
정의가 필요하고
파이썬도 정의가 필요하다!

거의 모든 사람들은 이 세상이 정의롭기를 바랍니다. 정의가 무너지면 무법천지가 되고 약한 사람들은 살 수가 없습니다. '거의 모든 사람들'에 해당하지 않는 악당들은 정의를 싫어하고 정의를 무너뜨리려고 하겠지만요. 누구나 정의를 원합니다. 『정의란 무엇인가』라는 책이 오랫동안 베스트셀러가 되었던 이유도 그 때문이겠지요.

파이썬도 '정의'를 원합니다. 다만 세상이 원하는 정의는 justice인데, 파이썬이 원하는 정의는 definition이라는 게 다릅니다. 앞서 살펴본 버그의 원인은 renge라는 이름이 정의(definition)되지 않았다는 것입니다.

1부터 100까지 더하는 프로그램에서 total = 0이라는 코드로 total 변수에 0을 대입했습니다. 만약 이 줄을 지워버리고 코드를 실행시키면 어떤 일이 벌어질까요? 완전히 지우지는 말고, 줄 앞에 샤프(#) 기호를 하나 붙여줍시다.

 # total = 0 이렇게 말입니다. 파이썬은 줄 앞에 # 기호가 있으면 그 뒤는 코드라고 생각하지 않고 무시해버린답니다. 이 샤프 기호는 나중에 유용하게 써먹을 것입니다.

```
start_value = 1
end_value = 100
# total = 0
for i in range(start_value, end_value + 1):
    total = total + i
print(start_value, '부터', end_value, '까지 더한 값은', total, '입니다.')
```

이제 실행시켜봅시다. 달려라 달려 파이썬!

```
Python 3.6.1 (default, Dec 2015, 13:05:11)
[GCC 4.8.2] on linux
Traceback (most recent call last):
  File "main.py", line 5, in <module>
    total = total + i
NameError: name 'total' is not defined
>
```

여지없이 NameError가 났습니다. total이라는 이름을 정의하지 않았다는 설명입니다. 파이썬에서 어떤 변수를 사용하고 싶다면 반드시 다음과 같이 변수를 정의해줘야 합니다. 참 정의로운 파이썬이죠?(정의 농담은 여기까지)

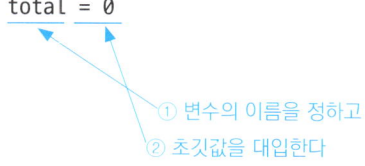

① 변수의 이름을 정하고
② 초깃값을 대입한다

 이와 같은 형태의 문장이 나오면 파이썬은 먼저 변수의 목록에서 total과 같은 이름이 있는지 확인합니다. 만약 없으면 이 이름으로 새로운 변수를 하나 만들고 목록에 추가합니다(①). 그 다음, 이 변수에 등호(=) 오른쪽에 있는 초깃값을 대입합니다(②).

새로운 변수를 만들려면 처음 이 변수에 저장할 값, 즉 **초깃값**을 대입해야 합니다.

조금만 더 생각해보면 새로운 변수를 만들 때 초깃값을 지정하는 것은 당연합니다. 예를 들어, 파이썬 코드의 첫 줄에 아래와 같은 문장을 썼다고 가정해봅시다.

```
sum = new_kid + 99
```

과연 new_kid는 얼마일까요? 얼마인지 알아야 99를 더해서 그 값을 sum에 저장할 수 있을 텐데요. 이 코드를 실행시켜보면 파이썬은 new_kid를 정의하지 않았다면서 NameError를 낼 것입니다.

그런데 우리는 등호를 사용하는 방법 말고도 새로운 변수를 정의하는 방법을 하나 알고 있습니다. 앞에서 만든 1부터 100까지 더하는 프로그램을 기억해보시기 바랍니다. 다음 코드 안에서 변수 두 개를 정의했습니다.

```
for i in range(1, 101):
```

등호를 사용하지 않고도 새로운 변수 i를 정의했습니다. for 문에서는 되풀이를 할 때 숫자를 세어주는 기능을 하는 변수를 써야 하는데, 이런 변수는 딱 for 블록 안에서 그 일만 하는, 카운터(counter) 구실을 하곤 합니다. 파이썬에서는 for와 함께 새로운 변수를 정의할 수 있게 해줍니다.

위 코드에서는 등호 대신 in이라는 파이썬 키워드가 초깃값을 지정하는 일을 합니다. 초깃값은 range()의 시작값인 1이라는 건 쉽게 짐작할 수 있습니다.

블록 내 변수의 외부 재활용은 도움이 안 된다

만약 전체 프로그램 코드에서 다음에 또 for가 나온다면 새로운 변수 j를 정의할 수도 있고, 기존의 변수 i를 다시 사용할 수도 있습니다. 다만 이런 카운터 변수를 쓸 때에는 자신만의 원칙이 있어야 합니다.

for 문에서 정의한 변수는 for로 시작한 블록이 끝난 다음에도 쓸 수는 있지만 가능한 한 그렇게 하지 말아야 합니다. 예를 들어,

```
total = 0
for i in range(1, 100 + 1):
  total = total + i
print('변수 i의 값:', i)
i = 12345
for i in range(2, 1000 + 1):
  total = total + i
print('변수 i의 값:', i)
```

이런 코드에는 for가 두 번 나옵니다. 첫번째 for 블록이 끝난 다음, i의 값을 출력하고 나서 다음 줄에서 i에 12345라는 값을 대입했습니다. 그리고 두 번째 for 블록에서 다시 i를 사용했습니다. 그 결과는?

```
main.py                saved
1    total = 0
2    for i in range(1, 100 + 1):
3      total = total + i
4    print('변수 i의 값:', i)
5    i = 12345
6    for i in range(2, 1000 + 1):
7      total = total + i
8    print('변수 i의 값:', i)
```

```
Python 3.6.1 (default, Dec 2015, 13:05:11)
[GCC 4.8.2] on linux
변수 i의 값 : 100
변수 i의 값 : 1000
>
```

첫 번째 for 블록이 끝나고 나서 i에 12345를 대입했지만 두 번째 for 블록이 끝나고 나서 i의 값은 range(1, 1000 + 1)의 끝값인 1000으로 나옵니다. 즉, 12345는 두 번째 for 블록에서 i에 1, 2, 3, …, 1000이 차례대로 대입되면서 사라져버린 것입니다.

 한 블록에서 카운터 구실을 했던 변수는 블록 바깥에서 사용하지 않는 것이 좋습니다.

문자열과 숫자, 만나서 손잡고 싶은데 어떻게 하죠?

```
start_value = 1
end_value = 100
total = 0
for i in range(start_value, end_value + 1):
  total = total + i
print(start_value + '부터', end_value + '까지 더한 값은', total + '입니다.')
```

start_value부터 end_value까지 더한 결괏값과 문자열 사이를 빈칸 없이 출력하려고 연산자를 사용했는데 실행시켜보니까 다음과 같이 TypeError가 났습니다.

TypeError: unsupported operand type(s) for +: 'int' and 'str'

① 오류의 종류는 TypeError입니다.
② 정수(int) 그리고 문자열(str)은
③ 덧셈(+) 연산자가
④ 지원하지 않는 피연산자 유형입니다.

💜 **뒷심** 바로 오류 메시지의 4번째 줄을 보겠습니다. ① 오류의 종류는 데이터 **유형**(type)에 관련되어 있네요. 내일(작심 2일차) 데이터의 유형에 대해 좀 더 설명하겠지만, 여기서는 일단 ② 'int'와 'str', 두 가지 유형이 쓰였습니다.

💜 **핵심** 'int'는 integer를 줄인 말로 **정수**를 뜻합니다. 소수점이 없는 음수와 양수, 즉 …, -3, -2, -1, 0, 1, 2, 3,…이 정수에 속합니다. 'str'은 string을 줄인 말로 **문자열**을 뜻합니다. 참고로 소수는 float라고 합니다.

③ 파이썬의 덧셈(+) 연산자는 ④ 이 두 가지 유형의 피연산자(operand) 계산을 지원하지 않는다(unsupported)는 것이 이 오류의 내용입니다.

여기서 '**피연산자**'라는 말이 나옵니다. '선거권'과 '피선거권'이라는 말이 있습니다. 선거권이란 선거를 할 수 있는 권리를 뜻하는 반면, 피선거권은 선거를 '당할', 즉 선거에 출마해서 유권자에게 선출 받을 권리를 뜻하죠.

연산자는 연산을 실행하는 기호, 즉 +, -, *, / 같은 기호들을 말하는 반면 **피연산자는 연산을 당하는 '데이터'**를 뜻합니다. 만약 2 + 3이라는 연산을 한다면 2와 3이 피연산자입니다.

> 즉, 파이썬은 정수와 문자열의 덧셈 연산은 지원하지 않습니다. 정수와 문자열의 곱셈은 문자열을 그 수만큼 되풀이하지만 덧셈, 뺄셈, 나눗셈은 지원하지 않습니다.

얼핏 생각하면, 1 + '더하기' + 1 = '귀요미'가 아니라, '1더하기1'로 숫자와 문자열을 붙여주는 식으로 연산을 하면 되는 거 아냐? 하는 생각이 들 수도 있습니다. 하지만 파이썬이 안 된다고 하니 어쩔 수가 없네요.

이럴 때 써먹을 수 있는 방법이 **유형 강제변환**, 즉 **타입 캐스트**(type cast)입니다.

repl.it에서 프로그램 실행 결과를 보여주는 검은색 부분, 즉 **셸**(shell)을 클릭하고 아래 코드를 입력한 후, **엔터 키**를 쳐봅시다.

```
1 + 'plus'
```

> 편집기에서는 한글 입력에 별 문제가 없지만 셸에서 직접 한글을 입력할 때는 받침이 두 번 입력되는 문제가 있을 수 있으니 여기서는 영어 문자열을 쓰겠습니다.

```
Python 3.6.1 (default, Dec 2015, 13:05:11)
[GCC 4.8.2] on linux
1 + 'plus'
Traceback (most recent call last):
  File "<stdin>", line 1, in <module>
TypeError: unsupported operand type(s) for +: 'int' and 'str'
>
```

역시 TypeError가 납니다. 이제 강제로 정수를 문자열로 변환시켜보겠습니다.

```
str(1) + 'plus' + str(1)
```

결과가 어떻게 나오나요?

```
Python 3.6.1 (default, Dec 2015, 13:05:11)
[GCC 4.8.2] on linux
str(1) + 'plus' + str(1)
'1plus1'
>
```

'1plus1'이라는, 기대한 결과를 보여줍니다. 사실 이런 식의 연산을 할 거라면 그냥 '1' + 'plus' + '1'이라고 하면 됩니다. 그냥 1은 정수 데이터지만 숫자를 따옴표로 둘러싼 '1'은 1이라는 숫자를 담고 있는 문자열 데이터입니다.

 유형 강제변환이 필요한 때는 **변수가 들어가는 연산**을 할 때입니다. 우리 덧셈 프로그램의 마지막 줄을 어떻게 고쳐야 할지, 이제 짐작이 가시나요?

```
print(str(start_value) + '부터', str(end_value) + '까지 더한 값은', str(total) + '입니다.')
```

정수 데이터를 담고 있는 start_vale, end_value, total 이 세 개의 변수를 str()로 둘러싸서, 데이터 유형을 문자열로 바꾸었습니다. 조금 더 복잡해지긴 했는데 하여간 실행시켜봅시다. 달려라 달려 파이썬!

```
main.py                    saved
1   start_value = 1
2   end_value = 100
3   total = 0
4   for i in range(start_value, end_value + 1):
5       total = total + i
6   print(str(start_value) + '부터', str
    (end_value) + '까지 더한 값은', str(total) +
    '입니다.')
```

```
Python 3.6.1 (default, Dec 2015, 13:05:11)
[GCC 4.8.2] on linux
1부터 100까지 더한 값은 5050입니다.
>
```

1부터 100까지 더한 값은 5050입니다.라는, 띄어쓰기까지 정확하게 맞춘 문자열을 출력했습니다. 뿌듯하네요. 하지만 이런 식의 코드를 입력하고 출력을 하자니 길고 헷갈립니다. 좀 더 간편한 방법은 없을까요?

 있습니다. **형식화된 문자열 리터럴**(formatted string literal)을 사용하면 됩니다.

사랑도 데이터도 어떻게 변하니? 리터럴은 안 그래!

리터럴(literal)이란 값을 대입해서 바꿀 수 있는 변수와는 달리 코드 안에서 값이 아예 고정되어 있는, **날것 그대로인 데이터**를 뜻합니다. 덧셈 프로그램에서 total = 0이라는 코드를 썼다면 total은 변수이고 0은 리터럴입니다.

변수가 아닌 리터럴에 값을 대입해서 바꾸는 것은 당연히 불가능합니다. 0 = 1이라는 코드는 당연히 오류를 일으키겠지요.

```
Python 3.6.1 (default, Dec 2015, 13:05:11)
[GCC 4.8.2] on linux
0 = 1
  File "<stdin>", line 1
SyntaxError: can't assign to literal
>
```

SyntaxError, 즉 문법(syntax)에 관련된 오류가 났습니다.

언어에도 문법이라는 규칙이 있듯이 파이썬에도 문법이 있습니다. '아버지가 밥이 먹습니다.'라는 말이 문법에 안 맞는 것처럼 0 = 1이라는 코드는 파이썬의 문법에 맞지 않습니다.

오류의 내용은 can't assign to literal, 즉 리터럴(literal)에 대입(assign)할 수 없다(can't)는 뜻입니다.

무언가 출력하기 위해서 변수에 대입하고 print() 안에 넣은 **문자열도 리터럴**입니다. 아래 코드에서 어떤 것이 리터럴인지 구별해보죠.

```
print(str(start_value) + '부터', str(end_value) + '까지 더한 값은', str(total) + '입니다.')
                         리터럴                            리터럴                          리터럴
```

f-문자열이 중괄호 { }를 만났을 때

리터럴 중에서 '형식화된 문자열 리터럴'(formatted string literal)은 약간 특별한 기능을 하는 리터럴입니다. 문자열 유형의 리터럴인데 여기에 **어떤 형식으로 문자열을 출력할 것인가**를 지정하는 기능을 추가한 것입니다.

> **핵심** 어떤 변수의 값을 출력하고 싶을 때, 단지 그 변수의 값만이 아니라 이를 **설명하는 내용(문자열)까지 같이 출력하고 싶다면** 형식화된 문자열 리터럴을 사용하면 좋습니다.

> **명심** 덧셈 프로그램의 마지막 print() 부분을 다음과 같이 고친 다음 실행시켜보세요. print() 괄호 안에 있는 문자열 바로 앞에 f가 붙어야 한다는 사실에 유의하시기 바랍니다. 이 때문에 형식화된 문자열 리터럴을 줄여서 **f-문자열**이라고도 부릅니다.

```
start_value = 1
end_value = 100
total = 0
for i in range(start_value, end_value + 1):
  total = total + i
print(f'{start_value}부터 {end_value}까지 더한 값은 {total}입니다.')
```

자, 결과가 어떤가요? 고치기 전에 복잡하게 썼던 print()와 마찬가지로 띄어쓰기가 잘된 출력 결과를 볼 수 있을 겁니다.

게다가 새로운 코드는 좀 더 간결하고 보기도 쉽습니다. str() 같은 유형 강제변환도 필요 없고 덧셈 기호와 쉼표를 섞어쓸 필요도 없습니다. 눈치가 빠른 분이라면

> **심심** **중괄호**인 {} 안에 변수 이름을 쓰면 변수의 값이 그 자리에 들어간다는 사실을 쉽게 알아챌 수 있을 것입니다.

만약 문자열 앞에 f를 붙이지 않고 코드를 실행시켜보면,

```
{start_value}부터 {end_value}까지 더한 값은 {total}입니다.
```

이렇게 중괄호와 문자열이 그대로 나옵니다. 문자열 앞에 f를 붙여야만 변수 이름을 중괄호({})로 싼 부분이 실제 변수 값으로 대체된다는 사실을 알 수 있습니다.

이제 프로그램이 상당히 유연해졌습니다. start_value와 end_value만 바꾸면 원하는 범위의 숫자를 모두 더한 결과를 보여줄 수 있는 프로그램입니다.

지금까지도 많은 걸 배웠지만, 작심 첫날 파이썬 공부를 마치기 전에 여기서 **한 걸음 더**
들어가보도록 합시다. ('한 걸음 더 들어간다'는 말은 어디서 자주 들던 소리인데……)

내가 무엇으로
어떻게 해야 할지
당신이 알려주세요!

프로그램이 유연하다는 것은 코드를 크게 고치지 않고도 할 수 있는 일이 더 많다는
뜻입니다.

지금까지 우리가 만든 프로그램은 덧셈을 할 범위를 바꾸기 위해서 고쳐야 할 부분이
줄어들었고, 단순히 결과만을 출력한 것이 아니라 어디부터 어디까지 더한 값이
얼마인지를 좀 더 친절하고 정확하게 알려줍니다.

그러나 여전히, 범위를 바꾸기 위해서는 start_value, end_value의 초깃값을 바꿔야
하므로 코드를 직접 고쳐야 합니다. 만약 파이썬 프로그램이 사용자에게 어디서
어디까지 더할지 알려달라고 물어보고, 사용자가 답을 한 후, 그 값을 써서 덧셈을 할
수 있다면 코드를 직접 고치지 않아도 될 것입니다.

 파이썬은 사용자에게 값을 입력받기 위해서 input()이라는 것을 준비해두었습니다.
input은 '입력'이라는 뜻인 줄은 모두가 알고 있으니, 차암 쉽죠?

먼저 start_value의 값을 사용자로부터 입력받아볼까요? 프로그램의 첫 줄을 다음과
같이 고쳐보겠습니다.

```
start_value = input()
```

실행시켜보면?

```
1  start_value = input()
2  end_value = 100
3  total = 0
4  for i in range(start_value, end_value + 1):
5      total = total + i
6  print(f'{start_value}부터 {end_value}까지 더한
   값은 {total}입니다.')
```

```
Python 3.6.1 (default, Dec 2015, 13:05:11)
[GCC 4.8.2] on linux
```

커서가 한 칸 밑으로 옮겨간 뒤로는 아무런 일도 일어나지 않습니다.

지금 파이썬은 사용자에게 입력을 받기 위해서 기다리고 있는 상태입니다.
덧셈을 시작할 값으로 1을 입력하고 **엔터 키**를 쳐볼까요?

```
Python 3.6.1 (default, Dec 2015, 13:05:11)
[GCC 4.8.2] on linux
1
Traceback (most recent call last):
  File "main.py", line 4, in <module>
    for i in range(start_value, end_value + 1):
TypeError: 'str' object cannot be interpreted as an integer
>
```

이런, 오류가 일어났습니다. 이번에도 데이터 유형에 관련된 TypeError네요.

 문자열 객체('str' object)는 정수(integer)로 변환(interpreted)할 수 없다(cannot)는 내용입니다. input()으로 값을 입력받으면 파이썬은 숫자든 뭐든 무조건 문자열로 간주합니다.

즉 input()을 통해 1을 입력했을 때, 파이썬은 start_value에 1이 아니라 '1'을 대입합니다. 그런데 오류 정보를 잘 보면 오류가 일어난 곳은 값을 입력받은 첫 번째 줄이 아니라 네 번째 줄(line 4)이었습니다. 네 번째 줄을 한번 볼까요?

```
for i in range(start_value, end_value + 1):
```

이 줄의 start_value와 end_value를 변수에 저장되어 있는 값으로 바꾸어보면, 다음의 코드와 마찬가지일 겁니다.

```
for i in range('1', 100 + 1):
```

우리의 눈으로 보면 그냥 1부터 100 + 1 = 101까지 범위 지정을 한 것이지만 파이썬의 눈으로 보면 숫자가 아닌 문자열 '1'부터 숫자 101까지 범위 지정을 한 꼴이었던 것입니다. 그래서 잘못되었다고 보고 TypeError를 일으킨 것입니다.

 이를 해결하려면 입력받은 문자열 데이터를 정수로 바꿔줘야 합니다. 우리는 앞에서 정수를 문자열로 바꾸는 str()이라는 것을 써본 적이 있습니다. 그 반대의 일을 해주는 것도 있을까요? 있습니다. 이름이 뭘까요? 잠깐 생각해보시기 바랍니다.

문자열로 바꿔주는 일을 str()이 했으니까 정수로 바꿔주는 일은……

```
start_value = input()
start_value = int(start_value)
```

네, int()를 쓰면 됩니다.

두 번째 줄이 조금 이상해 보이겠지만 start_value에 저장된 문자열 값을 정수로 변환해서 다시 start_value에 저장하는 것입니다. 코드를 실행시키고 시작값을 입력하면 이제는 오류 없이 잘 돌아갈 것입니다.

어색한 순간을 만들지 않는 것도 실력이다

그런데 말입니다. 실행 결과를 보고 있자니 입력을 받을 때 아무런 말 한마디 없이 묵묵하게 커서만 깜박거리고 있는 건 좀 별로입니다. 지금 입력을 받으려고 기다리고 있는 건지 어쩐 건지도 알 수 없고요.

이를테면 '시작값을 입력하세요.' 같은 안내 메시지 정도만 있어도 좋을 텐데요. 이런 방법을 생각해볼 수 있습니다.

```
print('시작값을 입력하세요.')
start_value = input()
start_value = int(start_value)
```

input()으로 입력을 받기 전에 print()로 안내 메시지를 내는 코드를 추가했습니다. 이렇게 고친 코드를 실행해보겠습니다.

```
main.py                                          Python 3.6.1 (default, Dec 2015, 13:05:11)
1  print('시작값을 입력하세요.')                   [GCC 4.8.2] on linux
2  start_value = input()                          시작값을 입력하세요.
3  start_value = int(start_value)                 1
4  end_value = 100                                1부터 100까지 더한 값은 5050입니다.
5  total = 0                                      >
6  for i in range(start_value, end_value + 1):
7      total = total + i
8  print(f'{start_value}부터 {end_value}까지 더한
   값은 {total}입니다.')
```

시작값을 입력하라는 안내 메시지가 나오고 나서 다음 줄에 커서가 깜빡입니다.

값을 입력하면 결과가 잘 나오는 것을 볼 수 있습니다.

그런데 한 가지 방법이 더 있습니다. 안내 메시지를 input() 안에 써버리는 방법입니다. 코드 제일 앞의 print() 줄은 지우고, 다음과 같이 할 수 있습니다.

```
start_value = input('시작값을 입력하세요.')
start_value = int(start_value)
```

```
main.py                                              Python 3.6.1 (default, Dec 2015, 13:05:11)
1  start_value = input('시작값을 입력하세요.')        [GCC 4.8.2] on linux
2  start_value = int(start_value)                   시작값을 입력하세요.1
3  end_value = 100                                  1부터 100까지 더한 값은 5050입니다.
4  total = 0
5  for i in range(start_value, end_value + 1):
6      total = total + i
7  print(f'{start_value}부터 {end_value}까지 더한
   값은 {total}입니다.')
```

역시 안내 메시지가 나온 다음, 값을 입력할 수 있습니다. print()를 쓸 때와 차이가 있다면 **커서가 안내 메시지 옆에서** 깜빡이고 값을 입력하면 그 자리에 표시됩니다.

print()로 뭔가를 출력하면 다음에 출력될 내용은 자동으로 그 다음 줄에 출력됩니다. 즉, print()는 출력을 마친 후 자동으로 줄바꿈을 하지만 input()은 자동으로 줄바꿈을 하지 않는다는 것입니다.

그런데 print()가 출력을 끝내고 줄바꿈을 하지 않도록 하거나, input()이 안내 메시지를 내보내고 줄바꿈을 하도록 하는 방법도 있습니다. print()부터 해볼까요?

```
print('시작값을 입력하세요.', end='')
```

print()에 안내 메시지를 넣고 나서, 쉼표 하나를 찍은 다음 end='' 코드를 추가했습니다. **따옴표 사이에** 아무 것도 넣지 않으면 **빈 문자열**, 즉 데이터의 유형은 문자열이지만 속은 텅텅 비어 있는 문자열을 뜻합니다.

end가 '끝'을 뜻한다는 건 말하나 마나입니다. 여기서 end는 변수가 아닌 **키워드 매개변수**인데, 출력이 끝났을 때 어떻게 마무리할지 정하는 역할을 합니다. 키워드 매개변수에 관한 자세한 내용은 모레(작심 3일차) 다루게 됩니다.

코드를 실행시켜보면 input()을 썼을 때처럼 커서가 안내 메시지 옆에서 깜박거리는 것을 확인할 수 있습니다.

백슬래시가 초대하는 유용한 특수문자의 세계

이번에는 input()을 사용해서 안내 메시지 다음 줄에 커서가 놓이도록 해볼까요?

```
start_value = input('시작값을 입력하세요.\n')
```

안내 메시지 문자열 끝에 \n을 덧붙였습니다.

 주의해야 할 점은 우리가 보통 많이 쓰는 슬래시(/)가 아니라 좌우를 뒤집은 **백슬래시(\)**를 써야 한다는 것입니다. 컴퓨터 사용 환경(키보드)에 따라서는 원화 기호(₩)로 표시될 수도 있습니다.

문자열 안에 \n이 들어가면 파이썬은, **여기서 줄을 바꾸라**는 지시로 보고 줄을 바꿉니다. 그 결과 커서가 다음 줄로 이동하죠.

다행히 사진 속 키보드에는 \와 ₩가 함께 표시되어 있는 키가 트입니다.

화면에 어떤 표시를 하는 게 아니라 파이썬에게 어떤 지시를 하기 위한 목적을 가진 문자를 **특수문자**(special character)라고 하며, \(백슬래시) 뒤에 알파벳 글자 하나를 붙이는 식으로 사용합니다. 특수문자에는 여러 가지가 있지만 일단 여기서는 \n 하나만 알아두세요. 코드를 실행시켜보면 커서가 안내 메시지 다음 줄에서 깜박이는 것을 볼 수 있습니다.

```
Python 3.6.1 (default, Dec 2015, 13:05:11)
[GCC 4.8.2] on linux
시작값을 입력하세요.
 ▮
```

우리는 최종적으로 input()을 사용하고, 커서가 안내 메시지 옆에서 깜빡이게 하는 쪽을 선택하겠습니다.

시작값처럼 끝값도 안내 메시지와 함께 사용자에게 값을 입력받도록 코드를 고치려면 어떻게 해야 할까요? 이제는 어디를 어떻게 고쳐야 할지 생각하는 것이 그리 어렵지 않을 것입니다.

전체 코드를 다시 한 번 보겠습니다.

```
start_value = input('시작값을 입력하세요.')
start_value = int(start_value)
end_value = input('끝값을 입력하세요.')
end_value = int(end_value)
total = 0
for i in range(start_value, end_value + 1):
    total = total + i
print(f'{start_value}부터 {end_value}까지 더한 값은 {total}입니다.')
```

```
Python 3.6.1 (default, Dec 2015, 13:05:11)
[GCC 4.8.2] on linux
시작값을 입력하세요.23
끝값을 입력하세요.577
23부터 577까지 더한 값은 166500입니다.
>
```

이제 우리의 이 프로그램은 임의의 시작값과 끝값을 사용자로부터 입력받아서 그 범위 안에 있는 모든 수를 더한 결과를 내놓습니다. 덧셈을 할 범위를 바꾸기 위해서 코드를 직접 고쳐야 할 필요가 1도 없는 완전체 프로그램입니다.

작심 1일차에 우리가 배운 것들

작심 첫날 파이썬 공부는 이 정도로 마무리하겠습니다.

오늘 우리가 한 일은 아주 간단한 프로그램 하나를 만들고 개선한 것뿐이지만 그래도 파이썬의 기본 개념들을 여러 가지 배웠습니다.

- 설치 없이 파이썬을 경험하기 위해 repl.it에 접속하고 편집기 화면과 실행(run)단추, 셸 화면 등을 익히기

- 1부터 100까지 더해가는 계산 프로그램을 통해 파이썬 코드 기본 구성을 경험하기

- 변수의 개념, 변수에 값을 대입하기, 변수를 활용하는 이유

- 변수 이름을 짓는 법과 주의사항

- 반복을 위한 코드, for 문을 통해 블록을 만들고 실행시키는 방법

- 연산자의 우선순위, 특별한 연산자, 연산자 사용할 때 주의해야 할 사항들

- 함수의 개념, 함수의 기능, 함수를 쓰는 기초적인 방법

- 파이썬이 뱉어내는 에러 메시지를 알아보고 해석하는 기본적인 방법

- 문자열을 표현하는 법, 데이터 유형, 그리고 유형 강제 변환

- 특정 시작값에서부터 특정 끝값까지 더해가는 프로그램

- 지정할 값을 입력받아 계산에 사용하는 프로그램

- 리터럴과 정형화된 문자열, 특수문자 활용하기

내일(작심 2일차)은 좀 더 쓸만한 프로그램을 만들어보겠습니다. 물론 그 과정에서 더 많은 것을 배울 수 있습니다. 기대하세요!

다시 말하지만 이 책과 함께 **작심 3일**이면 파이썬 기초는 모두 끝납니다.

파이썬이 묻습니다. "난 어떻게 태어났나요? 그리고 스팸은요?"

왜 **파이썬**은 이름이 파이썬(Python)일까요? 파이썬의 아빠는 누구이고, 아빠는 왜 파이썬은 만들었을까요? 지금부터 **출생의 비밀**을 공개합니다(그렇다고 막장 드라마 그런 건 아닙니다).

파이썬의 아빠는 네덜란드 사람, **귀도 판 로섬**(Guido van Rossum)입니다. 1989년, 크리스마스를 앞두고 근무하던 연구소가 휴일 기간이라 문이 닫혀 있고 해서 그야말로 '심심해서'(!) 만든 언어가 바로 파이썬입니다.

아무런 이유도 없이 그저 오로지 심심풀이로 만든 것은 아닙니다. 이전에 로섬은 ABC라는 프로그래밍 언어 개발에 참여한 적이 있었습니다. ABC 개발은 큰 인기를 얻지 못했던 경험으로 끝났습니다. 크리스마스 휴가 동안 할 일을 생각하다가 ABC가 실패로 돌아갔던 경험을 바탕으로 **새로운 언어를 만들어볼까?** 하고 만들기 시작한 게 파이썬입니다.

프로그래밍 언어를 하나 낳았으니, 이름을 붙여야 하는데 뭐라고 붙일까? 로섬은 **영국의 인기 코미디 팀인 몬티 파이썬**(Monty Python)의 팬이었습니다. 파이썬이라는 이름이 어디서 나왔는지 짐작이 가시겠죠?

몬티 파이썬은 1960년대 말부터 활동하던 코미디 팀입니다. 특히 짜증나는 광고 메일이나 메시지를 뜻하는 **'스팸'이라는 용어의 유래**로 잘 알려져 있습니다. 일부 국내 지식 사이트에서는 마치 스팸의 제조회사가 광고를 너무 심하게 해서 유래된 말이라고 잘못 이야기하고 있지만 사실은 1970년 12월 15일에 영국 BBC에서 방송한 몬티 파이썬의 코미디 콩트가 그 기원입니다.

제2차 세계대전 때 전쟁의 한가운데에 있으면서 런던이 날마다 폭격을 당했던 영국에서는 각종 물자가 부족했고 먹을 것도 부족한 실정이었습니다. 신선한 고기 같은 것은 찾아보기 힘들었고, 그때 영국인들이 구할 수 있었던 고기는 주로 미국에서 원조하던 깡통에 담긴 햄, 그러니까 스팸이었습니다. 전쟁 동안, 그리고 그 후에도 경제가 복구될 때까지 한참 동안 영국인들은 지겨울 정도로 스팸을 먹어야 했고 스팸으로 갖가지 요리를 하기도 했습니다. 이때의 상황을 풍자한 코미디가 **몬티 파이썬의 '스팸'**이었습니다.

이 코미디는 어느 카페에 점심을 먹으러온 부부가 겪는 상황을 다루고 있습니다. 카페 메뉴에 있는 모든 음식에는 스팸이 아주 **지겹도록!** 들어있는데, 대략 이런 음식들입니다.

Egg and bacon

Egg, sausage and bacon

Egg and Spam

Egg, bacon and Spam

Egg, bacon, sausage and Spam

Spam, bacon, sausage and Spam

Spam, egg, Spam, Spam, bacon and Spam

Spam, Spam, Spam. egg and Spam

Spam, Sausage, Spam, Spam, Spam, Bacon, Spam, Tomato and Spam

Spam, Spam, Spam. Spam, Spam, Spam, baked beans, Spam, Spam, Spam and Spam

그래서인지 파이썬 코드 예제 중에는 변수 이름으로 spam, egg, bacon과 같은 이름이 많이 쓰입니다. 앞으로 이 책에서도 자주 볼 일이 있을 겁니다. 그밖에도 파이썬에는 몬티 파이썬과 관련 있는 이름들이 은근히 많이 나옵니다.

작심그얼 : 톡쏘는 성격이지만 내면은 따뜻하며 아이디어가 넘치는 여자. 의지박약한 사람을 그냥 보아넘기지 못하는 성격이라 가끔 독설가로 변신한다. 하고 싶은 일이 있을 땐 3일 정도 집중해서 배우는 게 취미다.

설치하고 만나보는 파이썬과 아이들(IDLE)

원하는 작업을 구현하기 위한 알고리즘을 짜고 프로그램화 하는 과정을 경험하는 날입니다.

새로운 데이터 유형을 익히고 코드의 오류를 분석하는 디버거 사용법을 배웁니다.

각종 조건문과 연산자, 루프 문, 예외 처리 등을 활용해보며 둘째 날을 마무리합니다.

이제 내 컴퓨터에
파이썬을 모셔올
때가 되었다

작심 1일차인 어제는 웹 브라우저에서 **repl.it**에 접속해 파이썬 코드를 입력하고 실행도 해보았습니다. 그렇게 파이썬을 실행하면 프로그램 설치가 따로 필요하지 않다는 편리함도 있고, 입력한 코드를 저장했다가 다시 불러올 수도 있습니다. 한편으로는 반드시 인터넷 접속이 필요하다는 한계도 있고, 외국 서비스에 접속하는 것이기에 느리기도 합니다. 인터넷 연결 상태가 안 좋거나 하면 간단한 코드를 실행시킬 때에도 시간이 좀 걸린다는 느낌을 받습니다.

본격적으로 파이썬 프로그래밍에 더 깊숙이 들어가기 위해서는 자기 컴퓨터에 **파이썬 코드를 입력하고 실행시킬 수 있는 환경을** 만드는 게 좋습니다. 설치 파일 먼저 다운로드해야겠죠? 웹 브라우저를 열고 다음 주소를 입력해서 파이썬 공식 웹사이트로 가보겠습니다.

```
python.org
```

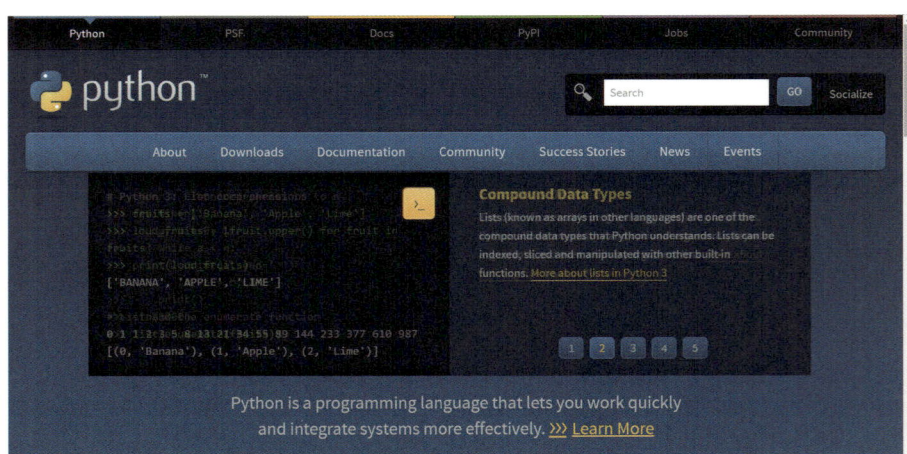

파이썬 공식 웹사이트는 영어 버전만 제공합니다. 주 메뉴를 살펴보면 어디로 가야 할지 감은 올 것입니다. 네, **Downloads**로 가야죠. 누르지 말고 마우스 커서만 그 위로 가져다 대보세요.

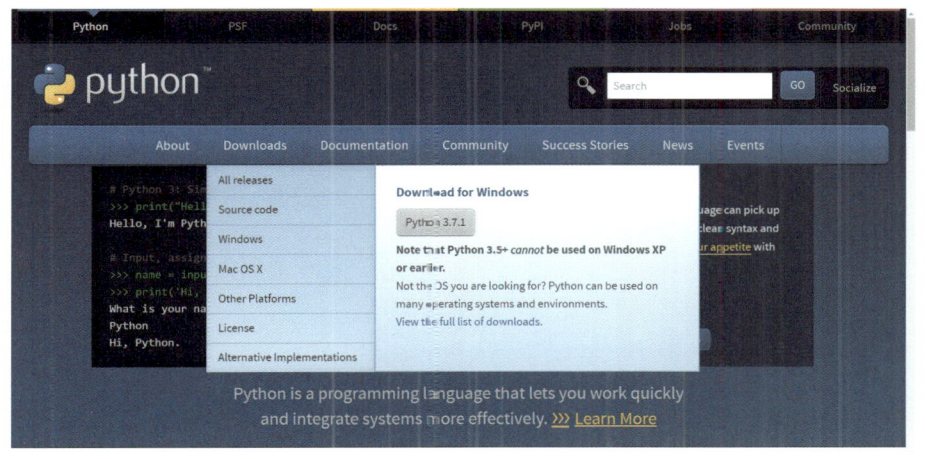

커서만 Downloads 위에 올려놓아도 작은 창이 열립니다. 왼쪽에는 운영체제의 목록이 나오는데, 아마 사용하고 있는 컴퓨터의 운영체제를 자동으로 감지해서 오른쪽에 그에 맞는 다운로드 링크를 보여줄 겁니다. 윈도우로 접속하면 그림처럼 Download for Windows가 나오고, 맥으로 접속하면 Download for Mac OS X가 나오는 식입니다.

Download for … 아래에는 Python 3.7.1이라고 쓰여 있는 버튼이 보입니다. 이 버튼을 누르면 파이썬 설치 파일을 다운로드할 수 있습니다. 'Python' 옆에 버전 번호가 쓰여 있는데, 파이썬은 지속적으로 개량이 이루어지고 있기 때문에 새로운 버전은 계속 나옵니다. 아마 독자 여러분은 3.7.1보다 더 높은 버전 번호를 볼 수도 있겠지만, 3.6 또는 그 이상이라면 이 책으로 파이썬을 배우는 데에는 전혀 문제가 없습니다. 버전이 3.5 이하이거나 2로 시작하는 파이썬이라면 이 책의 일부 코드는 실행이 안 될 수도 있습니다. 어쨌거나 이 방법으로 다운로드하면 그럴 일은 없을 것입니다.

혹시 화면에서 제시하는 운영체제가 실제 자기가 쓰고 있는 컴퓨터의 운영체제와 맞지 않으면 운영체제 목록에서 정확하게 찾아서 다운로드해야 합니다. 하지만 파이썬 공식사이트가 엉뚱한 운영체제용 파이썬을 제안하는 일은 별로 없을 것입니다.

Python 3.7.1 혹은 Python 3.×.× 식으로 되어 있는 버튼을 누르면 곧바로 설치파일을 다운로드합니다. 내려받은 파일을 실행하면 윈도우 운영체제 기준으로 다음과 같은 창을 볼 수 있습니다.

① 파이썬 3.7.1(32비트)를 설치(install)한다는 안내가 나옵니다. 파이썬은 32비트와 64비트 버전이 제공되는데, 둘의 차이는 지금 우리에게는 거의 의미가 없습니다. 굳이 신경쓸 필요도 없고 두 버전 중 어느 것을 설치해도 상관 없습니다. 물론 파이썬 코드도 어느 쪽에서든 잘 돌아갑니다.

② Install Now(지금 설치)를 클릭하면 파이썬이 미리 정해둔 기본 설치값으로 설치를 곧바로 시작합니다. ③을 클릭하면 파이썬을 설치할 위치와 몇 가지 기능을 사용할지 여부를 선택한 다음 설치를 시작합니다. 지금은 ②를 선택하는 것으로 충분합니다.

④에는 이미 체크가 되어 있는데 이 상태에서는 모든 사용자가(for all users) 파이썬을 실행할 수 있도록(launcher) 설치를 합니다. 체크를 풀면 지금 설치를 진행하는 사용자만이 파이썬을 실행할 수 있게 만듭니다. 윈도우는 같은 컴퓨터에 여러 사용자가 저마다 계정을 만들어 로그인할 수 있는 기능이 있는데, 아마 거의 대부분은 여러 명이 계정을 따로따로 만들어서 쓰지 않을 것이므로 체크되어 있는 상태 그대로 놓아두어도 상관 없습니다.

⑥을 누르면 설치를 취소(Cancel)하고 창을 닫습니다. 혹시 나중에 설치하겠다는 마음이 든다면 지금은 누르고 취소를 할 수 있습니다만, 그럴 필요는 없겠죠?

⑤는 **파이썬을 어디서든 실행시킬 수 있도록 하는 기능**입니다. 이것이 어떻게
활용되는지 내일(3일차)에 경험하실 수 있습니다. **기본값은 체크가 안 되어 있는데
꼭 체크하고 설치하시기 바랍니다.** 이 항목의 자세한 내용은 명령행 프롬프트, MS-
DOS에 관한 지식이 있어야 하므로 이 책에서는 설명하지 않고 넘어가겠습니다.
일단 우리는 ⑤에 체크한 다음 ②를 클릭해서 곧바로 설치로 들어갑니다.

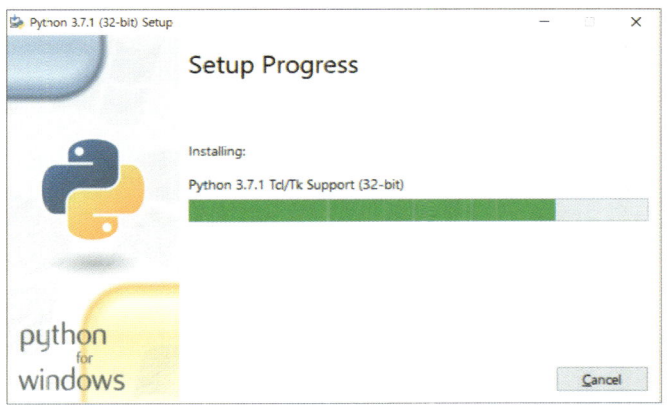

설치를 시작하면 흔히 설치과정에서 볼 수 있는 화면을 보게 됩니다. 진행 표시바가
끝까지 다 가고 나면 설치 완료 화면이 나옵니다. **Close**(닫기) 버튼을 눌러서 창을
닫으면 됩니다.

설치가 끝나면 다음 페이지의 그림처럼 (윈도우 10 기준으로) 시작 메뉴의 앱 목록에
Python 3.7 폴더가 생기고 그 아래에 몇 가지 앱이 생성된 것을 볼 수 있습니다.

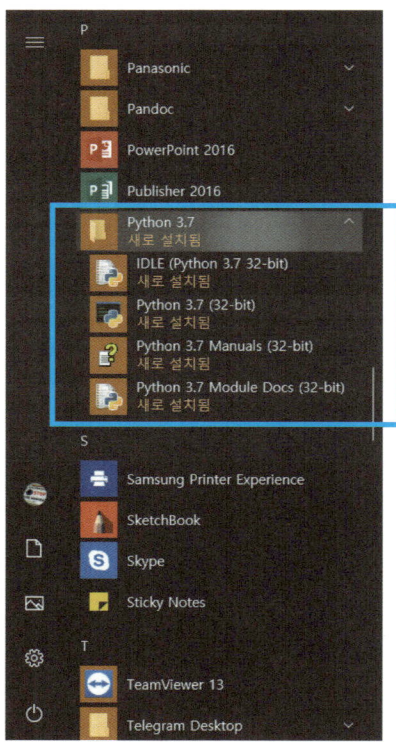

여기서 유심히 볼 것은 처음 두 가지, **IDLE**과 **Python**입니다. 우리는 파이썬을 배우고 있으니까 Python을 실행시키면 될 것 같은데, 실제로는 IDLE을 더 많이 씁니다. 일단 Python을 실행시켰을 때와 IDLE을 실행시켰을 때를 비교해보겠습니다.

둘 다 창 안에 표시되는 메시지는 거의 같습니다. 그리고 >>> 표시(프롬프트) 다음에 **커서**가 깜빡이는 것도 같습니다. 어제(1일차에) **repl.it**에 접속하여 파이썬을 사용했을 때 웹 브라우저 화면 오른쪽에서 보았던 **콘솔** 부분과 같은 기능입니다. 지금 설치한 Python과 IDLE에서는 이 창을 **셸**(shell)이라고 부릅니다. Python과 IDLE 사이에는 창의 색깔이나 다른 차이 말고도 다른 점이 있습니다. IDLE에는 창 위쪽에 **메뉴**가 있습니다. 뭔가 Python보다는 IDLE이 더 많은 기능을 할 것 같은 느낌이 있는데요.

 파이썬 코드를 **입력**해서 파일로 **저장**하고, 저장한 파이썬 파일을 불러와서 **편집**하려면 **IDLE**을 써야 합니다. 물론 다른 편집 프로그램을 설치해 쓸 수도 있지만 파이썬 공식 웹사이트에서 제공하는 것은 IDLE이므로 지금부터는 이걸 쓰겠습니다.

아참, **IDLE**은 Intergrated DeveLopment Environment, 즉 **통합개발환경**의 약칭입니다. 통합개발환경의 약칭으로 보통은 **IDE**라고 많이 쓰는데, 파이썬에서만은 DeveLopment에서 중간의 L자를 하나 더 써서 IDLE을 파이썬용 통합개발환경 프로그램의 이름으로 붙였습니다. 파이썬을 만든, 귀도 판 로섬이 '몬티 파이썬'의

팬답게 IDE라는 용어를 몬티 파이썬 팀의 일원인 에릭 아이들(Eric Idle)의 이름으로 변형시켰기 때문이라고 합니다.

파이썬 실행 창

IDLE 실행 창

통합개발환경(IDE)이란 코드를 입력하고, 실행하고, 코드에 있는 오류(즉, 버그)를 잡고, 코드를 파일로 저장하거나 저장한 코드를 불러오는 등 프로그램 개발에 필요한 여러 가지 기능을 한곳에 통합한 프로그램입니다.

다만 스마트폰도 저가형과 고급형이 차이가 나듯, IDE도 어디서 만든 것인지, 유료인지 무료인지에 따라 기능 차이가 납니다. 파이썬을 위한 IDE 중 IDLE은 기본 중에 기본 기능을 제공하는, 무료 보급형 IDE입니다.

여러분이 나중에 파이썬을 더 많이 배우고 실력이 늘어서 더욱 크고 아름다운 파이썬 코드를 짤 수 있는 수준이 되면 IDLE보다 더 강력한 기능을 가진 IDE가 필요하겠지만, 지금 우리에게는 IDLE로도 충분합니다.

서태지와 아이들만큼(?) 유명한 파이썬과 아이들(IDLE)

IDLE의 **셸**에서도 수식을 입력해 바로 결과를 볼 수 있습니다. 몇 가지 계산을 내키는 대로 이것저것 하면서 놀아본 다음 어제(작심 1일차에) 짜보았던 덧셈 프로그램을 실행시켜보겠습니다.

원도우 **시작메뉴**의 앱 목록에서 **IDLE**을 찾아서 실행시키는 분들이 많겠지만 좀 더 간편한 방법도 있습니다. 윈도우 7, 윈도우 8, 윈도우 10을 쓰고 있다면, 키보드에 있는 **윈도우 키**를 누르거나 작업표시줄에 있는 **윈도우 아이콘**(시작 메뉴)을 클릭한 다음 입력창에 키보드로 'idle'이라고 입력해보세요. 윈도우가 앱을 바로 찾아줍니다.

이때 목록에 나타난 **IDLE**을 마우스로 클릭하거나 키보드의 화살표 키로 원하는 앱을 선택한 뒤 **엔터 키**로 실행시킬 수 있습니다. 이러한 앱 검색법은 IDLE만이 아니라 설치되어 있는 모든 앱에도 응용 가능합니다. 이름을 알고 있는 앱을 빠르게 실행할 수 있는 방법입니다.

다음 그림을 보세요. 이제 PC의 앱도 검색해서 실행시키는 시대가 되었습니다.

IDLE의 메인 메뉴에서 File(파일) → New file(새 파일)을 선택하거나, 단축키 Ctrl + N을 누르면 새로운 파이썬 코드 파일의 편집 창이 열립니다. 마치 윈도우의 메모장을 떠올리게 하는 텅 빈 창 하나가 뜹니다.

창의 제목은 Untitled, 즉 '제목 없음'입니다. 새로운 파이썬 파일을 열면 이런 이름이 붙습니다. 파일을 저장하거나 저장한 파일을 불러올 때는 파일 이름이 창 제목으로 나옵니다.

어제 만들었던 덧셈 프로그램을 입력하고 실행해보겠습니다. for… 끝에 : 기호를 붙이고 **엔터 키**를 치면 IDLE도 다음 줄에 **자동으로** 블록을 뜻하는 **들여쓰기 빈칸**을 넣어줄 것입니다. 다만 빈칸을 두 개 넣어줬던 repl.it과 달리 IDLE은 **빈칸을 네 개** 넣어주네요.

파이썬에서 권장하는 들여쓰기가 빈칸 네 개 단위라는 점은 어제 이야기한 적이 있습니다. 즉, repl.it보다는 이쪽(IDLE)이 파이썬이 권장하는 표준에 가깝습니다. 하긴 파이썬 공식 웹사이트에서 배포하는 편집기니까 당연하겠지만요.

```
start_value = input('시작값을 입력하세요.')
start_value = int(start_value)
end_value = input('끝값을 입력하세요.')
end_value = int(end_value)
total = 0
for i in range(start_value, end_value + 1):
    total = total + i
print(f'{start_value}부터 {end_value}까지 더한 값은 {total}입니다.')
```

화면을 잘 보면, 뭔가 입력을 시작하자 창 제목의 Untitled가 *Untitled*로, 앞뒤에 * 기호가 하나씩 붙은 것을 볼 수 있습니다. 이는 뭔가 파일에 저장하지 않은 편집 내용이 추가되었다는 뜻입니다. 만약 창 제목의 앞뒤에 * 기호가 붙은 상태에서 이 편집기 창을 닫으려고 하면,

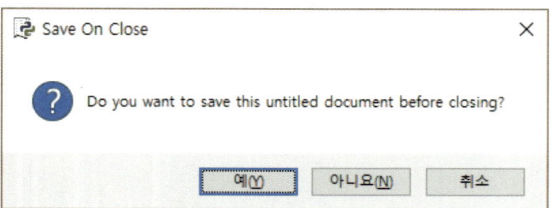

"창을 닫기 전에(before closing) untitled 문서(untitled document)를 저장(save)하고 싶으세요(Do you want)?" 하고 묻습니다. **예**(Yes) 버튼을 클릭하면 파일을 어디에 어떤 이름으로 저장할지 묻는 대화상자가 뜹니다. **아니요**(No)를 클릭하면 저장하지 않고 창이 그냥 닫혀버립니다.

취소(Cancel)를 누르면 다시 편집기로 돌아갑니다. 만약 이 상태에 있다면 일단 지금은 **취소**를 눌러서 편집기로 돌아갑시다. 이제 입력한 코드를 실행해보겠습니다.

IDLE 편집기에 코드를 입력해보면 자동으로 일부 글자가 여러 가지 색깔로 바뀌는 것을 볼 수 있습니다. 그냥 검정색으로만 표시하면 심심하니까 꾸며주는 걸까요? 사실은 나름 의미가 있습니다.

자주색 : 함수나 클래스의 이름을 뜻합니다.
녹색 : 문자열을 뜻합니다.
노란색 : 키워드, 즉 파이썬이 찜해놓고 특정 기능을 하는 단어들입니다.

이런 식으로 코드의 내용을 좀 더 알아보기 쉽도록 IDLE 편집기는 자동으로 색깔놀이를 합니다.

실행하려면
저장 먼저 하라고 말씀하시는
파이썬 선생님

IDLE 상에서 코드를 실행하려면 주 메뉴에서 Run(실행) → Run module(모듈 실행)을 선택하거나, 단축키 F5를 누릅니다. 그런데 실행을 하려고 하면 파일을 저장할 것인지 묻는 대화상자가 뜹니다.

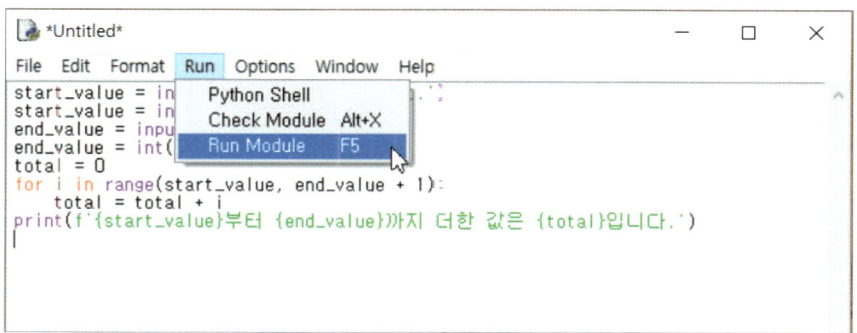

'소스(Source)를 저장해야 합니다(must be saved). OK(확인)을 눌러서(OK to) 저장하시겠습니까(save)?'라는 메시지가 나옵니다.

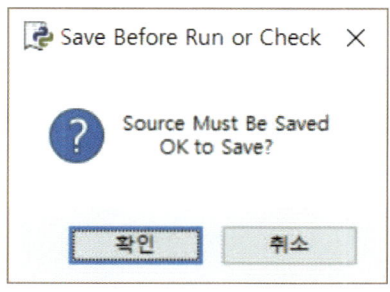

소스는 '소스코드'라고도 하며, 우리가 개발과 관련해서 흔히 말하는 **코드**와 같은 뜻으로 보면 됩니다. **확인**(또는 OK)을 선택하면 파일을 저장할 위치를 묻는 대화상자가 뜹니다. 만일 여기서 또 **취소**(Cancel)를 클릭하면 저장되지 않고 실행도 하지 않습니다. 즉, IDLE에서 편집한 코드를 실행시키기 위해서는 반드시 파일로 저장해야 합니다.

아마도 파이썬이 자동으로 제안하는 저장 위치는 어딘지 잘 모르는 곳일 것입니다. 반면 많은 분들이 손쉽게 바탕화면에 저장하려고 합니다만, 작업 파일을 바탕화면에 저장하는 것은 별로 좋지 않은 습관입니다. 바탕화면이 온갖 파일 아이콘으로 도배가 되어 있는 모습을 종종 보게 됩니다. 시간이 지나면 뭐가 뭔지도 모르게 될 뿐더러, 컴퓨터 속도가 느려지는 원인 중 하나일 수 있습니다. 그래도 귀찮으니까 그냥 바탕화면에 저장할래, 하고 생각하신다면 바탕화면에 폴더를 하나 만들어서 저장하세요. 우리도 그렇게 할 것입니다. 바탕화면에 Python이라는 폴더를 만들고 여기에 파이썬 코드 파일을 저장합니다. 하지만 앞으로 계속 파이썬으로 이것저것 프로그램을 만들어볼 생각이라면 바탕화면보다는 문서 폴더와 같은 곳에 저장하는 것이 좋습니다.

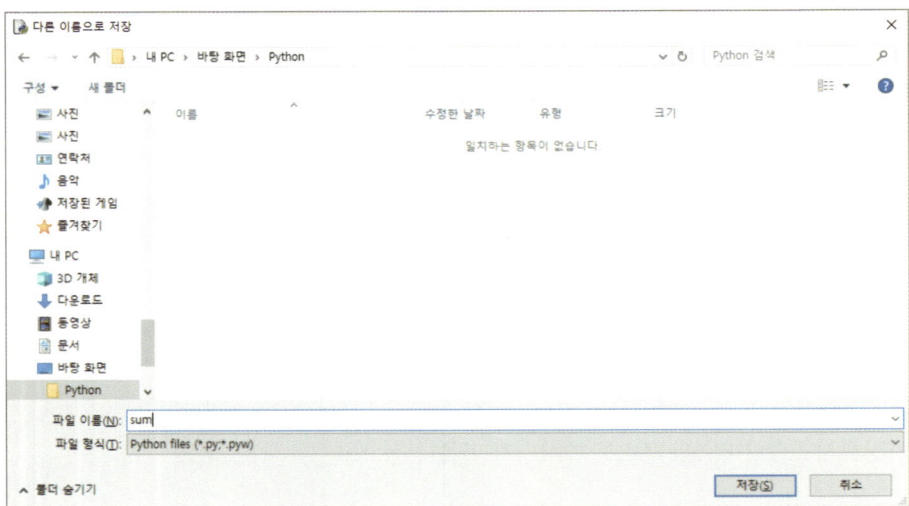

일단 파일 이름은 sum으로 하겠습니다. 합계라는 뜻으로 붙여보았습니다. 저장하면 파이썬은 자동으로 파이썬 코드 파일의 기본 확장자인 .py를 파일 이름 뒤에 붙여줍니다. 즉 파일의 이름은 sum.py가 됩니다. 파일 저장이 끝나면 코드가 실행됩니다. 작심 1일차인 어제 repl.it에서 지켜보았던 결과와 같은 모습입니다.

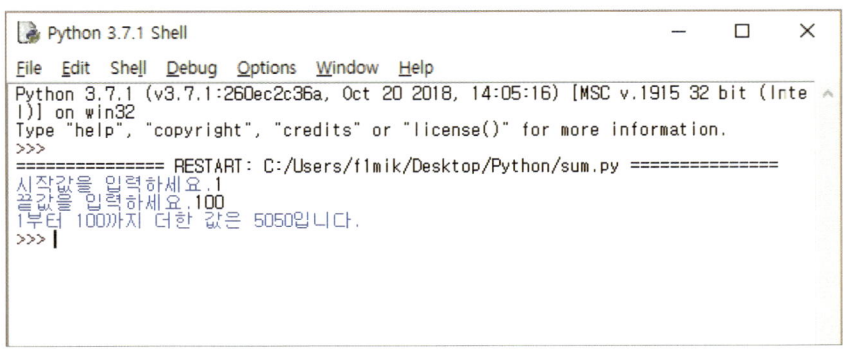

IDLE에서 우리가 사용하는 창은 두 가지입니다. 하나는 코드를 편집하는 **편집기**이고, 또 하나는 파이썬 코드 실행이 이루어지는 **셸**(shell)입니다. repl.it 화면에서 가운데 있던 **편집기**와 오른쪽에 있던 **셸**이 하는 일을 각각 IDLE의 **편집기**와 **셸**이 합니다. IDLE 셸에서도 repl.it의 셸과 마찬가지로 간단한 수식이나 파이썬 코드를 실행해볼 수 있습니다.

알콩달콩 우리 커플, 100일, 200일, 300일은 언제지?

커플들은 챙겨야 할 날들이 많습니다. 밸런타인데이, 화이트데이, 로즈데이를 비롯한 갖가지 데이들도 있고(좋은데이라는 괜찮은 소주도 있지만 더 이상의 설명은 생략합니다) 100일, 200일, 300일 같은 기념일들도 챙겨야 합니다.

이런 날짜들을 계산해주는 모바일 앱이 여럿 있으니 사용하고 있는 커플들도 많겠지요. **파이썬으로** 날짜 계산을 해주는 프로그램을 만들어보면 어떨까요? 써먹을 일이 있을 듯합니다. 물론 아직 연인이 없는 싱글 독자일지라도 배워두면 좋을 것입니다. 유비무환이니까요.

오늘의 주요한 과제는 **날짜 계산 프로그램**입니다. 사용자가 날짜를 입력하고 그날로부터 100일, 200일, 300일, …과 같이 기간을 입력하면 그날이 며칠인지 계산해주는 프로그램 말입니다.

날짜 계산은 단순한 숫자 계산과는 다릅니다. 예를 들어, 1월 21일에서 1월 20일을 빼면 2일간이라 간단하게 느껴집니다(기념일 날짜 계산을 할 때에는 보통 **시작과 끝 날짜를 모두 포함**합니다).

3월 18일에서 2월 20일을 뺀다면? 머릿속으로 계산하기가 쉽지 않습니다. 2월 20일부터 세어나간다면 2월 20일부터 2월 28일까지 9일간, 그리고 3월 1일부터 18일까지 18일간, 해서 27일간이 됩니다.

문제는 2월인데 **윤년이 끼면 29일**까지 있을 수도 있습니다. 즉 3월 18일에서 2월 20일을 빼면 27일간이 될 수도 있고 28일간이 될 수도 있습니다.

또한 날짜계산을 위해서는 **31일까지 있는 큰달**과 **30일까지 있는 작은달**을 고려해야 합니다.

- 큰달 : 1, 3, 5, 7, 8, 10, 12월
- 작은달 : 4, 6, 9, 11월
- 아주 작은달 : 2월

날짜 계산이 **꽤나 복잡**해보입니다. 2월이 28일인지 29일인지는 윤년인지 아닌지에 따라 결정되는데, 윤년의 규칙은 다음과 같습니다.

1. 연수가 4로 나누어떨어지면 윤년이다.
   (2008년, 2012년, 2016년, 2020년, …)

2. 그중에서 100으로 나누어떨어지면 평년이다.
   (2100년, 2200년, 2300년, 2500년, …)

3. 그중에서 400으로 나누어떨어지면 윤년이다.
   (1600년, 2000년, 2400년, …)

윤년 계산을 위한 알고리즘에 등장한 '만약'이라는 치트키

뭔가 정말 굉장히 복잡해집니다. 대체 파이썬으로 이런 계산을 어떻게 할 수 있을까요? 예를 들어, '20190101'과 같은 형식으로 입력 받은 날짜가 윤년에 해당하는지 결정하려면 다음과 같은 과정을 거쳐야 합니다. 한숨 크게 쉬고 읽어보세요.

1. **입력 받은 날짜 중 연도에 해당하는 숫자를 뽑아냅니다.** 처음에 나오는 숫자 4개인 '2019'가 연도에 해당됩니다.

2. **연도를 4로 나누어서 나누어떨어지는지 봅니다.** 파이썬에서 나머지를 계산하는 연산자가 기억나시나요? % 기호입니다. 즉 2019 % 4를 계산해서 결과가 0이 나오면 나머지가 없으므로 나누어떨어진다는 뜻입니다. 실제로

2019 % 4를 계산시켜보면 결과가 3이므로 윤년이 아닙니다.

3. '만약', 연도가 4로 나누어떨어진다면, 즉 2020 % 4처럼 나머지 값이 0이 나온다면 100으로 나누어떨어지는지 계산합니다. 즉 2020 % 100을 계산합니다. 파이썬 셸에서 계산해보니 나머지가 20이므로 2020년은 윤년 확정!

4. '만약', 연도가 100으로 나누어떨어진다면, 즉 2000 % 100처럼 나머지가 0이라면 400으로 나누어떨어지는지 계산합니다. 즉 2000 % 400을 계산합니다. 파이썬 셸에서 계산해보니 나머지가 0이므로 2000년은 윤년 확정!

주어진 해가 윤년인지 아닌지를 평가하는 절차를 살펴보았습니다. 차암 '쉽'죠? 이렇게 어떤 문제를 풀기 위해서 해야 할 일의 절차를 논리적으로, 또한 컴퓨터가 일하기 쉬운 방법으로 풀어낸 것을 **알고리즘**(algorithm)이라고 합니다.

파이썬을 배운다는 것은 어떻게 보면 '기술적인 문제'이지만 **프로그래밍을 배운다는 것은 알고리즘을 배우는 것과 마찬가지**입니다. 좋은 프로그램을 만들려면 컴퓨터로 해결해야 하는 실제 세계의 문제를 컴퓨터로 처리하기 좋은 절차, 즉 알고리즘으로 바꾸어놓아야 합니다. 아무리 파이썬 공부를 한들, **알고리즘을 생각해내는 능력이 부족하면 좋은 프로그램을 만들 수 없습니다**. 앞으로 알고리즘에 관해 더 이야기할 기회가 있을 것입니다.

방금 앞에서 살펴본 알고리즘에서 **'만약'**이라는 말에 따옴표를 쳐서 강조한 것을 발견하셨나요? 지금부터 우리가 배울 중요한 개념이 바로 '만약'입니다. 아무리 긴 프로그램 코드라고 해도 그 대부분은 **'만약'과 '반복'**입니다. '만약'과 반복'만 능숙하게 쓸 수 있어도 프로그래밍 실력이 훌쩍 늘어납니다.

'만약'에 해당하는 영어 단어가 뭔지, 떠오르시나요? 그렇습니다. if…입니다. 이제부터 이 if를 파고들어가보겠습니다.

프루스트도 파이썬도 두 갈래 길을 모두 갈 수는 없다

> 노란 숲속에 펼쳐진 두 갈래 길
>
> 두 길 모두를 따라갈 수는 없어서
>
> 나그네인 나는 한참을 우두커니 서서
>
> 그중 덤불 속으로 굽이진 한 갈래 길을 저 끝까지 바라보았답니다.
>
> 그러고는 다른 갈래 길을 선택했습니다. 똑같이 아름답고,
>
> 어쩌면 뭔가 더 나은 게 있는 듯한 길을.
>
> 이쪽이 더 풀이 우거지고 사람의 손을 덜 탔기 때문이지요…
>
> (어쩌고 저쩌고 이하 생략)

 프루스트의 「가지 않은 길」은 무척이나 유명한 시입니다. 인생에도, 파이썬에도 이렇게 두 갈래 세 갈래 길에서 어디로 가야 하나? 선택해야 할 경우는 아주 많습니다. 아쉽지만 두 길을 다 가볼 수 없다면 어느 하나를 선택해야 합니다. 어떻게 골라야 할까요? 프루스트는 '이쪽이 더 풀이 우거지고 사람의 손을 덜 탔기 때문'이라는 이유로 하나의 길을 골랐습니다.

 파이썬도 두 갈래 길 중에 하나를 **선택하려면 조건이 필요**합니다. 프루스트보다는 별로 문학적이지는 않은 대신에 확실하게, '네 / 아니요' 둘 중 하나로 똑 떨어지는 조건이 필요합니다.

윤년을 계산하는 알고리즘에서, **네**(Yes) 혹은 **아니요**(No)의 '선택'을 해야 할 상황은 언제일까요?

1. (연도) % 4 == 0인가? 아닌가?
2. 만약 1항이 '네(Yes)'라면, (연도) % 100 == 0인가? 아닌가?

3. 만약 2항이 '네(Yes)'라면, (연도) % 400 == 0인가? 아닌가?

1항이 '아니요'라면 2항과 3항은 계산할 필요가 없고 그것으로 끝입니다. 1항이 '네'이지만 2항이 '아니요'라면 3항은 계산할 필요가 없습니다.

몇 가지 예를 정리해본다면 다음 표와 같습니다.

연도	% 4 == 0?	% 100 == 0?	% 400 == 0?	결과
2019	No (3)			평년
2020	Yes (0)	No (20)		윤년
2100	Yes (0)	Yes (0)	No (100)	평년
2400	Yes (0)	Yes (0)	Yes (0)	윤년

이제 진짜로 파이썬의 if가 어떤 일을 하는지 알아볼 때입니다. 먼저 간단한 코드를 짜서 실행해보겠습니다. IDLE 셸의 메뉴에서 File → New File을 선택하거나 Ctrl+N을 눌러서 새 파이썬 코드를 아래와 같이 입력합니다.

```python
year = input('연도를 입력해 주세요.')
year = int(year)
if year % 4 == 0:
    print('윤년입니다.')
else:
    print('평년입니다.')
```

'네'와 '아니요'로 답을 하고 넘어가게 하는 것이 조건

어제(작심 1일차) 우리는 덧셈 프로그램에서 for로 시작되는 줄의 끝에 쌍점(:)을 찍고 그 다음 줄에 들여쓰기를 했습니다. 그랬더니 파이썬은 들여쓰기 된 부분을 되풀이해서 실행했습니다. 위 코드를 보면 if의 줄 끝에도, else의 줄 끝에도 :이 찍혀 있고 그 다음 줄에 들여쓰기를 했습니다.

일단 코드를 저장하고 실행해보겠습니다. 파일 이름은 적당히 붙이면 되는데, 저는 윤년을 뜻하는 leap_year라고 이름을 지정했습니다. 파이썬 코드 파일명에 여러 단어를 쓸 경우 단어 사이에 빈칸 대신 밑줄을 쓰는 게 보통입니다(어제 배웠죠?).

```
Python 3.7.1 Shell                                      □ ×
File Edit Shell Debug Options Window Help
Python 3.7.1 (v3.7.1:260ec2c36a, Oct 20 2018, 14:05:16) [MSC v.1915 32 bit (Inte
l)] on win32
Type "help", "copyright", "credits" or "license()" for more information.
>>>
=========== RESTART: C:/Users/f1mik/Desktop/Python/leap_year.py ===========
연도를 입력해 주세요.2018
평년입니다.
>>>
=========== RESTART: C:/Users/f1mik/Desktop/Python/leap_year.py ===========
연도를 입력해 주세요.2019
평년입니다.
>>>
=========== RESTART: C:/Users/f1mik/Desktop/Python/leap_year.py ===========
연도를 입력해 주세요.2020
윤년입니다.
>>>
=========== RESTART: C:/Users/f1mik/Desktop/Python/leap_year.py ===========
연도를 입력해 주세요.2100
윤년입니다.
>>>
```

연도를 입력하면 4로 나누어보고 나머지가 있는지 여부에 따라 평년인지 윤년인지를 알려주네요. 어제 살펴봤던 input()으로 입력을 받는 부분이나 print()로 출력하는 부분은 이제 낯이 익으실 테니, if와 else 부분을 중심으로 자세히 들여다보겠습니다.

```
if year % 4 == 0:
```

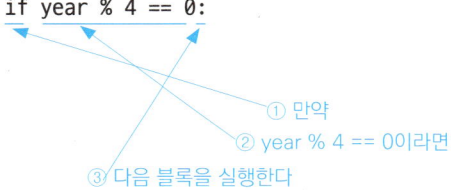

① 만약
② year % 4 == 0이라면
③ 다음 블록을 실행한다

if는 그 뒤에 오는 조건을 평가해서 '만약' 그 결과가 '네', 즉 참(True)일 때에만 그 다음 블록을 실행하고 결과가 '아니요', 즉 거짓(False)일 때에는 블록을 실행하지 않습니다. 위에서는 year % 4 == 0이 참일 때에만 그 다음 블록을 실행합니다.

여기에 등호(=)를 두 번 쓴 == 기호가 나옵니다. **파이썬에서 등호는** '같음'을 뜻하는 게 아니라 오른쪽 값을 왼쪽 변수에 **대입하는 연산자**로 쓰인다고 설명한 적이 있습니다. **왼쪽과 오른쪽 값이 같음을 의미**하는 연산자는 파이썬에서는 어떻게 표현할까요? 그것은 바로 == 기호입니다.

year	year % 4	year % 4 == 0	블록 실행
2018	2	아니오(False)	안함
2019	3	아니오(False)	안함
2020	0	네(True)	함

year의 값에 따라 year % 4 == 0이 어떻게 평가되는지 위 표에 정리했습니다.

 == 연산자는 왼쪽과 오른쪽 값을 비교해서 같으면 **네**(True), 다르면 **아니요**(False)라는 값을 결과로 냅니다. 여기서 True, False에 관한 이야기를 안 할 수가 없네요.

오로지 진실 혹은 거짓밖에는 모르는 불린 데이터 유형

디지털은 0과 1밖에 모른다는 이야기는 많이들 알고 있을 것입니다. 디지털은 전기신호를 바탕으로 하며, 전기신호가 있을 때와 없을 때, 두 가지 상태를 기반으로 합니다. 숫자든 문자열이든, 이미지든 동영상이든 음악 파일이든, 컴퓨터 안에서 모든 **데이터는 결국 0과 1**, 디지털 신호의 연속으로 이어집니다. 0과 1밖에 모르는 컴퓨터와 가장 비슷한 파이썬 데이터 유형이 **불린**(Boolean)입니다.

영국의 수학자인 조지 불(George Bool)의 이름이 유래인 **불린 데이터 유형**은 딱 두 가지 값, True와 False만을 가집니다. True는 '참', '진실'과 같은 뜻이지만 '네', '켜짐'을 비롯한 여러 가지 뜻으로 응용할 수 있습니다. 반면 False는 '거짓'이라는 뜻이며, '아니요', '꺼짐'과 같이 True와 반대되는 뜻으로 응용할 수 있습니다. True와 False는 반드시 **머릿글자**가 **대문자**여야 불린 값으로 인식합니다. 예를 들어 변수에 불린 값을 대입하려면, 다음과 같이 써야 합니다.

```
bacon = True
egg = False
```

== 기호로 두 개의 값을 비교했을 때 그 결과는, 불린 값인 True(두 값이 같을 때) 혹은 False(두 값이 다를 때)로 결정됩니다. 파이썬의 if는 그 뒤에 오는 조건이 True일 때에만 뒤따라 나오는 블록을 실행합니다. 불린 값도 하나의 데이터이므로 변수에 넣을 수 있습니다.

윤년 계산 프로그램의 if 부분을 다음과 같이 두 줄로 만들 수도 있습니다.

```
result = year % 4 == 0
if result:
```

코드를 실행하면 year % 4 == 0를 평가한 결과인 불린 값을 result 변수에 넣습니다. 그 다음 if 문에서는 result의 값이 True 인지 False 인지에 따라 뒤따르는 블록을 실행할지 여부를 결정합니다. result = year % 4 == 0에 등호가 여러 개 있어서 헷갈릴 수 있는데, 괄호를 쳐서 result = (year % 4 == 0)으로 하면 좀 더 알아보기 쉽습니다.

이제 if 블록 다음에 나오는 else:를 살펴보겠습니다. 영어 단어 else는 '다른 무엇인가'를 뜻합니다. if에서 조건의 값이 False로 평가되면 if를 뒤따르는 블록이 실행되지 않는데, 만약에 else:가 있으면 그 else 뒤에 따라오는 블록이 실행됩니다. 즉, True일 때 실행할 블록과 False일 때 실행할 블록을 모두 쓸 수 있습니다. 프루스트의 시에 나오는 '**두 갈래 길**'을 파이썬 코드에 만들 수 있는 것이죠.

```
if year % 4 == 0:
    print('윤년입니다.')       ◄── True
else:
    print('평년입니다.')       ◄── False
```

프루스트처럼 파이썬도, 가지 못한 다른 길을 아쉬워하면서 True와 False 중 한쪽 길로만 갈 수 있습니다. else는 꼭 있어야 하는 건 아닙니다. 다만 if 없이 else를 쓸 수는 없습니다. (조건이 False일 때 달리 할 일이 없다면 else는 없어도 되지만 앞에 if가 없이 else만 쓸 수는 없다는 이야기입니다.)

지금까지 만든 코드는 윤년을 판단하기 위한 3단계 절차 중에 1단계만을 실행합니다. 이제 3단계 모두 실행할 수 있는 방법을 알아보겠습니다.

블록 안에 또 블록, 러시아 인형 같은 파이썬 블록

만약 year % 4 == 0이 True라면, 즉 연도가 4로 나누어떨어진다면 100으로 나누어떨어지는지 확인해야 합니다. if 문으로 풀어본다면 다음과 같이 될 것입니다.

```
if year % 100 == 0:
```

이 문장이 코드 어디에 붙어야 할까요? year % 4 == 0이 True일 때만 실행되어야 합니다. 그렇다면 if year % 4 == 0: 줄 뒤에 나오는 블록에 들어가야 한다는 이야기가 되는데….

```
if year % 4 == 0:
    if year % 100 == 0:
```

내친 김에 세 번째 단계, 즉 year % 100 == 0이 True일 때 year % 400 == 0인지 평가하는 부분까지도 추가하면 이렇습니다.

```
if year % 4 == 0:
    if year % 100 == 0:
        if year % 400 == 0:
```

마트료시카(Matryoshka doll)라는 러시아 인형이 있습니다. 오뚝이처럼 생긴 인형은 뚜껑이 열리는데, 열어보면 더 작은 인형이 들어 있고, 그 인형의 뚜껑을 열어보면 또 더 작은 인형이 들어 있고… 이런 식으로 인형 안에 인형, 인형 안에 또 인형이 들어 있습니다.

파이썬 블록도 마트료시카처럼 블록 안에 블록을 넣고, 그 안에 또 블록을 넣고, 하는 식으로 블록을 여러 단계로 넣을 수 있습니다. 블록이 한 단계 더 들어갈 때마다 블록의 들여쓰기도 한 단계 더 들어가야 합니다. 1단계 블록은 줄 앞에 빈칸 4개를 넣었다면 2단계 블록은 빈칸 8개, 3단계 블록은 빈칸 12개… 이런 식이 됩니다.

```
year = input('연도를 입력하세요')
year = int(year)
if year % 4 == 0:                        알고리즘1
    if year % 100 == 0:       1단계 블록   알고리즘2
        if year % 400 == 0:   2단계 블록   알고리즘3
            print('윤년입니다.')  3단계 블록
        else:
            print('평년입니다.')
    else:
        print('윤년입니다.')
else:
    print('평년입니다.')
```

111111111
0123456789012345678   빈칸 개수

윤년 여부를 판단하기 위한 **알고리즘**을 모두 적용한 코드입니다. 블록이 무척이나 복잡해진 느낌입니다. 하지만 프로그래밍에서 이 정도는 그리 드물지도 않습니다.

파이썬의 코드 실행은 위에서 아래로 차례대로 진행되지만 어제(작심 1일차에) 배웠던 for 루프, 그리고 지금 보고 있는 if…, else…와 같은 문장은 실행의 흐름을 다시 위로 끌어올리기도 하고, 몇 줄을 건너뛰어버리기도 합니다.

프로그램의 흐름을 제어하는 파이썬의 키워드들, 그리고 그에 따라 흐름이 **어떻게 바뀌는지를 잘 이해하고 파악할 수 있어야** 합니다. 한번에 금방 파악되지는 않겠지만 연습을 통해, 경험을 통해, 이해를 넓혀나간다면 어렵지 않게 눈이 트일 것입니다.

윤년 계산 **알고리즘 1**, 즉 연도가 4로 나누어떨어지는지 평가하는 주황색 if 문 다음에는 블록이 나옵니다. 이 if에 대응하는 주황색 else가 나오기 전까지의 모든 줄이 하나의 블록입니다.

즉, year가 4로 나누어떨어져서 평갓값이 True가 되면 주황색 if 문 다음에 오는 블록만 실행되고 주황색 else 뒤에 나오는 블록은 건너뜁니다. 평갓값이 False라면 그 반대로, **알고리즘 2**나 **알고리즘 3**은 실행되지 않고 주황색 else 뒤의 블록만 실행합니다.

그런데 조금 생각을 달리 하면 위의 코드를 좀 더 단순하게 줄이고 블록을 두세 단계씩 쓰지 않아도 됩니다. 창의적인 발상을 이야기할 때 종종 **역발상**이라는 말을 하죠? 이 또한 역발상일 수도 있겠네요. ==의 역발상을 이야기해보려고 합니다.

True일 때 False이고
False일 때 True인
청개구리 !=

== 기호는 왼쪽과 오른쪽을 비교해서 같은 값이면 True, 다른 값이면 False로 평가합니다. 그런데 파이썬에는 정확히 ==의 청개구리처럼 행동하는 != 기호도 있습니다. 이 기호는 두 값이 다르면 True, 같으면 False로 평가합니다. 윤년을 계산하는 코드를 == 대신 != 기호만 써서 표현하면 어떻게 될까요? 값을 입력 받는 부분은 생략하고 첫 번째 if 부분부터 바꿔 써보겠습니다.

```
...
if year % 4 != 0:
    print('평년입니다.')
else:
    if year % 100 != 0:
        print('윤년입니다.')
    else:
        if year % 400 != 0:
            print('평년입니다.')
        else:
            print('윤년입니다.')
```

이 코드는 == 기호만 썼을 때와 똑같이 윤년과 평년을 구분합니다. 게다가 흐름을 보면 == 기호를 썼을 때의 흐름보다 좀 더 명확합니다. == 기호를 쓴 파이썬 코드를 == 코드, != 기호를 쓴 코드를 != 코드라고 이름 붙여봅시다.

앞 페이지의 == 코드에서는 if 문의 평갓값이 False가 되면 중간의 코드를 훌쩍 뛰어넘어서 else 블록으로 갑니다. 예를 들어 첫 번째 if 문, 즉 if year % 4 == 0:에서 평갓값이 False로 나오면 중간을 건너뛰어서 끄트머리에 있는 else:로 점프합니다.

반면 != 코드는 평갓값이 False로 나오면, 즉 주어진 조건으로 나누어떨어지지 않으면 그것으로 끝나고(정확히는 전체 블록 바깥으로 나갑니다), True, 즉 주어진 조건으로 나누어떨어지면 뒤이어 나오는 else 블록으로 진입해서 다음 if 문으로 나아갑니다. 단계별로 조건을 통과하는가 못하는가에 따라 딱딱 걸러진다는 느낌이 있습니다.

그러나 두 코드 모두 블록을 여러 단계 쓴다는 면에서는 비슷비슷해 보입니다. 여기서 한 가지 키워드를 추가하면 코드를 확 줄일 수 있습니다. 바로 elif입니다.

else + if, 그래서 elif

윤년 계산을 실제로 하는 코드의 앞부분을 떼어와보겠습니다.

```
if year % 4 != 0:
    print('평년입니다.')
else:
    if year % 100 != 0:
    ...
```

실행의 흐름을 보면 if에서 조건이 False로 평가되면 이어지는 else → if 순서로 진행됩니다. 파이썬은 else와 if를 합친 키워드인 elif를 제공합니다. 즉 위의 코드는,

```
if year % 4 != 0:
    print('평년입니다.')
elif year % 100 != 0:
...
```

이렇게 바꿔 쓸 수 있습니다.

두 번째 if문은 1단계 블록으로 네 칸 들여쓰기를 했지만 이젠 그럴 필요가 없습니다. 비슷한 방법으로 elif를 사용해서 윤년 계산 부분을 모두 고쳐 써볼까요? 그리고 하는 김에 연도를 입력 받아서 실제 실행이 되도록 만들어보겠습니다.

```
year = input('연도를 입력해 주세요.')
year = int(year)
if year % 4 != 0:
    print('평년입니다.')
elif year % 100 != 0:
    print('윤년입니다.')
elif year % 400 != 0:
    print('평년입니다.')
else:
    print('윤년입니다.')
print('코드의 끝입니다.')
```

어떤가요? 코드가 훨씬 간결해졌습니다. 아까는 블록을 3단계, 즉 12칸 들여쓰기까지 했지만 이제는 1단계 블록만으로 다 해치울 수 있게 되었습니다.

```
Python 3.7.1 Shell                                    —   □   ×
File  Edit  Shell  Debug  Options  Window  Help
Python 3.7.1 (v3.7.1:260ec2c36a, Oct 20 2018, 14:05:16) [MSC v.1915 32 bit (Inte
l)] on win32
Type "help", "copyright", "credits" or "license()" for more information.
>>>
========== RESTART: C:/Users/f1mik/Desktop/Python/leap_year_test.py ==========
연도를 입력해 주세요.2019
평년입니다.
코드의 끝입니다.
>>>
========== RESTART: C:/Users/f1mik/Desktop/Python/leap_year_test.py ==========
연도를 입력해 주세요.2020
윤년입니다.
코드의 끝입니다.
>>>
========== RESTART: C:/Users/f1mik/Desktop/Python/leap_year_test.py ==========
연도를 입력해 주세요.2100
평년입니다.
코드의 끝입니다.
>>>
========== RESTART: C:/Users/f1mik/Desktop/Python/leap_year_test.py ==========
연도를 입력해 주세요.2000
윤년입니다.
코드의 끝입니다.
>>> |
```

핵심 한 가지 주의할 점은, 위의 코드는 처음 나오는 if부터 마지막에 나오는 else 블록까지가 뭉쳐서 하나의 큰 블록이고, 제일 마지막 줄 print('코드의 끝입니다.')만이 그 큰 블록의 바깥에 있다는 것입니다. 위에 나오는 if 및 elif 중에 어디서든 조건이 True로 평가되면 바로 다음에 이어지는 블록을 실행한 후 프로그램의 흐름은 큰 블록 바깥으로 나가서 print('코드의 끝입니다.')를 실행합니다.

핵심 또한 마지막에 나오는 else 블록은 첫 if의 조건이 False로 평가되었을 때 실행되는 게 아니라, else 바로 위 elif의 조건이 False로 평가되었을 때 실행됩니다.

더 깔끔한 방법을 찾는 노력은 계속되어야 한다

그런데 이 코드처럼 곳곳에 print()를 집어넣는 것보다는 print()를 계산이 끝난 다음, 한 번에 보여주는 게 좀 더 깔끔해 보입니다. 즉 if, elif …, else로 이어지는 블록에서는 윤년 여부를 변수로 저장하고, 마지막에 윤년 여부를 print()로 화면에 보여주는 방법입니다.

윤년인가 아닌가, 즉 yes인가 no인가, '모'인가 '도'인가는 어떤 데이터 유형이 잘 어울릴까요? 앞에서 알아보았던 **불린 유형**일 것입니다. 우리의 코드에 윤년을 평가하는 부분 바로 앞에 leap_year 변수를 만들 것입니다. 아시다시피 leap year는 '윤년'이라는 뜻입니다. 즉, 계산 결과 주어진 연도가 윤년이면 leap_year에 True를 저장하고, 평년이면 False를 저장합니다. 윤년 계산 코드를 다음과 같이 고쳐보겠습니다.

```python
year = input('연도를 입력해 주세요.')
year = int(year)
leap_year = False
if year % 4 != 0:
    leap_year = False
elif year % 100 != 0:
    leap_year = True
elif year % 400 != 0:
    leap_year = False
else:
    leap_year = True

print(f'{year}년은', '윤년입니다.' if leap_year else '평년입니다.')
```

 참고로, f-문자열은 파이썬 3.6부터 지원하기 때문에 혹시 컴퓨터에 설치된 파이썬이 3.5 혹은 그보다 낮은 버전이며 이를 바꿀 수 없다면(예를 들어 학교 컴퓨터에 설치되어 있고 직접 프로그램 설치를 못 하게 막아 놓았다면) 다음과 같이 조금 불편한 방법을 써야 합니다.

```python
print('{0}년은 {1}'.format(year, '윤년입니다.' if leap_year else '평년입니다.'))
```

즉 문자열 앞에 f를 붙이지 않으며, 문자열 안 중괄호에는 0, 1, 2와 같이 숫자를 적어준 다음 문자열 다음에 바로 .format()을 써줍니다. .format() 안에 값을 넣어주면 그 순서대로 문자열의 {0}, {1} 자리에 값이 들어갑니다.

아까의 코드에서는 그냥 '윤년입니다.', '평년입니다.'만을 보여줬습니다. 이번 코드는 'ㅇㅇㅇㅇ년은'처럼 연도도 함께 보여주는데, 만약 곳곳에 print()를 썼다면 이렇게 메시지를 고치고 싶을 때마다 print() 문을 전부 고쳐야 합니다. 그런데 이제는 메시지를 바꾸고 싶을 때 마지막 한 군데만 고치면 되니 한결 좋아졌습니다.

표현식과 조건문을 잘 이해하는 방법이 여기에

앞 코드의 마지막 print() 문을 보면 괄호 간에 if… else…가 들어가 있습니다. 게다가 형식도 차이가 있습니다.

```
'윤년입니다.' if leap_year else '평년입니다.'
```

leap_year 변수는 불린 유형이므로 True 혹은 False이기 때문에 if leap_year는 이 변수가 True면 if 다음 블록이, False면 else 다음 블록이 실행됩니다. 그런데 위 코드를 보면 블록을 나타나는 : 기호도 없이 문자열 두 개만이 있고, 게다가 if가 True일 때 출력될 문자열 '윤년입니다.'는 if 앞으로 나와 있습니다.

핵심 if와 else를 이렇게 쓰는 것을 **조건부 표현식**(conditional expression)이라고 하며, if와 else, elif를 아까처럼 어떠한 블록을 실행시킬지 말지를 위해 쓰는 것을 **조건문**(conditional statement)이라고 합니다

명심 **식**(expression)과 **문**(statement)의 차이는 뭘까요? 문은 파이썬에게 어떤 일을 시키는 단위로, 쉽게 생각해서 파이썬 코드 한 줄이 하나의 문이라고 보면 됩니다.
식은 어떤 계산이나 평가를 하고 그 값을 얻는 것으로서, 하나의 식이 하나의 문일 수도 있지만 문의 일부를 이룰 수도 있습니다. 하나의 문은 여러 개의 식을 가지고 있을 수 있습니다.

조건부 표현식을 쓸 때에는,

`조건이 True일 때의 값` **if** `조건` **else** `조건이 False일 때의 값`

이런 순서로 씁니다. 아래처럼 변수에 값을 대입할 때에도 쓸 수 있습니다.

```
message = '윤년입니다.' if leap_year else '평년입니다.'
```

심심 왜 조건이 True일 때의 값이 if 앞에 있는지 의아해 할 수 있지만 영어에서는 자연스럽습니다.

> I will stay at home **if** it rains tomorrow. **Else**, I will go out.
> 내일 비가 오면 집에 있겠다. 그렇지 않으면 밖에 나갈 것이다.

`조건이 True일 때의 값` `if` `조건` `else` `조건이 False일 때의 값`
I will stay at home   it rains tomorrow   I will go out

실제 영어에서는 else보다는 otherwise를 쓰겠지만 아무튼 구조는 딱 맞아떨어집니다.

이제 윤년을 계산하는 부분을 만들어보았습니다. 우리가 원하는 최종 날짜 계산 프로그램은 어제(작심 1일차에) 짰던 덧셈 프로그램보다 상당히 복잡합니다. 전체 프로그램을 여러 부분으로 나눌 수 있으니 부분 부분을 나누어서 만든 다음, 하나의 큰 프로그램으로 합쳐나가는 방법을 쓰려고 합니다. 차근차근 따라오세요.

구슬이 서 말이라도 꿰어야 데이터! 리스트 데이터 유형

특정일이 어떤 날짜를 기준으로 며칠째인지(기간)를 어떻게 계산할 수 있을까요? 여러 가지 방법이 있겠지만 자기만의 알고리즘을 생각해서 글로 한번 써보시기 바랍니다. 다음에 제시하는 알고리즘을 보기 전에요! (알고리즘은 정답이 하나일 수는 없습니다.)

1. 기준이 되는 연, 월, 일을 입력 받고 각각 변수 year, month, day에 저장한다.

2. 기간을 입력 받고 변수 period에 저장한다. 날수를 누적할 변수 days_sum도 만든다(sum은 '합계'를 뜻합니다).

3. month, day로부터 그 달(month)의 마지막 날짜까지 기간을 계산하고 days_sum에 더한다.

4. days_sum이 period보다 크거나 같으면 month의 말일로부터 period - days_sum만큼 앞 날짜로 가주면 결과가 나온다. 계산한 날짜를 보여주고 프로그램을 끝낸다.

5. 만약 4번항을 만족하지 않으면 month에 1을 더하고, day를 1로 만든다.

6. 만약 5번항을 실행했을 때 month가 13이 되었다면 year에 1을 더하고 month를 1로 만든다.

7. 그리고 3번항으로 돌아간다.

이 알고리즘에서 약간 갸우뚱한 부분도 있을 것입니다. 4번항의 방법을 쓰면 왜 결과가 나올까요? 왜 5번항에서 month를 1만큼 증가시키면서 day를 1로 만들까요? 2019년 11월 6일부터 100일이 되는 때가 언제인지 실제로 구해보면 이렇습니다.

year	2019		2020	
month	11	12	1	2
day	6 → 30	1 → 31	1 → 31	1 → 29
날수	25	31	31	29
days_sum	25	56	87	111

11월은 6일부터 30일까지 계산하므로 날수는 30 - 6 = 24일이지만 11월 6일 자체도 포함되어 days_sum에 더할 날수는 30 - 6 + 1 = 25입니다.

12월에 같은 공식을 적용하면 31 - 1 + 1 = 31일입니다. 즉, 5에서 day를 1로 만든 이유는 (그 달의 총 날수) - day + 1라는 공식을 똑같이 써먹기 위해서입니다.

명심 계산을 시작하는 첫 달의 공식만 따로 만들고 그 다음 달부터의 계산 공식을 따로 만드는 것보다는 변수의 값을 조작해서 **똑같은 공식을 계속 써먹는 코드**의 효율이 더 좋습니다.

2020년 2월이 되면 2월의 날수를 모두 더했을 때, 즉 2월 29일이 되었을 때(2020년은 윤년입니다) days_sum이 111이므로 100(period)을 넘어섭니다. 이때 111 - 100 = 11입니다. 즉 2월 29일에서 11일을 뺀 2월 18일이 100일째가 되는 날입니다. 만약 1이 세 개 들어가는 111일째를 구한다면? 111 - 111 = 0이므로 2월 29일에서 0일을 뺀, 2월 29일이 111일째입니다. 따라서 **어떤 달의 날수를 days_sum에 더한 후 days_sum이 period보다 크거나 같으면 그 달의 말일에서 days_sum - period 만큼 빼주면 원하는 날짜를 구할 수 있습니다.**

위의 알고리즘은 전체 할 일을 큼직한 덩어리로 쪼갠 것이고, 각 단계를 구현할 세세한 알고리즘도 필요할 것입니다. 예를 들어, 3항에서 month에 저장된 값이 얼마인지, 예를 들어 1월(31일 달)인지 4월(30일 달)인지 8월(31일 달)인지에 따라 days_sum에 더할 날수가 달라집니다.

게다가 month == 2라면 윤년 계산도 필요합니다. 어떻게 알 수 있을까요? 주어진 달의 날수를 저장할 변수를 days_of_month라고 하고, 아래와 같은 식으로 if와 elif를 열심히 쓰는 방법을 생각해볼 수 있습니다.

```
days_sum = 0
days_of_month = 0
if month == 1:
    days_of_month = 31
elif month == 2:
    days_of_month = 29 if leap_year else 28
elif month == 3:
    days_of_month = 31
elif month == 4:
    days_of_month = 30
…
days_sum = days_sum + days_of_month
```

이런 식으로 month==12까지 열심히 elif를 쓴 다음 days_sum에 더하면 될 것 같습니다. 그러나 무식하게 비슷한 일을 되풀이하는 건 컴퓨터나 하는 거지 우리가 이렇게 하는 건 별로 우아해 보이지는 않습니다. 윤년 계산 말고 다른 일을 하기 위한 코드를 만드는 과정에서 저렇게 if… elif…가 12번이 아니라 120번이나 반복되어야 한다면 코드 짜다가 시간 다 보낼 것 같으니까요.

그냥 한번 생각해보는 건데, 이런 방법이 있으면 좀 더 나을 것 같긴 합니다.

```
days_of_month_1 = 31
days_of_month_2 = 28
days_of_month_3 = 31
days_of_month_4 = 30
…
days_of_month_12 = 31

days_of_month = days_of_month_{month}
if leap_year:
    days_of_month = days_of_month + 1
```

만약 days_of_month_1부터 days_of_month_12까지 변수를 만들고 print()에서 f'로 시작해서 문자열 안에서 변수 이름에 중괄호를 둘러치는, 형식화된 문자열 리터럴 (f-문자열)처럼 변수 이름을 days_of_month_{month}라고 써주면 파이썬이 {month}를 month의 실제 값으로 딱 바꿔준다면 if와 elif가 줄줄이 나오는 일을 막을 수 있을 듯합니다. 예를 들어 month == 4라면 days_of_month_{month}는 days_of_month_4, 즉 30으로 바뀌어 days_of_month에 대입되는 겁니다. 그리고 윤년(if leap_year:)이고 2월(if month == 2:)이면 days_of_month에 1을 더해줍니다.

안타깝지만 파이썬은 이런 좋은(?) 아이디어를 지원하지 않습니다. 위 코드는 days_of_month = days_of_month_{month} 줄에서 오류를 일으킵니다.

대신 다른 방법으로, 하지만 더욱 우아한 방법으로 위와 같은 아이디어를 실현시킬 방법이 있습니다. **리스트**를 사용하면 됩니다.

맛집에만 줄서지 말고 리스트의 맛을 느껴보라

앞에서 본 것처럼 똑같은 특성을 가진 변수가 여러 개 필요할 경우가 있습니다. 파이썬으로 전화번호부를 만든다면 여러 명, 수십 명, 수백 명의 이름과 전화번호를 저장할 공간이 필요합니다. 일일이 변수를 새로 만들어서 저장해야 할까요? 그랬다가는 새 변수 만드는 줄만 수십 수백 줄이 될 것입니다. 새로운 전화번호를 추가로 저장해야 한다면 어떻게 해야 할까요? 코드를 새로 고쳐서 새르운 변수를 추가할 수밖에 없습니다.

이런 문제를 해결해줄 수 있는 데이터 유형이 **리스트**입니다. 변수 하나에 여러 개의 데이터를 넣고, 이를 순서에 따라 뽑아서 쓸 수도 있고, 값을 바꾸거나, 추가하거나, 지우거나 할 수도 있습니다. 일단 1년 열두 달 각각의 날수를 days_of_months라는 리스트 변수로 정의해봅시다.

```
days_of_months = [31, 28, 31, 30, 31, 30, 31, 31, 30, 31, 30, 31]
```

이렇게 대괄호([]) 안에 순서대로 써주면 됩니다. 리스트는 숫자만이 아니라 문자열이나 불린 유형을 가지고도 만들 수 있고 여러 유형을 섞어서 만들 수도 있지만 **한 리스트에는 같은 데이터 유형만을 사용하는 게 보통**입니다. 그렇게 해야 오류가 적은 코드를 만들 수 있습니다.

또한 days_of_months처럼 변수 이름을 복수형으로 짓는 게 보통입니다. 이 변수가 여러 개의 데이터를 가지고 있다는 암시를 줄 수 있기 때문입니다.

아까 변수를 12개나 만들고도 실행할 수 없었던 어리숙한 코드를 **리스트**를 사용해서 바꿔보면 이렇습니다.

```
days_of_months = [31, 28, 31, 30, 31, 30, 31, 31, 30, 31, 30, 31]
days_of_month = days_of_months[month]
if leap_year:
    days_of_month = days_of_month + 1
```

윤년 계산을 하는 코드와 붙여서 실행이 가능한 코드를 만들어보면 다음과 같이 됩니다.

```
# 날짜를 입력 받는다
year = input('연도를 입력해 주세요.')
year = int(year)
month = input('월을 입력해 주세요.')
month = int(month)

# 윤년을 계산한다
leap_year = False
if year % 4 != 0:
    leap_year = False
elif year % 100 != 0:
    leap_year = True
elif year % 400 != 0:
    leap_year = False
else:
    leap_year = True

# 주어진 월의 날수를 구한다
days_of_months = [31, 28, 31, 30, 31, 30, 31, 31, 30, 31, 30, 31]
days_of_month = days_of_months[month] # 변수 이름의 단/복수에 주의할 것
if leap_year:
    days_of_month = days_of_month + 1

# 결과를 출력한다
print(f'{year}년 {month}월은 총 {days_of_month}일입니다.')
```

핵심 **리스트**에서 특정한 위치의 값을 꺼낼 때에는 days_of_months[1], 혹은 days_of_months[month]처럼 변수 이름 뒤에 []를 치고 그 안에 몇 번째 값인지를 나타내는 정수값(1+2 같은 수식이 들어가도 됩니다) 혹은 그러한 정수값을 담은 변수를 적어주면 됩니다.

명심 이때 [] 안에 들어가는 값을 **인덱스**(index, 색인)라고 합니다.

이번 코드는 연도와 월을 입력 받으면 해당 월의 날수를 출력해줍니다. 잘 되는지 한번 테스트해볼까요?

1부터 시작하는 사람, 0부터 시작하는 파이썬

```
Python 3.7.1 Shell
File  Edit  Shell  Debug  Options  Window  Help
Python 3.7.1 (v3.7.1:260ec2c36a, Oct 20 2018, 14:05:16) [MSC v.1915 32 bit (Inte
l)] on win32
Type "help", "copyright", "credits" or "license()" for more information.
>>>
========= RESTART: C:/Users/f1mik/Desktop/Python/days_of_month.py =========
연도를 입력해 주세요.2019
월을 입력해 주세요.1
2019년 1월은 총 28일입니다.
>>>
========= RESTART: C:/Users/f1mik/Desktop/Python/days_of_month.py =========
연도를 입력해 주세요.2019
월을 입력해 주세요.2
2019년 2월은 총 31일입니다.
>>>
========= RESTART: C:/Users/f1mik/Desktop/Python/days_of_month.py =========
연도를 입력해 주세요.2019
월을 입력해 주세요.3
2019년 3월은 총 30일입니다.
>>>
========= RESTART: C:/Users/f1mik/Desktop/Python/days_of_month.py =========
연도를 입력해 주세요.2019
월을 입력해 주세요.12
Traceback (most recent call last):
  File "C:/Users/f1mik/Desktop/Python/days_of_month.py", line 20, in <module>
    days_of_month = days_of_months[month] # 변수 이름의 단/복수에 주의할 것
IndexError: list index out of range
>>>
```

어라? 뭔가 결과가 이상합니다. 1월을 입력했는데 날수가 28일로 나왔습니다. 2월은 31일, 3월은 30일이라고 나오고 12월을 입력했더니 아예 오류가 나왔습니다. 잘 생각해보니 1을 입력하면 2월의 날수가, 2를 입력하면 3월의 날수가 나오는 식으로 한 달씩 밀리고 있습니다. 12를 입력했을 때에는 아예 오류가 납니다.

> IndexError: list index out of range

인덱스에 관련된 오류(IndexError)가 났습니다. 리스트(list)의 인덱스(index)가 범위를 넘었다(out of range)는 내용입니다. 이 코드의 출력값은 입력값보다 한 달 많은 값을 내고 있습니다. 12를 입력했다면 13월의 날수를 요구하는 꼴이 되니 값이 12개밖에 없는 리스트의 범위를 넘었다면서 오류를 일으키는 것입니다.

파이썬, 그리고 대부분 프로그래밍 언어는 **리스트의 인덱스**가 1로 시작하지 않고 0으로 시작합니다. 즉 days_of_months 리스트에서 1월에 해당하는 날수를 가져오려면 days_of_months[1]이 아니라 days_of_months[0]으로 가져와야 합니다. 12월에 해당하는 날수는? days_of_months[11]을 가져와야 합니다. 따라서,

```
days_of_month = days_of_months[month - 1] # 변수 이름의 단/복수에 주의할 것
```

인덱스 값으로 정수값을 저장한 변수나 결과가 정수인 수식도 쓸 수 있으므로 이렇게 해주면 올바른 값을 가져옵니다. 저 줄을 고치지 않고 그 앞에서 month = month - 1로 아예 month 변수의 값을 1 빼주는 방법도 있지만 결과를 출력하거나 할 때 month를 다시 쓸 수 있으므로 변수 자체의 값을 건드리지 않고 불러올 인덱스를 month - 1로 지정하는 것이 더 낫습니다.

명심 리스트 안에 값이 n개 있다면 인덱스는 0부터 n - 1까지 있습니다. 꼭 기억해두세요.

넣고 빼고 바꾸면서 리스트 주물럭거리기

리스트는 값을 바꾸거나, 더하거나, 추가할 수 있습니다. 몇 가지 테스트를 해볼까요? **IDLE**을 열고 **편집기**까지 갈 것 없이 셸 창에서 다음의 리스트를 만들어보겠습니다.

```
Python 3.7.1 Shell
File Edit Shell Debug Options Window Help
Python 3.7.1 (v3.7.1:260ec2c36a, Oct 20 2018, 14:05:16) [MSC v.1915 32 bit (Inte
l)] on win32
Type "help", "copyright", "credits" or "license()" for more information.
>>> sandwich = ['spam', 'bacom']
>>> sandwich
['spam', 'bacom']
>>>
```

명심 위와 같이 셸에서도 변수를 정의하고 사용할 수 있습니다. 셸에서는 그냥 변수 이름만 쓰고 **엔터 키**를 쳐주면 print(sandwich)와 똑같은 효과를 냅니다.

스팸과 베이컨만으로는 샌드위치가 좀 심심할 것 같아서 달걀(egg)을 추가하려면,

```
>>> sandwich.append('egg')
>>> sandwich
['spam', 'bacom', 'egg']
```

리스트 변수 뒤에 점(.)을 찍고 이어서 append() 안에 추가하려는 데이터('egg')를 넣으면 리스트의 뒤에 붙습니다. 앞으로 변수 뒤에 점(.)을 찍고 어떤 명령이나 함수를 실행시키는 방식을 자주 보게 될 것입니다. 그 사용법은 내일(작심 3일차에) 좀 더 자세하게 이야기하겠습니다.

꼭 뒤에만 추가시킬 수 있는 것은 아닙니다. insert(), 즉 끼워넣기를 하면 됩니다. 샌드위치 가장 앞에 빵(bread)과 소시지(sausage)를 끼워넣어볼까요?

```
>>> sandwich.insert(0, 'bread')
>>> sandwich
['bread', 'spam', 'bacom', 'egg']
>>> sandwich.insert(2, 'sausage')
>>> sandwich
['bread', 'spam', 'sausage', 'bacom', 'egg']
```

리스트 변수 이름 뒤에 .insert(0, 'bread')와 같은 식으로 끼워넣을 위치와 끼워넣을 데이터를 써주면 됩니다. 위치를 0으로 지정한 'bread'는 리스트 가장 앞에 들어가고 다른 재료들이 뒤로 하나씩 밀리는 것을 볼 수 있습니다. 그 다음 'sausage'는 위치를 2로 지정했는데, 리스트의 인덱스는 0, 1, 2… 순서로 가므로 세 번째 재료인 'bacom'을 뒤로 밀어내고 그 자리에 들어갔습니다.

앗, 자세히 보면 샌드위치 안의 베이컨에 오타가 있습니다. 'bacon'이어야 하는데 리스트 안에는 베이컴('bacom')이네요. 데이터를 고쳐보겠습니다.

```
>>> sandwich.index('bacom')
3
>>> sandwich[3] = 'bacon'
>>> sandwich
['bread', 'spam', 'sausage', 'bacon', 'egg']
```

'bacom'이 있는 위치를 0, 1, 2로 세어서 확인할 수도 있겠지만 리스트가 길어지면 세기도 귀찮고, 리스트에 데이터를 넣었다 뺐다 하면 위치를 알기 어렵습니다. 이럴 때는 .index()를 사용해서 위치를 조회할 수 있습니다. sandwich.index('bacom')은 3이라는 값을 돌려주는데, 이는 0부터 시작해서 셈한 인덱스 값입니다. 만약 리스트 안에 'bacom'이 여러 개 있으면 가장 먼저 나타난 'bacom'의 인덱스를 돌려줍니다. 특정한 위치의 값을 sandwich[3] = 'bacon'처럼 바꿀 데이터의 위치를 지정해주고 대입 연산자를 사용하면 됩니다.

마지막으로, 스팸이 있으니까 소시지는 굳이 안 넣어도 될 것 같으니 샌드위치에서 빼려고 합니다.

```
>>> sandwich.remove('sausage')
>>> sandwich
['bread', 'spam', 'bacon', 'egg']
```

명심 `.remove()`에 리스트에서 빼려고 하는 데이터를 지정해주면 이를 빼줍니다. 만약 리스트에 'sausage'가 여러 개 있었다면 파이썬은 가장 먼저 나오는 'sausage' 하나만 빼줍니다.

마지막으로 샌드위치 안에 재료가 몇 개나 들어있는지 알고 싶다면,

```
>>> len(sandwich)
4
```

핵심 리스트에 데이터가 4개 있다는 것을 알 수 있습니다. `sandwich.len()`이 아니라 `len(sandwich)`라는 점에 주의하시기 바랍니다.

처음 들어본다고 해도 결코 이상하지 않을 이름, 튜플

리스트와 비슷한 것으로 **튜플**(tuple)이라는 데이터 유형도 있습니다. 앞의 코드에서,

```
days_of_months = (31, 28, 31, 30, 31, 30, 31, 31, 30, 31, 30, 31)
```

핵심 리스트를 표현할 때 쓰이는 대괄호, [] 대신 그냥 괄호 ()를 쓰면 튜플 데이터 유형이 됩니다. 리스트는 안에 들어있는 값을 바꾸거나, 추가하거나, 없앨 수 있습니다. 튜플은 한번 정의하고 나면 값을 바꿀 수 없습니다. 만약 아까 리스트에서 했던 것처럼 튜플의 값을 바꾸려고 `.append()`, `.insert()`, `.remove()` 같은 것을 쓰거나 하면 오류를 일으킵니다.

심심 튜플은 그야말로 아무것도 바꿀 수 없는 **얼음!**입니다. 그에 비해 리스트는 **땡!**인 셈입니다(얼음! 땡! 놀이를 모르신다고요? 죄송합니다). 우리의 코드에서는 `days_of_months`의 값, 즉 각 달의 날수가 바뀔 일은 없으므로 튜플을 쓰는 게 더 낫습니다.

실수로 리스트의 내용이 바뀌는 문제를 막기 위해서, 데이터가 바뀌지 않아야 하는 리스트라면 튜플을 쓰는 것이 좋습니다.

리스트를 튜플로, 튜플을 리스트로 바꿀 수도 있습니다. 어제(작심 1일차에) 정수 유형을 문자열 유형으로 바꿀 때 str()을 쓰고, 문자열 유형을 정수 유형으로 바꿀 때 int()를 썼던 것, 기억나시나요?

```
>>> frozen_sandwich = tuple(sandwich)
>>> frozen_sandwich
('bread', 'spam', 'bacon', 'egg')
```

리스트를 튜플로 바꾸려면 tuple()을 쓰면 됩니다. 출력 결과를 보면 sandwich의 데이터는 []로 둘러싸여 있었지만 튜플로 꽁꽁 얼린(?) 샌드위치, frozen_sandwich의 데이터는 튜플을 뜻하는 ()로 둘러싸여 있습니다.

반대로 튜플의 내용을 바꿔야 한다면 이런 방식으로 다른 변수를 만들면서 리스트로 전환하여 쓰면 됩니다.

```
>>> soft_sandwich = list(frozen_sandwich)
>>> soft_sandwich
['bread', 'spam', 'bacon', 'egg']
```

 한 가지 주의할 점은, tuple()이나 list()를 쓰면 원래의 튜플이 리스트로 바뀌거나, 리스트가 튜플로 바뀌는 게 아니라는 것입니다. 단지 튜플의 값을 복사한 새로운 리스트 변수, 원래 리스트의 값을 복사한 새로운 튜플 변수가 생기는 것입니다.

코드 안에 있으면서
코드는 아니지만
코드만큼 중요한 주석

그런데 아까의 코드에는 이전에 보지 못했던 '설명'이 들어가 있습니다. 아래처럼.

```
# 날짜를 입력 받는다
# 윤년을 계산한다
# 주어진 월의 날수를 구한다
# 결과를 출력한다
```

\# 기호를 앞에 붙이고 그 뒤에 설명이 나오는 곳들이 있습니다.

```
days_of_month = days_of_months[month] # 변수 이름의 단/복수에 주의할 것
```

코드의 끝에 # 기호를 붙이고 설명을 붙인 곳도 있습니다. 이런 형식의 글을 주석(comment)이라고 합니다. # 기호가 나오면 파이썬은 그 기호 뒤부터 줄 끝까지는 실행을 위한 파이썬 코드가 아니라고 여기고 무시합니다. 즉,

```
# spam = 42 + 42
```

위와 같은 줄은 내용은 파이썬 코드지만 실행은 되지 않습니다.

```
spam = 42 + 42 # I need more spam!
```

위와 같은 줄에서 # 기호 앞에 있는 spam = 42 + 42 문까지는 파이썬 코드로 실행됩니다.

다만 문자열 안에서 사용된 # 기호는 그냥 문자열의 일부로 간주합니다.

```
print('문을 열려면 비밀번호와 우물 정(#)자를 눌러주세요')
```

이와 같이 파이썬 코드에 따옴표로 둘러싼 문자열 안에 있는 # 기호는 주석으로 간주하지 않으며 따라서 문자열 전체가 정상으로 화면에 보일 것입니다.

어제(1일차에) 우리는 어떤 줄을 잠시 실행되지 않게 하려고 # 기호를 붙였지만 # 기호가 주로 쓰이는 경우는 코드 안에 메모(즉, 주석)를 달아놓고 싶을 때입니다. 주석 기능으로 코드에 메모를 해놓는 것은 좋은 프로그래밍 습관입니다. 코드가 길어질수록 변수의 양도 많아지고, 길이도 길어지므로 어떤 변수가 어떤 기능을 하는지, 어떤 부분이 어떤 기능을 하는지 까먹거나 헷갈리기 쉽습니다. 어제 프로그래밍했던 코드를 오늘 열어보면 '이게 뭐였지?' 하고 내가 짠 코드인데도 내가 헤매는 일은 흔히 있습니다. 여러 사람과 코드를 공유하거나 공동 작업을 할 때에는 말할 것도 없습니다. 그러므로 코드에 **주석을 꼼꼼하게** 달면 여러 모로 좋습니다.

또한 코드에 **빈 줄**이 있는 것도 볼 수 있는데, 코드에서 어떤 기능이 나눠진다든가, 큰 블록이 끝난다든가 하는 지점에 빈 줄을 넣으면 코드를 구분하기가 좀 더 쉬워집니다. 파이썬으로 점점 많은 일을 할수록, 코드가 점점 길어질수록, 코드를 짤 때에는 기능만이 아니라 나중에 코드를 파악하거나 고치기 쉽도록 해야 합니다. 눈으로 보기에 깔끔하고 잘 정리된 코드를 짜는 것, 정말 중요합니다.

날짜 계산 프로그램 요령 있게 얼개 짜기

지금까지 우리는 윤년을 계산하는 코드를 만들었고, 각 달의 날수를 구하는 코드도 만들었습니다. 이제 우리가 원하는 프로그램의 진짜 목적, 즉 입력 받은 어떤 날짜로부터 입력 받은 특정 기간이 되는 날짜가 언제인지(몇년 몇월 며칠인지), 기념일을 계산하는 단계로 넘어갈 때입니다.

먼저 입력 받은 날짜부터 그해의 마지막, 즉 12월 31일까지 더해나가는 코드로 시작해보겠습니다.

```
# 시작 달부터 12월까지 루프를 돌리면서 날수를 세어나간다
for month_count in range(month, 12 + 1):
    # month에 해당하는 날수를 리스트에서 가져온다
    days_this_month = days_of_months[month_count - 1]
    # TODO: ① 2월이고 윤년이면 day_of_month에 1을 더한다
    # TODO: ② days_sum에 날수를 더한다
    # TODO: ③ days_sum이 period보다 크거나 같으면 for 루프를 중단시킨다
```

range()의 끝값에는 항상 원하는 값에 1을 더해야 한다는 것에 주의하세요!

요령 있게 일하는 프로그래머들은 종종 코드의 얼개를 짜놓고, 나중에 구현해야 할 부분에 주석을 먼저 붙여줍니다. 이 때 TODO, 즉 해야 할 일(to do)이라는 태그를 앞에 붙이는 게 보통입니다. 즉 # TODO:로 시작하는 주석은 나중에 실제 코드로 바꾸어줄 부분들입니다. 실제 코드를 입력할 때에는 원 안에 숫자가 들어간 문자는 입력할 수 없을 테니까 (1), (2), (3)과 같은 식으로 입력해 두세요.

논리 연산자 가라사대. 진리표가 너희를 True, False하게 하리라

먼저 TODO ①부터 시작해보겠습니다. 이미 조건이 True일 때에만 블록을 실행하는 if를 배웠지만 이번에는 조건이 두 가지입니다. 2월이어야 하고, 윤년이어야 합니다.

leap_year에 윤년인지 여부가 저장되어 있다고 가정해봅시다. 그렇다면,

```
if leap_year:
    if month_count == 2:
        days_this_month = days_this_month + 1
```

지금까지는 이렇게 if를 두 번 써서 조건을 하나 하나씩 검사했습니다. 하지만 if를 한 번만 쓰고 두 가지 조건을 한꺼번에 검사할 수도 있습니다.

```
if month_count == 2 and leap_year:
    days_this_month = days_this_month + 1
```

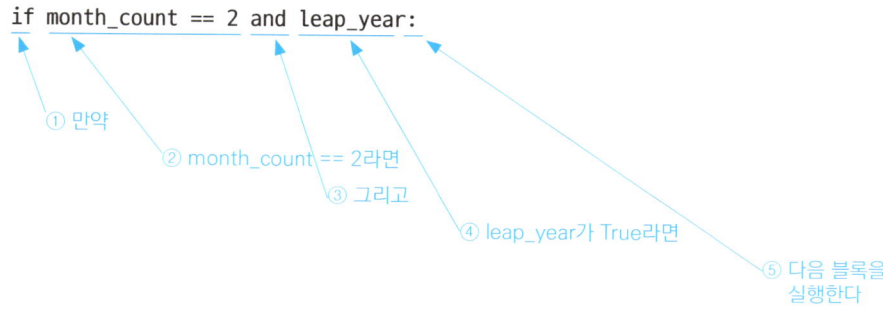

① 만약
② month_count == 2라면
③ 그리고
④ leap_year가 True라면
⑤ 다음 블록을 실행한다

 여기서 핵심은 and입니다. 즉 month_count == 2 그리고 leap_year가 모두 True일 때에만 if에 뒤따라 나오는 블록을 실행합니다. 어느 하나라도 False면 블록을 실행하지 않으며 그 뒤에 else 블록이 있으면 그 블록을 실행합니다.
if (month_count == 2) and leap_year:와 같은 식으로 괄호를 써서 좀 더 보기 쉽게 만들 수도 있습니다.

'음, and가 있으면 or도 있겠네?' 네! 그렇습니다. 만약 위에서 and 대신 or를 쓰면 month_count == 2나 leap_year 중 어느 하나만 True여도 if 다음 블록이 실행됩니다.

좀 더 파이썬다운 설명을 하자면 이들은 **논리 연산자**라고 합니다. 즉 +, * 기호처럼 연산을 해서 결괏값을 내는 연산자입니다. 혹시, 학교 수학시간에 **진리표**라는 것을 배운 기억이 나시나요?

P	Q	P and Q	P or Q
True	True	True	True
True	False	False	True
False	True	False	True
False	False	False	False

month_count == 2와 leap_year가 모두 True라면 위의 진리표에 따라 and와 or 연산 결과 모두 True입니다. 즉 if 블록이 실행됩니다. 반면 month_count == 2는 False이고 leap_year만이 True라면 위의 진리표에 따라 and 연산은 False, or 연산자는 True입니다. 즉 or 연산자일 때에만 if 블록을 실행합니다.

이제 TODO ②를 구현해봅시다. 이 부분은 상대적으로 간단합니다. 윤년까지 감안해서 날수를 계산했으므로 days_sum에 더해서 다시 days_sum에 더하면 됩니다.

```
days_sum = days_sum + days_this_month
```

그런데 이보다 더 간단한 방법도 있습니다.

```
days_sum += days_this_month
```

핵심
명심

위의 두 문은 정확하게 같은 일을 합니다. +=만 있는 게 아니라 -=, *=, /=도 있습니다. 심지어 **=, //=, %=도 됩니다. 숫자 연산을 할 때 쓰는 연산자 바로 뒤에 =를 붙이면 연산과 대입을 한방에 할 수 있습니다. 즉 **연산자 왼쪽과 오른쪽에 있는 값으로 연산을 해서 다시 왼쪽의 변수에 대입**합니다. 따라서 **왼쪽은 항상 변수**여야 합니다.

루프의 감옥을 탈출하라, break!

이제 TODO ③을 해결할 차례입니다. 12월까지 가기 전에 날수를 누적한 days_sum이 period보다 크거나 같으면 for 루프를 중단시켜야 합니다. for를 중단시킬지 여부를 결정하는 if 문을 이렇게 쓰면 될까요?

```
if (days_sum > period) or (days_sum == period):
```

days_sum > period 부분은 낯이 익습니다. 설마 <, > 부등호가 어떤 의미인지 모르시는 건 아니겠죠? 두 값이 같은지 다른지 비교하는 연산자로 ==와 != 기호를 배웠습니다. 어느 쪽이 더 큰지 작은지를 비교해서 그 결과를 True 혹은 False로 평가할 때는 <, > 부등호를 연산자로 사용합니다. 그리고 논리 연산자인 or 연산자를 썼습니다. days_sum이 period보다 크거나, 둘이 같거나 어느 한쪽만 True이면 조건을 만족하기 때문입니다. 그런데 더 간결하게 쓸 방법이 있습니다.

```
if days_sum >= period:
```

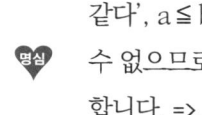

혹시 수학 시간에 ≧(≥), ≦(≤) 기호를 본 기억이 있으신가요? a ≧ b는 'a는 b보다 크거나 같다', a ≦ b는 'a는 b보다 작거나 같다'는 뜻입니다. 이 기호를 직접 키보드로 입력할 수 없으므로 풀어서 >=, <=로 씁니다. 반드시 부등호가 먼저 나오고 등호가 나와야 합니다. =>, =<는 오류를 냅니다. 수학 기호 ≧ 또는 ≦를 종이에 어떤 순서로 쓰나요? 보통은 위에 있는 >나 <를 먼저 쓰고 그 밑에 = 기호를 씁니다. 입력할 때도 이 순서대로 >=, <=로 쓰시면 됩니다. 쉽죠?

그건 그렇고, 조건을 만족했을 때 어떻게 for 루프에서 빠져나올 수 있을까요? 방법은 간단합니다.

```
if days_sum >= period:
    break
```

break는 '부수다', '깨뜨리다' 같은 의미도 있지만 '중단', '탈출' 같은 의미도 있습니다. 한때 큰 인기를 끌었던 미국 드라마 「프리즌 브레이크(Prison Break)」도 감옥(prison) 탈출, 즉 '탈옥'이라는 뜻입니다. 파이썬의 break는 현재 뺑뺑이를 돌고 있는 감옥 같은 루프 하나를 즉시 탈옥할 수 있게 해줍니다.

이제 TODO를 모두 해결한 코드를 살펴보겠습니다.

```
# 시작 달부터 12월까지 루프를 돌리면서 날수를 세어나간다
for month_count in range(month, 12 + 1):
    # 말일까지의 날수를 리스트에서 가져온다
    days_this_month = days_of_months[month_count - 1]
    # 2월이고 윤년이면 day_of_month에 1을 더한다
    if (month_count == 2) and leap_year:
        days_this_month += 1
    # days_sum에 날수를 더한다
    days_sum += days_this_month
    # days_sum이 period보다 크거나 같으면 for 루프를 중단시킨다
    if days_sum >= period:
        break
```

아직은 실행이 안 되는 코드지만 일단 한 고비는 넘은 듯합니다. 이제 달이 12까지 가서도 결과가 나오지 않을 때 연도를 올려가면서 계산을 지속하는 코드를 만들어봅시다. 헥헥….

for가 유기징역이면 while은 무기징역

연도를 올려가면서 계산하는 과정도 계속 반복을 해야 하므로 루프문이 필요합니다. for 문은 for in range(1, 100+1):처럼 처음부터 끝이 정해져 있을 때 쓰게 됩니다. 그런데 우리는 연도를 올리는 루프를 원하는 **조건을 만족할 때까지**, 즉 days_sum >= period가 True가 될 때까지는 계속 돌려봐야 하고, 언제 그때가 올지 알 수가 없습니다.

이럴 때를 대비해서 파이썬은 또 하나의 키워드를 가지고 있습니다. 바로 while입니다. while은 영어로 '… 하는 동안'이라는 뜻입니다.

영어에서 for는 주로 어떤 특정한 기간과 함께 쓰이는데 while은 주로 어떤 일이 이루어지고 있는지와 함께 쓰입니다.

> I have been in Paris **for** three years.
> 나는 3년 동안 파리에 있었다.
>
> I was sleeping **while** my wife was watching TV.
> 아내가 TV를 보는 동안 나는 자고 있었다.

파이썬에서 while은 그 뒤에 조건이 나오고, 블록의 시작을 뜻하는 쌍점(:)이 뒤따릅니다.

```
while days_sum < period:
```

구조로 보면 if와 비슷하지만 if 문은 뒤에 나오는 조건이 True면 그 다음에 나오는 블록을 딱 한 번만 실행하고 바깥으로 나가는 것이라면, while 문은 블록을 한 번 실행한 다음 다시 돌아와서 조건을 다시 평가하고, 조건이 True면 다시 블록을 실행하고 돌아와서 또 다시 조건을 평가하고… 이렇게 조건이 False가 될 때까지 계속 블록을 되풀이 실행합니다.

for도 동안, while도 동안, 내 얼굴도 동안

앞의 코드에서는 while의 조건으로 days_sum >= period가 아니라 그 반대인 days_sum < period가 쓰였습니다. days_sum >= period가 False인 동안에는 계속 while 루프를 돌아야 하기 때문입니다.

또 다른 방법은,

```
while not (days_sum >= period):
```

결과가 True나 False, 즉 불린 유형으로 평가되는 값이나 식 앞에 not(아니다)을 붙이면 결과가 뒤집힙니다. while 루프를 탈출하고자 하는 조건을 쓰고 앞에 not을 붙이면 루프를 되풀이하다가 days_sum >= period가 True가 되었을 때 그 앞의 not 때문에 while의 조건은 결과적으로 False가 되어 루프에서 벗어납니다. not 뒤의 값이나 식에 괄호를 칠 필요는 없지만 괄호를 치면 좀 더 알아보기 쉬워지므로 여기서는 일부러 괄호를 썼습니다.

그런데 while은 for와는 달리 변수의 값을 올려주는 일따위는 하지 않으므로 변수의 값을 고치거나 하려면 while 문 안의 블록에서 해야 합니다. 즉, while은 대략 이런 식으로 씁니다.

```
a = 1
total = 0
while a <= 100:
    total += a
    a += 1
print(f'1부터 {a}까지 더한 값은 {total}입니다')
```

```
Python 3.7.1 Shell                                           —   □   ×
File Edit Shell Debug Options Window Help
Python 3.7.1 (v3.7.1:260ec2c36a, Oct 20 2018, 14:05:16) [MSC v.1915 32 bit (Inte
l)] on win32
Type "help", "copyright", "credits" or "license()" for more information.
>>>
============ RESTART: C:/Users/f1mik/Desktop/Python/sum_while.py ============
1부터 101까지 더한 값은 5050입니다
>>>
```

심심 앗! 이것은! 어제(작심 1일차에) 만들었던 1부터 100까지 더하는 덧셈 프로그램과 똑같은 일을 하는군요. 어제는 for 루프를 썼지만 이번에는 while 루프로 똑같은 일을 했습니다. 맞습니다. while 루프도 잘 쓰면 for와 똑같은 일을 할 수 있습니다. 다만 for 문처럼 카운터 변수를 자동으로 1씩 올려주지는 않고 while 블록 안에 a += 1처럼 덧셈 계산을 추가해야 합니다.

```
year_count = year # 입력 받은 year 값을 카운터용 변수에 복사한다
while days_sum < period:
    for month_count in range(month, 12):
        # (날수를 세어 누적시키는 블록은 잠시 생략) …
    year_count += 1
```

명심 입력 받은 연도를 저장한 year 변수는 마지막에 '○년 ○월 ○일로부터 ○○일째 되는 날은…'과 같은 식으로 결과를 출력할 때 다시 써야 하므로 연도를 세어나갈 year_count 변수를 따로 만들어서 값을 다 입힙니다.

이 코드에는 먼저 연도를 하나씩 세어나가는 while 루프가 있고, 그 안에 for 루프가 또 들어 있습니다. while이나 for 루프도 이런 식으로 여러 겹으로 쓸 수 있습니다. 각 달의 날수를 세어 누적시키는 for 블록이 끝나면 프로그램의 흐름은 블록 바깥으로 나와서(그러나 아직은 while 루프 블록 안에 있습니다) year_count += 1로 연도를 하나 올리고, 다시 while 루프로 돌아간 다음 days_sum < period가 True이면, 즉 그 반대인 days_sum >= period가 False이면 while 루프는 계속 실행됩니다.

심심 루프를 겹쳐 썼을 때의 효과를 알아보기 위해 구구단을 쭉 출력해주는 코드를 간단히 만들어보겠습니다.

```
for egg in range(1, 9 + 1):
    print(f'== {egg}단입니다 ===')
    for bacon in range(1, 9 + 1):
        print(f'{egg} * {bacon} =', egg * bacon)
```

바깥쪽만 while 루프로 바꿔서 만들어보면,

```
egg = 1
while egg <= 9:
    print(f'== {egg}단입니다 ===')
    for bacon in range(1, 9 + 1):
        print(f'{egg} * {bacon} =', egg * bacon)
    egg += 1
```

```
Python 3.7.1 Shell
File Edit Shell Debug Options Window Help
6 * 1 = 6
6 * 2 = 12
6 * 3 = 18
6 * 4 = 24
6 * 5 = 30
6 * 6 = 36
6 * 7 = 42
6 * 8 = 48
6 * 9 = 54
== 7단입니다 ===
7 * 1 = 7
7 * 2 = 14
7 * 3 = 21
7 * 4 = 28
7 * 5 = 35
7 * 6 = 42
7 * 7 = 49
7 * 8 = 56
7 * 9 = 63
== 8단입니다 ===
8 * 1 = 8
8 * 2 = 16
8 * 3 = 24
8 * 4 = 32
8 * 5 = 40
8 * 6 = 48
8 * 7 = 56
8 * 8 = 64
8 * 9 = 72
== 9단입니다 ===
9 * 1 = 9
9 * 2 = 18
9 * 3 = 27
9 * 4 = 36
9 * 5 = 45
9 * 6 = 54
9 * 7 = 63
9 * 8 = 72
9 * 9 = 81
>>>
```

구구단이 길다보니 한 화면 안에 다 안 들어오네요. 파이썬 **셸**의 창을 스크롤해보면 1단부터 잘 출력된 것을 볼 수 있습니다.

```
egg = 1
while egg <= 9:  ①
    print(f'== {egg}단입니다 ===')  ②
    for bacon in range(1, 9 + 1):  ③
        print(f'{egg} * {bacon} =', egg * bacon)
    egg += 1  ④
```

1. ①에서 while 루프로 진입한 뒤, ②에서 구구단의 몇 단인지 화면에 표시하고 나면 ③의 for 루프로 들어갑니다.

2. for 루프 안에서는 bacon을 1부터 9까지 올려가면서 egg와 곱하고 결과를 화면에 표시합니다.

3. for 루프의 반복이 끝나면 루프 바깥의 ④로 넘어와서 egg를 1 증가시킨 후 ①로

돌아와 egg <= 9가 True인지 확인합니다. 9단을 표시하고 나면, 즉 egg가 9인 상태에서 for 루프를 돌고 나면, ④가 실행되어 egg는 10이 됩니다. ①로 돌아오면 egg > 9이므로 egg <= 9는 False가 되어 while 루프를 빠져나갈 수 있습니다.

 무한 루프를 쓸 때는 반드시 빠져나갈 방벽을 만들어놓아야 합니다. 그렇지 않으면 프로그램 실행은 끝없이 루프를 돌며 종료되지 않습니다. 만약 실수로 프로그램이 무한 루프에 빠져 종료되지 않을 때에는 비상 수단을 써야 합니다. 셸에서 Ctrl + C 키를 누르면 실행이 강제로 중단됩니다.

드디어 프로그램 완성! 그러나 끝이 아니다…

이제 각 달의 날수를 구하는 for 루프에, 연도를 세어가는 while 루프를 뒤집어씌워 보겠습니다. 내친 김에 프로그램을 실행할 수 있도록 연월일과 기간까지 입력 받고, 윤년 여부도 반영하고, 결과를 표시하는 부분까지 만들어보겠습니다. 헉헉…. 그러면 우리가 바라는 날짜 계산 프로그램을 완성할 수 있습니다!

```python
year = int(input('연도를 입력해 주세요.'))
month = int(input('월을 입력해 주세요.'))
day = int(input('일을 입력해 주세요.'))
period = int(input('며칠째 되는 날을 구하고 싶으세요?'))

# 구하고자 하는 연월일을 저장할 변수들
target_year = 0
target_month = 0
target_day = 0

days_sum = 0 # 날수를 누적할 변수

year_count = year # 연도를 셀 카운터

# 1년 중 각 달의 날수를 담은 튜플
days_of_months = (31, 28, 31, 30, 31, 30, 31, 31, 30, 31, 30, 31)
while days_sum < period:
    for month_count in range(month, 12 + 1):
        # 말일까지의 날수를 리스트에서 가져온다
        days_this_month = days_of_months[month_count - 1]
```

```python
        # 윤년을 계산한다
        leap_year = False
        if year % 4 != 0:
            leap_year = False
        elif year % 100 != 0:
            leap_year = True
        elif year % 400 != 0:
            leap_year = False
        else:
            leap_year = True
        # 2월이고 윤년이면 days_this_month에 1을 더한다
        if (month_count == 2) and leap_year:
            days_this_month += 1

        # days_sum에 날수를 더한다
        days_sum += days_this_month
        # days_sum이 period보다 크거나 같으면 for 루프를 중단시킨다
        if days_sum >= period:
            target_year = year_count
            target_month = month_count
            target_day = days_this_month - (days_sum - period)
            break
    year_count += 1

# 결과를 출력한다
print(f'{year}년 {month}월 {day}일로부터 {period}일째 되는 날은:')
print(f'{target_year}년 {target_month}월 {target_day}일입니다.')
```

날짜 계산 프로그램의 완전체가 드러나다

짠! 프로그램이 완성된 것 같습니다. 실행시켜보기 전에, 완성된 코드 안에 낯선 것들이 몇 가지 있어서 잠깐 설명하려 합니다. 먼저 우리는 지금까지 값을 입력 받은 다음, 숫자로 변환하기 위해서 이런 식으로 했습니다.

```
year = input('연도를 입력해 주세요.')
year = int(year)
```

그런데 완성 코드에서는 다음과 같이 한 줄로 합쳤습니다.

```
year = int(input('연도를 입력해 주세요.'))
```

이렇게 입력 받은 값을 곧바로 int()에 넣어서 변환하는 것도 가능합니다.

그리고

```
while days_sum < period:
```

이와 같이 while 루프를 빠져나갈 조건을 설정합니다. 조건을 이렇게 설정한 이유는 바로 다음 설명에 몰아서 하겠습니다.

이제 target_year, target_month, target_day 변수를 만듭니다.

```
# days_sum이 period보다 크거나 같으면 for 루프를 중단시킨다
if days_sum >= period:
    target_year = year_count
    target_month = month_count
    target_day = days_this_month - (days_sum - period)
    break
```

여기서 days_sum >= period라는 조건을 만족했을 때 for 루프를 중단시키는 break를 부르기 직전에 연도와 월을 복사하고, target_day에는 days_this_month(즉, 말일)에서 days_sum - period만큼을 뺍니다. 날짜 계산 알고리즘의 4번항 딱 그 부분을 구현한 코드입니다.

그런데 여기에 쓴 break는 for 루프에서 탈출하는 것이므로 while 루프에서는 탈출하지 못합니다. break는 한 번에 한 단계의 루프만 벗어나기 때문입니다. 따라서 days_sum >= period가 True일 때 for 루프만이 아니라 while 루프에서도 빠져나가서 프로그램 실행을 마무리해야 합니다.

아까 봤지만 while 루프는 days_sum보다 period가 클 때(days_sum < period), True가 되어 루프를 돌도록 되어 있습니다. 만약 for 루프 안에 있는 if 문의 조건, 즉 days_sum >= period가 True라면? 거꾸로 while의 조건인 days_sum < period는 False가 됩니다. 따라서 break가 걸리고 for 루프에서 빠져나오면 뒤이어서 while 루프에서도 빠져나오게 됩니다.

이제 코드를 파일로 저장하고 실행시켜볼까요?

오오! 연월일과 기간을 입력하니까 결과가 잘 표시됩니다. 그런데 결과를 자세히 보면 2019년 2월 5일로부터 10일째 되는 날은 '2019년 2월 10일입니다'로 나옵니다. 오잉? 2019년 2월 14일이어야 하는데 엉뚱한 결과를 내놓고 있습니다. 뭐가 잘못됐을까요?

코드를 다시 찬찬히 살펴보면, 첫 달을 계산하는 부분이 잘못되었다는 것을 발견할 수 있습니다. 첫 달의 날수를 계산할 때에는 입력 받은 날, 즉 day에서부터 말일까지의 날짜를 days_sum에 더해야 하는데 지금의 코드는 무조건 1일부터 말일까지의 날짜를 더하고 있습니다. 따라서 계산 첫 달에 한해서 day - 1만큼을 더 빼줘야 합니다. - 1이 들어가는 이유는 시작 날짜 자체도 계산에 포함하기 때문입니다.

먼저 계산 첫 달인지 여부를 저장할 변수를 while **루프 전에** 하나 만듭니다.

```python
# 계산 시작 첫 달인지 여부를 판단하는 불린 변수
first_month = True

while days_sum < period:
    for month_count in range(month, 12 + 1):
        ...
```

다음으로 days_sum에 날수를 더한 후, 첫 달이면 day – 1을 빼주는 코드를 추가합니다. 시작 날짜도 계산에 포함해야 하므로 day에 1을 더 빼줘야 합니다.

```python
# days_sum에 날수를 더한다
days_sum += days_this_month

# 계산 시작 첫 달이면 (day - 1)만큼을 뺀다
if first_month:
    days_sum -= (day - 1)
    first_month = False

# days_sum이 period보다 크거나 같으면 for 루프를 중단시킨다
if days_sum >= period:
    ...
```

days_sum -= day - 1로 해도 결과는 같지만 알아보기 쉽게 괄호를 쳤습니다. 결과를 살펴볼까요?

```
Python 3.7.1 Shell
Python 3.7.1 (v3.7.1:260ec2c36a, Oct 20 2018 14:05:16) [MSC v.1915 32 bit (Intel)] on win32
Type "help", "copyright", "credits" or "license()" for more information.
>>> 
============ RESTART: C:\Users\f1mik\Desktop\Python\d_day.py ============
연도를 입력해 주세요.2019
월을 입력해 주세요.2
일을 입력해 주세요.5
며칠째 되는 날을 구하고 싶으세요?10
2019년 2월 5일로부터 10일째 되는 날은:
2019년 2월 14일입니다.
>>> 
============ RESTART: C:\Users\f1mik\Desktop\Python\d_day.py ============
연도를 입력해 주세요.2019
월을 입력해 주세요.2
일을 입력해 주세요.5
며칠째 되는 날을 구하고 싶으세요?100
2019년 2월 5일로부터 100일째 되는 날은:
2019년 5월 15일입니다.
>>> 
============ RESTART: C:\Users\f1mik\Desktop\Python\d_day.py ============
연도를 입력해 주세요.2019
월을 입력해 주세요.2
일을 입력해 주세요.5
며칠째 되는 날을 구하고 싶으세요?500
2019년 2월 5일로부터 500일째 되는 날은:
2020년 7월 20일입니다.
>>> 
============ RESTART: C:\Users\f1mik\Desktop\Python\d_day.py ============
연도를 입력해 주세요.2019
월을 입력해 주세요.2
일을 입력해 주세요.5
며칠째 되는 날을 구하고 싶으세요?1000
2019년 2월 5일로부터 1000일째 되는 날은:
2022년 2월 2일입니다.
>>> 
```

10일째 되는 날은 이제 2019년 2월 14일로 맞는 값이 나옵니다. 그럼 100일, 500일, 1000일은 올바른 값일까요? **다음**(DAUM) 또는 **네이버**(NAVER)에서 '**날짜계산기**'를 검색하면 날짜 계산 기능을 제공하는 화면이 나옵니다. 여기서 날짜를 계산해보면 올바른 값은 다음과 같습니다.

기간	우리 프로그램의 결과	실제 값
100일	2019년 5월 15일	2019년 5월 15일
500일	2020년 7월 20일	2020년 6월 18일
1000일	2022년 2월 2일	2021년 10월 31일

100일은 결과가 제대로 나오지만 500일과 1000일은 잘못된 값이 나오고 있습니다. 1000일은 석 달 넘게 차이가 납니다. 코드에서 어디가 잘못되었을까요? 다시 코드를 '찬찬히' 살펴보면 알 수 있을까요? 알아낼 수도 있겠지만 쉽지는 않습니다.

 프로그래밍은 코드를 만드는 일이 반이고, 오류(버그)를 잡아내는 일, 즉 **디버깅이 반**이라는 말이 있습니다. 배보다 배꼽이 더 크다고, 심지어 디버깅이 더 오래 걸리는 일도 흔합니다. 어제(작심 1일차에) 보았던 TypeError나 오늘 보았던 IndexError처럼 파이썬이 '이건 오류야' 하고 가르쳐주는 버그는 알아내기 쉽습니다. **문제는 지금처럼 파이썬 기준으로는 아무 문제가 없어서 프로그램은 잘 실행되지만 계산이 잘못되었거나 알고리즘에 문제가 있어서 잘못된 결과를 낼 때**입니다. 이런 문제는 파이썬이 어디가 잘못되었는지 가르쳐주지 않기 때문에, 우리가 머리 싸매고 마치 탐정이 범인을 추적하듯이 버그를 잡아내야 합니다.

한 발자국씩 따라가 버그 잡는 셜록 홈즈의 돋보기, 디버거

우리가 생각하는 탐정의 이미지는 뭘까요? 아마 셜록 홈즈처럼 베레모에 체크 무늬 망토를 쓰고, 돋보기로 범인의 흔적을 보면서 뒤를 쫓는 모습일 것입니다. 우리에게는 범인의 흔적을 들여다볼 **돋보기**가 필요합니다. 다행히도 파이썬은 간단한 돋보기를 제공합니다.

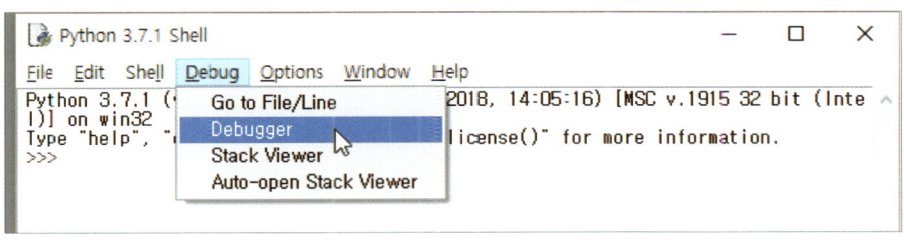

IDLE이 제공하는 파이썬 **셸**의 주 메뉴에서 **Debug → Debugger**를 선택하면 다음과 같이 **Debug Control**(디버그 컨트롤) 창이 뜹니다.

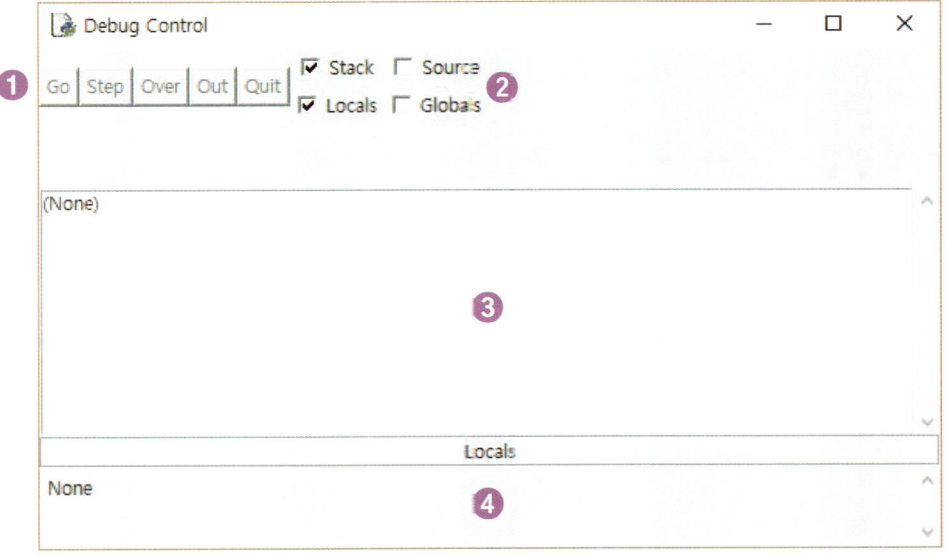

① 프로그램의 흐름을 제어할 수 있는 버튼들이 있습니다.

② ③, ④에 어떤 내용을 보여줄 것인지 설정할 수 있습니다. 다른 체크박스는 일단 신경쓰지 말고, **Source**에 **체크**하면 편집기의 소스코드에도 지금 실행 위치를 표시해줍니다.

③ **스택**(stack) 창이라고 합니다. 현재 프로그램 실행이 어느 위치에 와있는지를 보여줍니다.

④ 변수들이 지금 어떤 값을 가지고 있는지 보여줍니다. 아직 배우지는 않았지만 지역변수(Locals) 창과 전역변수(Globals) 창이 있는데, ②에서 **Locals**에만 체크했기 때문에 지금은 지역변수 창만 보입니다. 전역변수는 될 수 있으면 안 쓰는 게 좋으므로 지금 보이는 지역변수 창으로 충분합니다.

먼저 간단한 파이썬 프로그램을 가지고 디버깅 연습을 해보겠습니다. 어제 배웠던 덧셈 프로그램을 바탕으로 1부터 10까지 더하고 값을 화면에 보여주는 간단한 코드를 만들어보겠습니다.

```
total = 0
for i in range(1, 10):
    total += i
print(total)
```

이 코드를 debug.py 파일로 저장하고 프로그램을 실행시켰더니 45가 나옵니다. 원래는 55가 나와야 합니다. 이미 어디가 잘못된 건지 모두 눈치채셨겠지만 디버거를 사용해서 어디가 잘못됐는지 추적해보겠습니다. 디버거 창을 띄운 다음 프로그램을 실행시키면 아래와 같은 상태에서 45든 55든 결과가 나오지 않습니다.

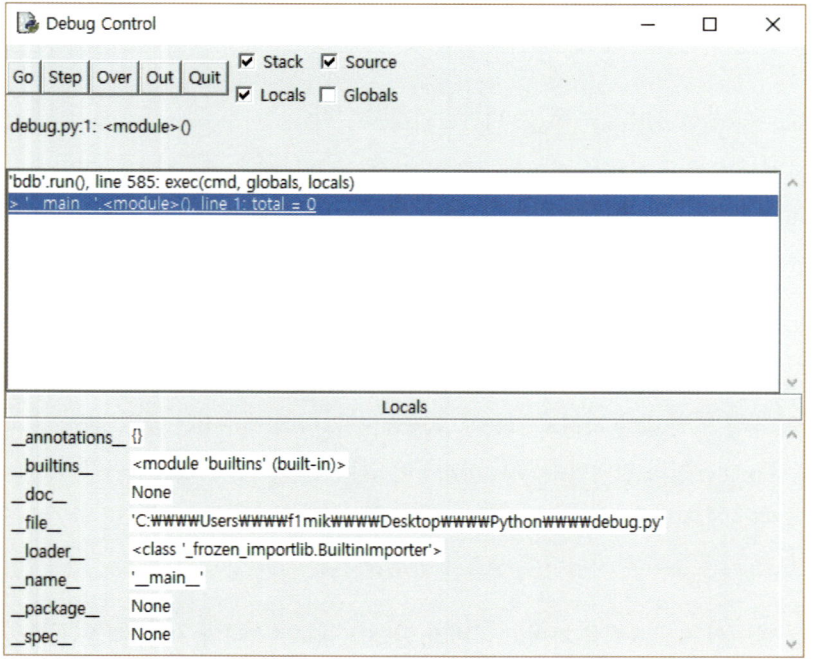

한편 아까 띄웠던 **디버거 창**(Debug Control)은 다음과 같은 모습을 보입니다.

디버거 창을 보면 지금 어느 모듈의 어느 줄을 실행할 것인지를 보여줍니다. 강조 표시가 되어 있는 줄에만 집중하면 됩니다.

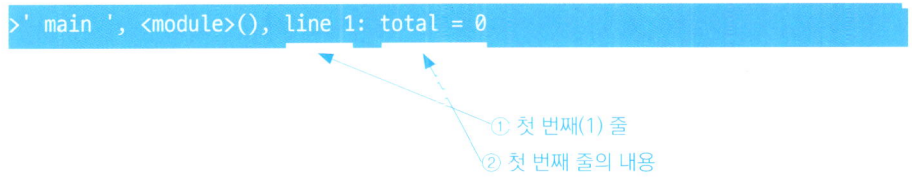

① 첫 번째(1) 줄
② 첫 번째 줄의 내용

메시지 중에서 지금은 이 두 가지에만 신경 쓰면 됩니다. 현재 프로그램의 실행이 첫 번째 줄(line 1)에 와 있으며, 첫 번째 줄의 내용은 total = 0입니다. 만약 디버거에 있는 **Source**에 체크를 했다면 편집기에도 지금 프로그램 실행이 어느 줄인지를 표시해줍니다.

```
total = 0
for i in range(1, 10):
    total += i
print(total)
```

프로그램 실행은 첫 줄에서 멈춰 있습니다.

 디버거는 기본적으로 **코드를 한 줄 한 줄씩** 실행해가면서 프로그램의 실행이 어느 위치에 있는지, 그리고 코드에서 사용하는 여러 가지 변수들의 값은 **어떤 상태인지**를 알려줍니다. 이러한 정보들을 잘 살펴보면 버그를 찾는 데 큰 도움이 됩니다. 대부분 버그는 다음과 같은 원인에서 나옵니다.

1. **변수에 잘못된 값을 대입**했을 때. 예를 들어 리스트에서 첫 값을 가져오려면 인덱스를 0으로 지정해야 하는데 실수로 인덱스를 1로 지정했을 때.

2. **잘못된 변수를 사용**했을 때. 예를 들어 nonth_count를 써야 하는데 그냥 month를 썼을 때.

3. 조건문이나 루프문의 **조건을 잘못 설정**했을 때. 예를 들어 for … in range()에서 range()의 끝값은 원래 목적한 값보다 1이 많아야 하는데 그러지 않은 경우.

디버거가 속속들이 보여주는 프로그램 실행의 은밀한(?) 속살

이제 디버거의 왼쪽 위에 있는 버튼들이 어떤 일을 하는지 알아보겠습니다. 당장은 다음의 버튼들만 쓰면 됩니다.

Go : 프로그램을 그냥 쭉 실행시킨다.
Step : 한 줄을 실행시키고 코드의 다음 줄로 간다.
Quit : 디버그를 중단한다.

Go를 누르면 그냥 프로그램을 실행했을 때처럼 결괏값을 내고 프로그램 실행이 끝납니다. 지금은 버그를 찾는 게 목적이므로 **Step**을 눌러서 한 줄 앞으로 진행합니다. 그러면 디버거의 스택 창의 `line 1`이 `line 2`로 바뀌고 그 뒤에 두 번째 줄의 내용이 나오는 게 보일 것입니다. **Source**에 체크를 해두었다면 편집기에도 두 번째 줄로 강조 표시가 옮겨가는 게 보입니다. 주의할 점은, `line 1`만 실행된 상태라는 것입니다. 즉 지금 디버거가 강조하고 있는 줄은 실행된 줄이 아니라 이제 실행할 줄을 뜻합니다.

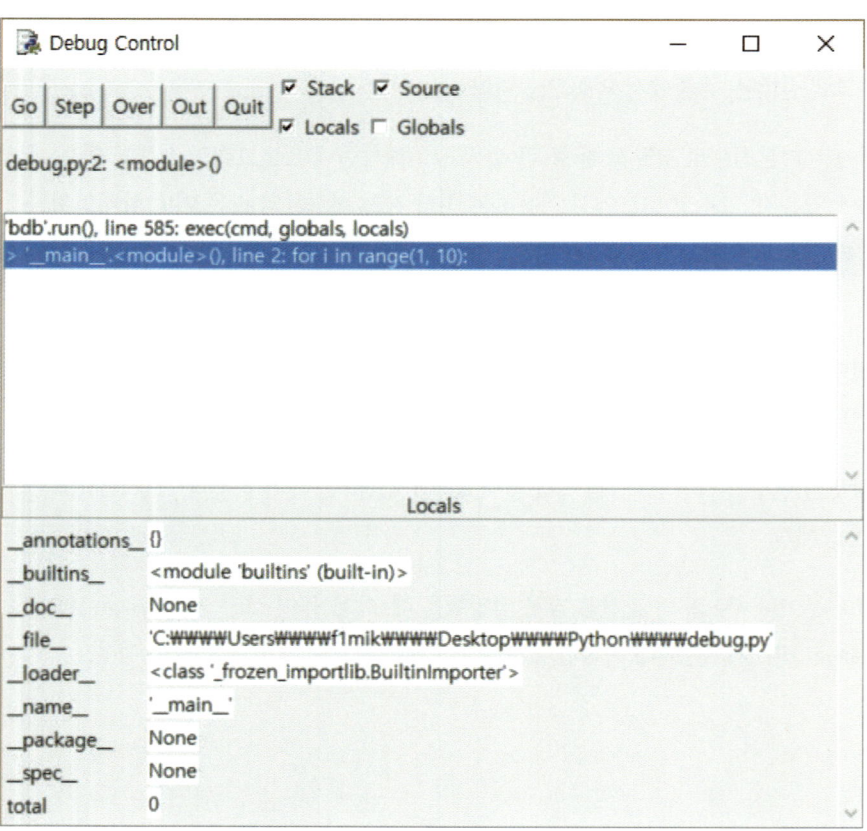

또 한 가지 변화는, local에는 아까 뭔지 모를 내용들만 잔뜩 있었는데 지금은 total이라는 변수가 목록 끝에 붙어있는 것을 볼 수 있습니다. 혹시 안 보인다면 스크롤 바를 움직여서 목록을 아래로 내려보세요.

앞 그림 맨 하단에 보이듯 total의 값은 지금 0입니다. 첫 줄에서 total = 0으로 초깃값을 대입했으므로 지금 total은 올바른 값을 가지고 있습니다. 이제 **Step** 버튼을 눌러 한 줄 더 진행합니다.

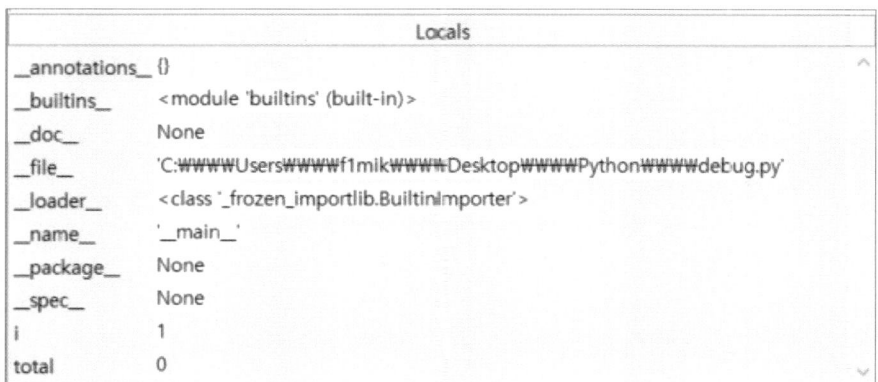

디버거의 **Locals** 창을 보면 total 말고도 for 루프의 카운터로 쓰이는 i도 추가된 것을 볼 수 있습니다. range()의 시작값이 1이므로 i에도 1이 들어가 있습니다.
다시 **Step** 버튼을 눌러봅니다. 그러면 프로그램 실행이 더 앞으로 가는 게 아니라 for 문으로 돌아가는 것을 볼 수 있습니다. **Step**을 계속 누르면 다시 다음 줄로 갔다가 for 문으로 가면서 루프를 빙빙 도는 것을 확인할 수 있습니다. 루프가 한 번 돌 때마다 i와 total의 값이 어떻게 변하는지 주의 깊게 살펴보세요.

이 코드의 목적은 1부터 10까지 더하는 것이므로 i가 10까지 가고 total에 10이 더해질 때까지 루프가 계속 돌아야 합니다. i가 9가 될 때까지 **Step**을 눌러서 프로그램 실행이 세 번째 줄, 즉 total += i에 올 때까지 진행합니다. 그러면 i는 9, total은 36일 것입니다.

프로그램 실행이 세 번째 줄에 왔다는 것은 아직 이 줄이 실행되지는 않았다는 것입니다. 즉, 아직 total += i이 실행되지 않았으므로 total에는 아직 i의 값인 9가 더해지지 않았습니다. 다시 한 번 **Step**을 누르면 프로그램 실행은 다시 for 문으로 돌아가고, total은 45로 바뀝니다. 이제 다시 한 번 **Step**을 누르면 어떤 일이 벌어질까요?

프로그램 실행은 더 이상 for 루프를 돌지 않고 결과를 출력하는 4번째 줄로 넘어갑니다. i는 9, total은 45인 상태입니다. 즉 for 루프의 끝값이 10 + 1 = 11 이어야 하는데 10으로 되어 있기 때문에 잘못된 값이 나오는 것을 확인할 수 있습니다.

디버거 진행,
스텝을 밟을 것인가,
오버할 것인가?

이제 우리가 만든 날짜 계산 프로그램에 숨어 있는 버그를 때려잡기 위해 디버거를 출동시켜보겠습니다. 다음은 지금까지 작성 중이던 코드입니다.

```
year = int(input('연도를 입력해 주세요.'))
month = int(input('월을 입력해 주세요.'))
day = int(input('일을 입력해 주세요.'))
period = int(input('며칠째 되는 날을 구하고 싶으세요?'))
```

```python
# 구하고자 하는 연월일을 저장할 변수들
target_year = 0
target_month = 0
target_day = 0

days_sum = 0 # 날수를 누적할 변수
year_count = year # 연도를 셀 카운터

# 1년 중 각 달의 날수를 담은 튜플
days_of_months = (31, 28, 31, 30, 31, 30, 31, 31, 30, 31, 30, 31)

# 계산 시작 첫 달인지 여부를 판단하는 블린 변수
first_month = True

while days_sum < period:
    for month_count in range(month, 12 + 1):
        # 말일까지의 날수를 리스트에서 가져온다
        days_this_month = days_of_months[month_count - 1]
        # 윤년을 계산한다
        leap_year = False
        if year % 4 != 0:
            leap_year = False
        elif year % 100 != 0:
            leap_year = True
        elif year % 400 != 0:
            leap_year = False
        else:
            leap_year = True
        # 2월이고 윤년이면 days_this_month에 1을 더한다
        if (month_count == 2) and leap_year:
            days_this_month += 1

        # days_sum에 날수를 더한다
        days_sum += days_this_month
        # 계산 시작 첫 달이면 (day - 1)만큼을 뺀다
        if first_month:
            days_sum -= (day - 1)
            first_month = False
        # days_sum이 period보다 크거나 같으면 for 루프를 중단시킨다
        if days_sum >= period:
            target_year = year_count
            target_month = month_count
            target_day = days_this_month - (days_sum - period)
            break
    year_count += 1

# 결과를 출력한다
print(f'{year}년 {month}월 {day}일로부터 {period}일째 되는 날은:')
print(f'{target_year}년 {target_month}월 {target_day}일입니다.')
```

디버거를 띄운 상태에서 날짜 계산 프로그램을 실행시켜봅시다. 아까처럼 첫 줄에서 프로그램 실행이 멈출 것입니다. 그런데 여기서 **Step**을 누르면 조금 이상한 일이 벌어집니다.

갑자기 새 창이 뜨면서 run.py라는 파이썬 파일을 열고 코드를 보여줍니다. 왜 이런 일이 생길까요?

사실 우리가 코드에서 쓴 input()이나 int() 같은 것들도 파이썬으로 만든 코드들입니다. 파이썬을 설치할 때, 파이썬과 함께 제공되는 많은 코드들이 있고 우리는 이 코드들을 input()이나 int() 같은 식으로 편리하게 가져다 쓸 수 있습니다. 이와 관련해서는 내일(작심 3일차에) 모듈이나 함수를 직접 만들면서 좀 더 자세하게 알아볼 것입니다.

디버거에서 **Step** 버튼을 누르면 디버거는 파이썬 코드를 한 줄 한 줄 실행하는데, input()과 같은 함수를 만나면 그 함수의 실제 코드까지 들어가서 '정말로' 한 줄 한 줄 실행합니다. 디버거 스택 창을 보면,

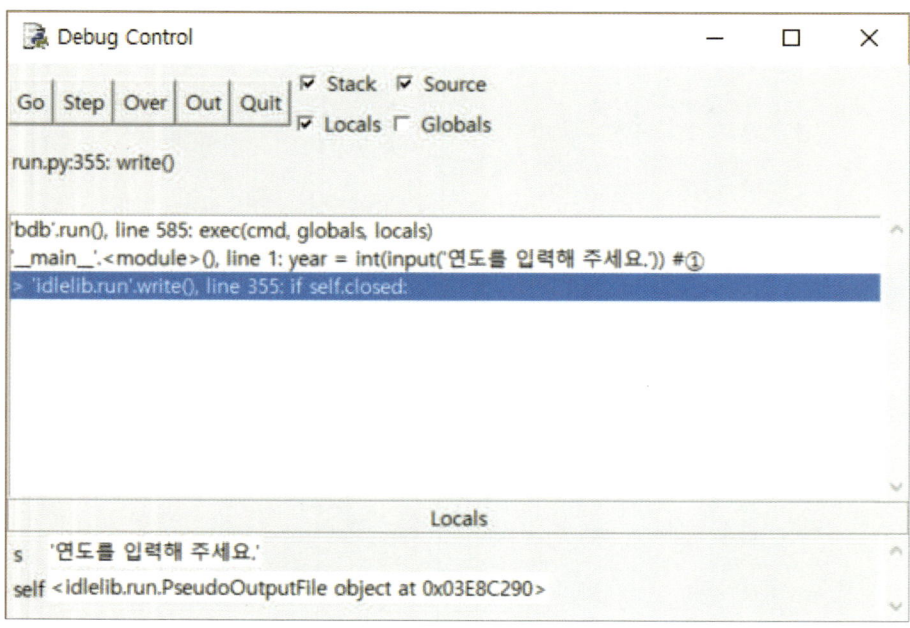

덧셈 프로그램에서 input() 함수를 불렀으며, 그 결과 run.py 파일 안 335번째 줄에 있는 write()라는 녀석을 실행하고 있는 것으로 나옵니다. 이는 input() 안에 있는 메시지인 '연도를 입력해 주세요.'를 화면에 출력(write)하기 위해서 사용됩니다.

하지만 우린 input()했을 때 파이썬 안에서 벌어지는 일들까지는 알 필요가 없습니다.

쓸데 없이 시간만 잡아먹을 뿐입니다. 아까와 같이 Step을 썼을 때는 다른 모듈이나 함수의 코드로 들어가버릴 수도 있습니다. 이때 사용할 수 있는 방법이 Over입니다.

일단 Quit 버튼을 눌러서 디버거 실행을 중단시킨 후, 다시 프로그램을 실행시킵니다. 디버거 창을 닫지 않았다면 다시 디버그 모드로 실행되어 프로그램 실행이 첫 줄에서 멈춥니다. 이번에는 Step 대신 Over 버튼을 눌러보세요. 아까와는 달리 실행이 run.py로 들어가지 않고, 파이썬 셸에 '연도를 입력하세요.'라는 메시지가 보일 것입니다. 연도를 입력하면 프로그램 실행은 다음 줄에 가서 멈춥니다.

Over는 Step과는 달리 코드 안에서 다른 함수나 모듈을 쓸 때 그 안의 코드로 들어가지 않고 그냥 **건너뛰어**(over)버립니다. 즉 실행이 이루어지고 있는 그 코드 안에 머무른 상태로 한 줄 씩 실행합니다. 따라서 우리의 이번 코드에서는 Step보다는 Over 버튼으로 한 줄씩 실행해가는 게 좋겠습니다. 지금은 오버할 시간.

즐겁게 실행하다가 그대로 멈춰라! 중단점 설정하기

이제 한 줄 한 줄 코드를 실행해가면서 연월일과 기간을 입력 받고 몇 가지 변수를 설정하고 나면, while 루프로 들어옵니다. 그런데 말입니다. 이렇게 계속 한 줄 한 줄 실행하다보면 시간이 오래 걸리고 좀 지겨워집니다. 이 루프를 서너 번 정도 돌릴 거라면 지금처럼 해도 되겠지만 이걸 100번 돌려야 한다면 어째야 할까요? 아마 Step이나 Over 버튼을 누르느라 게임할 때만큼이나 열나게 마우스 클릭을 하게 될 것 같습니다. 만약 while 블록 안의 코드가 10 줄이고 루프가 100번 돌아간다면 Step이나 Over 버튼을 1000번 눌러야 합니다.

그래서 파이썬에서는 좀 더 편리한 기능인 **중단점**(breakpoint)을 제공합니다. 파이썬을 그냥 실행시키다가 이 중단점에 오면 실행이 멈춥니다. 그러면 코드와 변수의 내용을 확인하고, 이후의 프로그램 실행은 Step이나 Over 버튼으로 한 줄씩 진행할 수도 있고 Go 버튼으로 다시 쭈욱 진행시킬 수도 있습니다.

우리의 코드에서는 어디에 중단점을 설정하는 게 좋을까요? 아까 확인해본 바로는 2019년 2월 5일로부터 100일째 되는 날은 잘 계산했지만 500일, 1000일째 되는 날은 틀리게 계산했습니다. 그렇다면 루프를 돌려가면서 날수를 계산하는 과정에 뭔가 문제가 있는 듯합니다. 날수를 더하는 for 루프가 한 번 돌 때마다 변수의 값들을 확인한다면 어쩌면 버그를 찾아낼 수 있을지도 모르겠습니다.

중단점을 설정하려면 설정하려는 줄을 **마우스 오른쪽 버튼**으로 클릭한 다음, 뜨는 메뉴에서 **Set Breakpoint**를 선택합니다. 그러면 그 줄이 노랗게 변합니다.

중단점은 원하는만큼 여러 개 만들 수 있습니다. 만들었던 중단점을 없애려면 마찬가지로 그 줄을 **마우스 오른쪽 버튼**으로 클릭한 다음, 뜨는 메뉴에서 Clear Breakpoint를 선택합니다. 그 줄을 칠하고 있던 노란색이 사라지는 것을 볼 수 있습니다.

이제 디버거에서 **Go** 버튼을 눌러봅시다. 보통 때처럼 코드 실행이 쭈욱 이루어집니다. 연월일로는 2019년 2월 5일을, 기간으로는 날짜 계산이 틀리게 나왔던 500을 입력합니다. 그리고 나면 중단점을 설정한 for 루프문에서 실행이 멈추는 것을 볼 수 있습니다. Locals 창을 보면 변수들이 어떤 값을 가지고 있는지 볼 수 있습니다.

Over 버튼을 눌러서 한 줄 더 실행해보면 이제 month_count 변수가 추가된 것을 볼 수 있습니다. for 문의 범위가 range(month, 12 + 1)이므로 month_count가 우리가 입력한 월의 값인 2를 가지고 있는 것도 확인할 수 있습니다.

Over 버튼을 계속 눌러서 루프를 한 바퀴 돌려봤을 때 별 문제는 없어보입니다. 다시 for 문으로 돌아왔을 때, 이번에는 Go 버튼을 눌러보겠습니다. 그러면 프로그램 실행이 for 문에서 멈춥니다. 제자리에 그대로 있는 것처럼 보이지만 사실은 루프를 한 바퀴 돈 것입니다. month_count의 값이 하나 늘어나 있고, 그에 따라 days_sum의 값도 늘어난 것을 볼 수 있습니다.

일단 month_count가 12, 즉 마지막 달을 가리킬 때까지 Go 버튼으로 for 루프를 돌려보겠습니다. 여기서 Over 버튼을 누르면 for 루프 안으로 들어가지 않고 for 루프가 끝나고 바로 다음에 나오는 year_count += 1로 실행이 옮겨갑니다.

디버거가 프로그램 실행이 어디에 와 있는지를 가리키는 표시는 '실행한' 줄이 아니라, '실행할' 줄을 뜻합니다. 즉, month_count 가 12인 상태에서 실행이 for 문에 멈추어 있다면, Step이나 Over를 눌렀을 때 디버거는 그 줄을 실행시킵니다. 즉 month_count가 range()로 지정한 범위 안에 있는지 봅니다. 우리는 range()의 끝값을 12 + 1로 지정했습니다. 즉 month_count가 실제 끝값인 12에 도달했으므로 루프를 빠져나옵니다. 만약 month_count가 11 또는 그 이하였다면 month_count에 1을 더하고 for 루프의 블록을 실행시켰을 것입니다.

프로그램 실행이 year_count += 1에서 멈추어 있다면 Over 버튼을 눌러서 한 줄 진행합니다. 그러면 위로 훌쩍 올라가서 while 루프에서 멈출 것입니다. 500을 입력했다면 이제 year_count 변수는 2020이 되고, days_sum은 330, period는 500이므로 days_sum < period는 True가 되어 while 루프는 계속됩니다. 즉, 그 다음 줄의 for 루프로 진행해서 다시 1월부터 날수를 누적해나가야 합니다.

Over로 한 줄 더 진행하면 for 루프에서 멈춥니다. 아직 month_count의 값은 12를 가리키고 있습니다. 다시 Over로 한 줄 더 실행시키면,

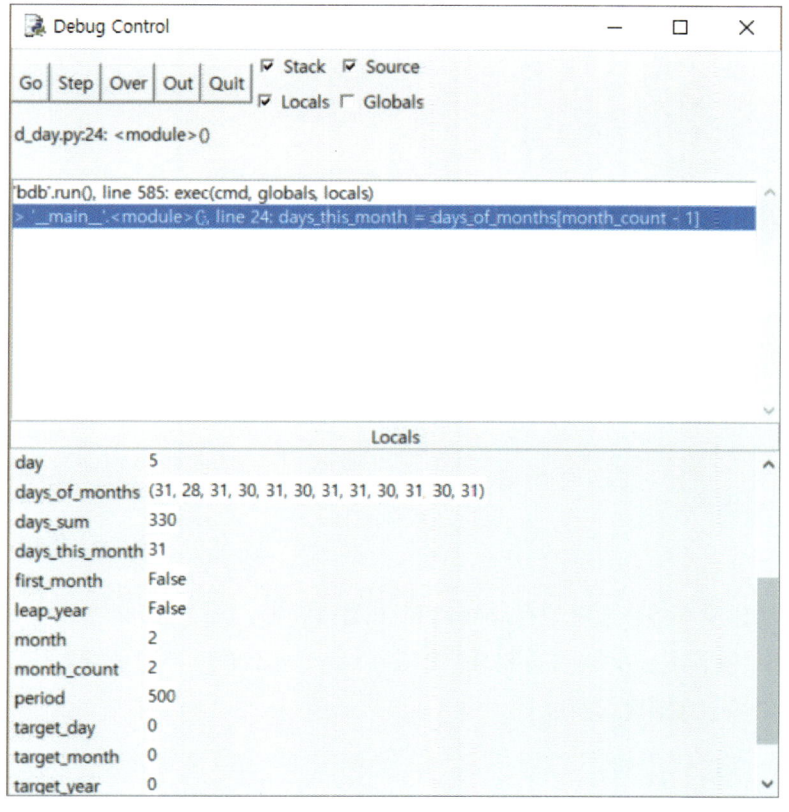

혹시 뭔가 이상한 점을 발견하셨나요? year_count가 1 올라가고 for 루프를 다시 시작하면 1월부터 날수를 누적해야 합니다. 즉, month_count는 1이 되어야 합니다. 그런데 지금 디버거의 Locals 창을 보면 month_count가 2입니다. 즉 2020년은 2월부터 날수를 누적했기 때문에 1월이 계산에서 빠졌고, 틀린 결과가 나온 것입니다.

```
for month_count in range(month, 12 + 1):
```

여기를 다시 검토해보면 범위를 range(month, 12 + 1)로 지정하고 있습니다. 계산을 시작하는 첫 해에는 입력받은 month부터 시작해야 하므로 맞지만 연도가 바뀌면 1월부터 계산해야 하는데 역시나 month부터 시작합니다. 만약 우리가 2019년 5월 5일을 시작 날짜로 입력했다면 1월부터 4월까지가 홀랑 계산에서 빠졌을 것입니다.

이 문제를 해결하려면 for 루프의 시작값을 저장할 새로운 변수를 만들 필요가 있겠습니다. 즉, 첫 해에는 month를 대입하고 이듬해부터는 무조건 1을 대입하면 문제를 해결할 수 있습니다. start_month라는 새로운 변수를 만들고 for 루프에서 range()의 시작값으로 이 변수를 사용합니다.

```
...
# 계산 시작 첫 달인지 여부를 판단하는 불린 변수
first_month = True
# 각 연도의 월 계산을 시작할 값
start_month = month

while days_sum < period:
    for month_count in range(start_month, 12 + 1):
...
```

그리고 나서 for 루프가 끝나고 연도를 1 올릴 때 start_month에 1을 대입합니다.

```
...
    year_count += 1
    start_month = 1
...
```

이렇게 하면 계산 첫 해에는 입력 받은 month부터, 이듬해부터는 1월부터 for 루프가 돌아갑니다. 3년째부터는 어차피 1을 저장하고 있는 start_month에 다시 1을 대입하는 게 낭비로 보일 수는 있지만 오히려,

```
if start_month != 1:
    start_month = 1
```

이러면 코드만 더 길어지고 if 문으로 비교하는 과정이 들어가므로 연도가 바뀔 때마다 그냥 1을 대입하는 것보다 절대 효율이 좋지 않습니다.

이렇게 하다보니까 또 한 가지 문제점을 발견할 수 있습니다. 윤년을 계산하는 코드를 보면,

```
...
    leap_year = False
    if year % 4 != 0:
        leap_year = False
...
```

이렇게 윤년 계산에 year를 사용하고 있는데, 그러면 지금 계산에 사용하고 있는 해, 즉 year_count가 몇 년이든 처음에 입력했던 year로 윤년 계산을 합니다. 2019년 2월 5일을 시작 날짜로 했다면 year_count가 윤년인 2020을 가지고 있을 때에도 윤년 계산은 윤년이 아닌 2019로 하는 문제가 생깁니다. 따라서 윤년 계산 부분에서 쓰고 있는 year를 모두 year_count로 고쳐야 합니다.

```
...
# 윤년을 계산한다
leap_year = False
if year_count % 4 != 0:
    leap_year = False
elif year_count % 100 != 0:
    leap_year = True
elif year_count % 400 != 0:
    leap_year = False
else:
    leap_year = True
# 윤년이면 day_of_month에 1을 더한다
if leap_year:
    days_this_month += 1
...
```

이렇게 변수의 이름을 헷갈려서 생기는 버그는 누구에게나 종종 일어날 수 있습니다.

수정 끝 행복 시작, 디버그를 마치고 다시 실행하다

이제 바뀐 코드를 저장하고 다시 프로그램을 실행해서 100일, 500일, 1000일을 계산해봅시다. 디버거 때문에 자꾸 실행이 멈추는 게 귀찮으면 디버거 창을 닫으세요. 파이썬 셸에 [DEBUG OFF]라는 메시지가 나오고 그 뒤로는 중단점이고 뭐고 무시하고 그냥 쭈욱 실행됩니다. 어떤 결과가 나오나요?

기간	우리 프로그램의 결과	실제 값
100일	2019년 5월 15일	2019년 5월 15일
500일	2020년 6월 18일	2020년 6월 18일
1000일	2021년 10월 31일	2021년 10월 31일

오오! 드디어 이제는 제대로 된 값을 내고 있습니다. 버그를 잘 때려잡은 것 같습니다. 우리의 코드는 이제 다음과 같습니다.

```python
year = int(input('연도를 입력해 주세요.'))
month = int(input('월을 입력해 주세요.'))
day = int(input('일을 입력해 주세요.'))
period = int(input('며칠째 되는 날을 구하고 싶으세요?'))

# 구하고자 하는 연월일을 저장할 변수들
target_year = 0
target_month = 0
target_day = 0

days_sum = 0 # 날수를 누적할 변수

year_count = year # 연도를 셀 카운터

# 1년 중 각 달의 날수를 담은 튜플
days_of_months = (31, 28, 31, 30, 31, 30, 31, 31, 30, 31, 30, 31)

# 계산 시작 첫 달인지 여부를 판단하는 불린 변수
first_month = True

# 각 연도의 월 계산을 시작할 값
start_month = month

while days_sum < period:
    for month_count in range(start_month, 12 + 1):
        # 말일까지의 날수를 리스트에서 가져온다
        days_this_month = days_of_months[month_count - 1]

        # 윤년을 계산한다
        leap_year = False
        if year_count % 4 != 0:
            leap_year = False
        elif year_count % 100 != 0:
            leap_year = True
        elif year_count % 400 != 0:
            leap_year = False
        else:
            leap_year = True
        # 2월이고 윤년이면 days_this_month에 1을 더한다
        if (month_count == 2) and leap_year:
            days_this_month += 1

        # days_sum에 날수를 더한다
        days_sum += days_this_month
```

```
            # 계산 시작 첫 달이면 (day - 1)만큼을 뺀다
            if first_month:
                days_sum -= (day - 1)
                first_month = False

            # days_sum이 period보다 크거나 같으면 for 루프를 중단시킨다
            if days_sum >= period:
                target_year = year_count
                target_month = month_count
                target_day = days_this_month - (days_sum - period)
                break
    year_count += 1
    start_month = 1

# 결과를 출력한다
print(f'{year}년 {month}월 {day}일로부터 {period}일째 되는 날은:')
print(f'{target_year}년 {target_month}월 {target_day}일입니다.')
```

프로그래밍을 직업으로 하는 사람들조차도 "**코드 짜는 시간보다 버그 잡는 시간이 더 걸린다**"는 이야기를 종종 합니다. 우리가 많이 쓰고 있는 여러 가지 프로그램들, 예를 들어 아래아한글이나 엑셀은 물론 윈도우나 스마트폰의 안드로이드 같은 운영체제 역시도 하나의 컴퓨터 프로그램인만큼 버그가 존재하고, 그래서 종종 버그를 수정한 업데이트가 이루어집니다.

 버그는 피할 수 없습니다. 다만 여러 가지 테스트를 통해서 어떤 버그가 있는지를 찾아내고, 디버거와 같은 도구들을 잘 활용해서 **버그를 때려잡는 능력**이야말로 진짜 좋은 프로그래머의 역량 중 하나라고 해도 지나치지 않습니다.

한 번 실수로
이렇게 끝낼 수는 없잖아?
예외 처리

이제 날짜 계산 프로그램을 만들었으니 '**오늘은 이만!**' 하고 작심 2일차를 마치고 싶지만, 기왕 여기까지 왔으니 프로그램을 좀 더 개선시켜보겠습니다.

지금의 코드는 시작 날짜를 입력하기 위해서 연, 월, 일을 따로 물어봅니다. 더 나아가서 월에 13을 입력한다든가 일에 40을 입력한다든가 해도 그냥 그 날짜로 계산을 진행합니다. 즉 애초에 잘못된 값을 입력해도 전혀 걸러내지 못합니다.

다른 프로그램이나 웹사이트들을 보면 날짜를 190203, 또는 20190203과 같은 방식으로 한번에 입력할 수 있게 유도합니다. 우리의 프로그램도 이렇게 입력할 수 있으면 좋을 듯합니다. 게다가 숫자가 아닌 문자를 입력하면 아래처럼 `ValueError` 오류가 일어나면서 프로그램이 그냥 중단됩니다. 잘못된 월과 일에 잘못된 값을 입력했거나, 숫자가 아닌 문자나 기호를 입력하면 프로그램이 그냥 중단되지 않고 다시 입력을 받을 수 있으면 좋겠습니다.

일단 20190203과 같은 식으로 연도는 무조건 네자릿수, 월과 일은 두 자릿수여야 하는 것으로 제한하겠습니다. 2월이면 02, 3일이면 03과 같이 0이 앞에 붙어야 합니다. 먼저 날짜 입력을 받는 첫 세 줄을 지우고 다음과 같이 한 줄을 넣습니다.

```
start_date = input('시작 날짜를 yyyymmdd 형식으로 입력해 주세요.')
```

'yyyymmdd'란 y(year, 연도), m(month, 월), d(day, 일)을 각각 몇 자리 숫자로 써야 하는가를 표시합니다. 이제 우리는 20190203과 같은 문자열을 받을 것입니다. 이제 입력 받은 값이 올바른지 확인해야 합니다.

1. 문자열은 연도 4글자 + 월 2글자 + 일 2글자 = 모두 8글자여야 합니다.

2. 이 문자열은 모두 숫자여야 합니다.

3. 월은 01~12 사이여야 합니다.

4. 일은 01부터 입력 받은 월의 말일까지여야 합니다. 이미 우리는 days_of_months 변수에 각 달별로 날수가 얼마나 되는지, 즉 말일이 며칠인지를 담고 있는 튜플을 가지고 있으니 이걸 활용하면 될 듯합니다.

1항은 쉬운 편입니다. 리스트나 튜플에 값이 몇 개나 들어있는지 알아내는 방법, 기억나시나요? len()이라는 함수입니다. 이를 문자열에도 쓸 수 있습니다. 만약 문자열의 길이가 8글자라면 len(start_date) == 8이라는 조건식은 True로 평가되어야 합니다.

그 다음, 문자열이 모두 숫자인지는 어떻게 알 수 있을까요? start_date가 모두 숫자라면 int(start_date)로 문자열에 해당하는 숫자값을 얻을 수 있을 것입니다. 숫자가 아니라면? 아까 봤던 것처럼 ValueError가 나면서 프로그램이 중단되어버립니다. 그렇지 않고 다시 입력해달라고 징징거릴 수 있다면 좋을 것입니다. 이럴 때 필요한 게 **예외**(exception) **처리**입니다.

'예외'란 프로그램이 정상으로 작동할 거라고 예상했지만 그렇지 못한 어떤 사건이 일어났을 때를 말합니다. 위의 예에서 날짜 계산 프로그램은 사용자가 당연히 숫자로 된 문자열을 입력할 것이라고 예상하고, 입력 받은 값을 int()를 사용해서 정수 유형으로 변환합니다. 하지만 숫자가 아닌 값이 들어오면 예외로 간주하고 오류를 일으킵니다.

예외가 일어나는 원인은 아주 다양합니다. 인터넷에서 데이터를 받아야 하는데 인터넷이 끊겨 있거나, 파일에 뭔가를 쓰려고 했는데 그새 다른 프로그램이 그 파일을 지워버렸다든가, 하는 별의별일들이 다 있습니다. 이럴 때 파이썬은 그냥 오류 메시지를 내버리고 프로그램을 중단시킵니다.

예외 처리는 예외가 일어났을 때 우리의 프로그램이 이에 대처하고 프로그램이 중단되는 일을 막기 위한 방법으로 사용할 수 있습니다. 예외 처리는 이러한 방식으로 사용합니다.

```
start_date = input('시작 날짜를 yyyymmdd 형식으로 입력해 주세요.')
try:
    start_date_int = int(start_date)
    print('시작 날짜로 입력 받은 값:', start_date)
except ValueError as e:
    print('다음과 같은 오류가 일어났습니다:', e)
print('프로그램의 끝입니다.')
```

이 코드를 파일로 저장한 뒤 실행시키고, 숫자가 아닌 문자를 입력해보면 이런 모습을 볼 수 있습니다.

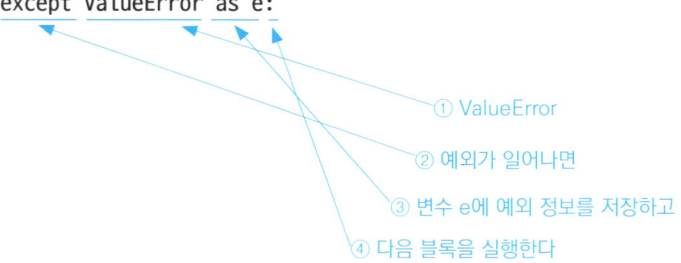

안심하고
try:합시다.
except:가 있으니

먼저 예외가 일어날 것으로 예상하는 부분을 try:로 시작하는 블록 안에 넣습니다. try가 '시도하다'란 뜻인 건 아시죠? 그 다음 예외가 일어났을 때 실행할 코드는 except:로 시작하는 블록 안에 넣습니다. 위의 실행 결과에서 볼 수 있듯이, 만약 try: 안의 블록, 즉 입력 받은 값을 int()를 사용해서 정수 유형으로 변환하는 과정에서 ValueError 오류가 일어나면 프로그램의 실행은 except:로 넘어갑니다.

```
except ValueError as e:
```

① ValueError
② 예외가 일어나면
③ 변수 e에 예외 정보를 저장하고
④ 다음 블록을 실행한다

파이썬은 변수 e에 ValueError의 정보를 저장합니다. e를 그대로 print() 안에 넣고 출력해보면 try… except…를 쓰기 전, ValueError 오류가 나면서 프로그램이 중단되었을 때 나왔던 메시지와 비슷한 invalid literal for int() with base 10: 메시지를 볼 수 있습니다. int()를 써서 10진수(base 10)로 바꾸기에 유효하지 않은(invalid) 리터럴이라는 메시지입니다. 즉 숫자로 바꿀 수 없다는 얘기입니다.

굳이 e의 정보가 필요치 않다면 ③은 생략하고 그냥 except ValueError:로 하면
됩니다. 물론 이렇게 하면 뒤에 따라오는 블록에서 변수 e는 쓸 수 없습니다. 그리고
예외가 일어났을 때와 그렇지 않을 때 어떤 부분이 실행되고 실행되지 않는지도
눈여겨볼 필요가 있습니다. 정상일 때와 ValueError 오류가 났을 때 코드가 실행되는
순서는 각각 다음과 같습니다.

```
try:
    start_date_int = int(start_date)              정상  ValueError
    print('시작 날짜로 입력 받은 값:', start_date)   ①     ①
except ValueError as e:                            ②
    print('다음과 같은 오류가 일어났습니다:', e)            ②
print('프로그램의 끝입니다.')                                ③
                                                  ③     ④
```

예외가 일어나든 그렇지 않든, 마지막에 print('프로그램의 끝입니다.') 문은
실행됩니다. try… except…를 쓰기 전에는 예외가 일어나면 메시지를 내고 중단되어
버리지만 except로 예외를 처리하면 프로그램 실행이 중단되지는 않습니다. 그러므로
주의해야 합니다.

프로그램 실행이 중단되지 않았지만 여전히 start_date는 잘못된 입력 값을 가지고
있습니다. 따라서 이 변수를 그냥 사용하려고 하면 다시 어딘가에서 오류가 터질
것입니다. 다시 입력을 받거나, start_date를 쓰지 않거나, 프로그램을 좀 더 우아한
방법으로 끝내든가 하는 식으로 예외가 일어난 원인을 해결해야 합니다.

우리는 다시 입력 받는 방법으로 문제를 해결해보겠습니다. 즉, 입력값이 올바르지
않으면 다시 첫 줄로 돌아가서 입력을 받는 것입니다. 바꿔 말하면 '어떤 조건을 만족할
때까지 똑같은 일을 되풀이한다.'는 건데… 왠지 while이 생각나는 시간입니다.

하지만 좀 문제가 있습니다. while은 처음에 조건을 평가해서 루프를 돌릴지 말지를
결정하지만, 지금은 루프문 안에서 입력을 받아서 검증한 다음에 입력을 다시 받을지
말지를 정해야 합니다. 즉 루프가 시작되고 그 안에서 조건을 평가해야 합니다.

앞에서도 살펴봤지만 이럴 때 쓸 수 있는 방법 중 하나가 '무한 루프'입니다. 만약에,
while을 True로 하면 while은 언제까지나 루프를 돌립니다. 이렇게 해놓고 루프 안의
블록에서 조건을 평가하여 break로 탈출하는 것입니다. 그러니까 시작 날짜를 입력을
받는 부분을 이렇게 고쳐볼 수 있겠습니다.

```
# 시작 날짜를 입력 받는다
while True:
    start_date = input('시작 날짜를 yyyymmdd 형식으로 입력해 주세요.')

# 문자열을 숫자로 바꿀 수 있는지 확인한다
    try:
        start_date_int = int(start_date)
    except ValueError:
        print('입력값이 숫자가 아닙니다.')
        continue

    # 문자열 길이는 8글자여야 한다
    if len(start_date) != 8:
        print('입력값은 8자리 숫자여야 합니다.')
        continue
    break

period = int(input('며칠째 되는 날을 구하고 싶으세요?'))
…
```

여기서 continue라는 키워드가 등장합니다. ValueError 오류가 일어나면 '입력값이 숫자가 아닙니다'라는 문자열을 출력한 다음, 다시 루프의 처음으로 돌아가서 입력을 받아야 합니다. 그런데 except 블록이 끝나면 그냥 다음 줄로 넘어가므로 break가 실행되어 루프를 빠져나갑니다. continue를 쓰면 그 자리에서 프로그램 실행이 루프의 시작 줄, 즉 while True:로 돌아갑니다.

continue는 '계속'이라는 뜻이라서 좀 안 맞을 수는 있는데, 미국 드라마에서 한 회가 끝날 때 다음 회에 계속이라는 뜻으로 'To be continued…'라는 메시지가 나오는 것을 떠올려보세요. 그러니까 continue를 지금 루프는 끝나고 '다음 루프에 계속…'하는 정도로 생각해도 될 듯합니다. 그럼 설명을 계속….

문자열을 얇게 저며서 슬라이스로 씹어먹어보자

이제 문자열로부터 연월일을 뽑아내는 일을 해보겠습니다. start_date_int 변수를 사용하지 않고 start_date 변수를 조각내어 정수 유형으로 변환한 후 year, month, day 변수에 저장할 것입니다. 문자열을 다루는 몇 가지 함수를 알 필요가 있습니다.

문자열(string)이란 사실, **문자**(character)가 순서대로 늘어서 있는 **데이터**를 뜻합니다. 'Python'이라는 문자열은 P, y, t, h, o, n 이렇게 여섯 개 문자로 이루어져 있습니다. 달리 생각해보면 문자를 값으로 가지는 리스트? 혹은 튜플로 생각해도 되지 않을까요? 문자열 유형은 값을 바꿀 수 없는 튜플 중에서도 조금 특수한 유형인 셈입니다.

즉, 파이썬 셸에서 다음과 같이,

```
>>> spam = '맛있다!'
>>> spam[0]
'맛'
```

문자열을 변수에 저장하고 튜플처럼 인덱스 0을 주면 첫 번째 문자인 '맛'을 출력합니다. 이런 식으로 인덱스에 값을 넣어서 원하는 위치의 글자를 가져올 수 있습니다. 그렇다면 끝 글자를 가져오려면 어떻게 하면 좋을까요? 이미 글자 수를 알고 있을 수도 있지만 사용자로부터 입력을 받을 때와 같이 미리 알 수 없는 경우가 있습니다.

일단 len()을 써서, spam[len(spam) - 1]이라고 하는 방법도 있습니다. len(spam)은 4이므로 spam[4 - 1], 즉 spam[3]입니다. 인덱스는 0부터 시작한다는 점에 항상 주의해야 합니다. 그런데 더 간단한 방법도 있습니다.

```
>>> spam[-1]
'!'
```

인덱스에 음수값을 주면 뒤에서부터 위치를 세어 나갑니다. 끝에서 세 번째 문자를 가져오고 싶다면 spam[-3]이라고 하면 되겠네요. 양수일 때와는 달리 음수일 때에는 인덱스가 -1부터 시작합니다. 0이 가장 첫 문자를 가리키기 때문에 어쩔 수가 없습니다. (외우세요! 잘 기억해두세요.)

문자열에서 **음수 인덱스**를 쓸 수 있다면 '리스트나 튜플에서도 쓸 수 있는 건가?' 싶을 수도 있습니다. 네, 맞습니다. 쓸 수 있습니다.

```
>>> days_of_months = (31, 28, 31, 30, 31, 30, 31, 31, 30, 31, 30, 31)
>>> days_of_months[-2]
30
```

인덱스를 사용해서 값을 하나씩 가져오는 것은 쉽습니다. 문제는 여러 개를 가지고 와야 할 때입니다. 예를 들어 시작 날짜로 20190205를 입력 받았다면, 2019, 02, 05 이렇게 세 조각으로 쪼개야 합니다. 각 조각은 네 글자 + 두 글자 + 두 글자입니다.

이렇게 특정한 범위의 글자들을 가져오고 싶은데 어쩌면 좋을까요? **슬라이스**(slice)를 쓰면 됩니다.

슬라이스란 '얇게 저민다'는 뜻입니다. 슬라이스 치즈와 같이, 우리가 종종 쓰는 단어입니다. 시작 날짜에서 연도 부분은 첫 네 글자입니다. 이렇게 가져와봅시다.

```
>>> start_date = '20190205'
>>> start_date[0:3]
'201'
>>> start_date[0:4]
'2019'
```

 우리는 어제(작심 1일차에) range()에서 끝값은 우리가 원하는 끝값보다 1이 많아야 한다고 배웠습니다. 슬라이스도 마찬가지입니다. 대괄호 안에 **시작값:끝값** 형식으로 범위를 표시하는데, 인덱스 0부터 인덱스 3까지를 가져오기 위해서 start_date[0:3]을 쓰면 첫 세 글자만 가져옵니다. 끝값을 하나 많게 해야 우리가 원하는 부분을 가져올 수 있습니다. (외우세요, 이것도. 잘 기억해두세요.)

슬라이스를 알았으니 월과 일 부분을 가져오는 것도 어렵지 않겠습니다.

```
>>> start_date[4:6]
'02'
>>> start_date[6:]
'05'
```

그런데 일 부분을 뽑아오는 슬라이스는 시작값만 있고 끝값이 없습니다. 이렇게 슬라이스를 지정하면 시작값의 인덱스 위치부터 문자열 끝까지를 가져옵니다. 반대로,

```
>>> start_date[:4]
'2019'
```

시작값을 생략하면 문자열 처음부터 지정하는 값(정확히는 **표시된 값 - 1**)까지 가져옵니다.

음수 인덱스 값은 안 될 게 뭐가 있을까요? 여기서도 통합니다. 파이썬은 열일하고, 사람은 머리를 써야 합니다.

```
>>> start_date[4:-2]
'02'
```

이제 덧셈 프로그램의 입력값을 쪼개서 각각 year, month, day에 저장해봅시다.

```
...
# 문자열 길이는 8글자여야 한다
if len(start_date) != 8:
    print('입력값은 8자리 숫자여야 합니다.')
    continue

# 날짜를 연월일로 나눠서 저장한다
year = int(start_date[:4])
month = int(start_date[4:6])
day = int(start_date[6:])
break

period = int(input('며칠째 되는 날을 구하고 싶으세요?'))
...
```

프로그램을 실행해보면 이제 시작 날짜를 한번에 입력할 수 있고 파이썬은 이를 바탕으로 날짜를 계산할 것입니다.

혹시 리스트나 튜플도 슬라이스로 일부를 가져올 수 있나요? 당근입니다, 아니 물론입니다.

```
>>> days_of_months = (31, 28, 31, 30, 31, 30, 31, 31, 30, 31, 30, 31)
>>> days_of_months[2:5]
(31, 30, 31)
```

이렇게 3월(인덱스로는 2)부터 5월까지, 봄철 석 달의 날수를 가져올 수 있습니다. **튜플을 슬라이스하면 튜플을** 얻게 되고, **리스트를 슬라이스하면 리스트를** 얻습니다.

잘할 때까지 계속 입력받는 코드

그러나 아직 한 가지 할 일이 더 있습니다. 지금은 month가 13이어도, day가 32여도 그냥 날짜를 계산합니다. **잘못된 값이 들어왔을 때** 입력을 다시 받는 것까지 해보겠습니다.

month는 1부터 12까지 범위가 고정되어 있지만 day는 month에 따라서 달라집니다. 따라서, 다음과 같이 월과 일의 값을 체크하는 코드를 추가합니다.

```
...
# 날짜를 연월일로 나눠서 저장한다
year = int(start_date[:4])
month = int(start_date[4:6])
day = int(start_date[6:])

# 월은 1부터 12 사이여야 한다
if month < 1 or month > 12:
    print('월은 1부터 12 사이여야 합니다.')
    continue
# 일은 1부터 days_of_months[month] 사이여야 한다
elif day < 1 or day > days_of_months[month - 1]:
    print(f'{month}월은 1일부터 {days_of_months[month - 1]}일까지 있습니다.')
    continue

break
...
```

개선을 반복하다보면 어느새 프로그램이 완성된다

month가 1~12의 범위를 넘으면 다시 입력을 받지만 month가 범위 안에 있으면 day를 검증하는 과정에서 NameError가 일어납니다. 내용을 보면 days_of_month라는 이름(name)이 정의되지 않았다(not defined)고 하네요. days_of_month 튜플은 입력값이 맞는지 확인하는 코드보다 아래에 있습니다. 즉, 코드에 어떤 변수가 정의되어 있다고 해도, 그보다 앞에서 이 변수를 쓰려고 하면 '아직' 변수가 정의되지 않았으므로 오류를 일으킵니다. 따라서 days_of_month 튜플을 앞으로 옮겨야 합니다. 아예 그냥 첫 줄로 옮겨도 됩니다.

이제 입력 받은 부분을 개선한 코드를 다시 살펴보겠습니다. 아예 **기간**(period)도 숫자인지 여부를 검증해보도록 하죠.

```
# 1년 중 각 달의 날수를 담은 튜플
days_of_months = (31, 28, 31, 30, 31, 30, 31, 31, 30, 31, 30, 31)
```

```python
# 시작 날짜를 입력 받는다
while True:
    start_date = input('시작 날짜를 yyyymmdd 형식으로 입력해 주세요.')
    # 문자열을 숫자로 바꿀 수 있는지 확인한다
    try:
        start_date_int = int(start_date)
    except ValueError:
        print('입력값이 숫자가 아닙니다.')
        continue
    # 문자열 길이는 8글자여야 한다
    if len(start_date) != 8:
        print('입력값은 8자리 숫자여야 합니다.')
        continue

    # 날짜를 연월일로 나눠서 저장한다
    year = int(start_date[:4])
    month = int(start_date[4:6])
    day = int(start_date[6:])
# 월은 1부터 12 사이여야 한다
    if month < 1 or month > 12:
        print('월은 1부터 12 사이여야 합니다.')
        continue
# 일은 1부터 days_of_months[month - 1] 사이여야 한다
    elif day < 1 or day > days_of_months[month - 1]:
        print(f'{month}월은 1일부터 {days_of_months[month - 1]}일까지 있습니다.')
        continue

    break

# 기간을 입력 받는다
while True:
# 문자열을 숫자로 바꿀 수 있는지 확인한다
    try:
        period = int(input('며칠째 되는 날을 구하고 싶으세요?'))
    except ValueError:
        print('입력값이 숫자가 아닙니다.')
        continue

break

# 구하고자 하는 연월일을 저장할 변수들
target_year = 0
target_month = 0
target_day = 0

days_sum = 0 # 날수를 누적할 변수
```

```python
year_count = year  # 연도를 셀 카운터

# 1년 중 각 달의 날수를 담은 튜플
days_of_months = (31, 28, 31, 30, 31, 30, 31, 31, 30, 31, 30, 31)

# 계산 시작 첫 달인지 여부를 판단하는 불린 변수
first_month = True
# 각 연도의 월 계산을 시작할 값
start_month = month

while True:
    for month_count in range(start_month, 12 + 1):
        # 말일까지의 날수를 리스트에서 가져온다
        days_this_month = days_of_months[month_count - 1]

        # 윤년을 계산한다
        leap_year = False
        if year_count % 4 != 0:
            leap_year = False
        elif year_count % 100 != 0:
            leap_year = True
        elif year_count % 400 != 0:
            leap_year = False
        else:
            leap_year = True
        # 2월이고 윤년이면 day_of_month에 1을 더한다
        if (month_count == 2) and leap_year:
            days_this_month += 1

        # days_sum에 날수를 더한다
        days_sum += days_this_month
        # 계산 시작 첫 달이면 (day - 1)만큼을 뺀다
        if first_month:
            days_sum -= (day - 1)
            first_month = False

        # days_sum이 period보다 크거나 같으면 for 루프를 중단시킨다
        if days_sum >= period:
            target_year = year_count
            target_month = month_count
            target_day = days_this_month - (days_sum - period)
            break

    year_count += 1
    start_month = 1
```

```
# 결과를 출력한다
print(f'{year}년 {month}월 {day}일로부터 {period}일째 되는 날은:')
print(f'{target_year}년 {target_month}월 {target_day}일입니다.')
```

이제야 만족스럽게 작심 2일차인 오늘을 마칠 수 있을 것 같습니다. 그런데 말입니다… 저… 사실은 말입니다, 그게….

다음과 같은 코드를 실행하면 우리가 오늘 하루 종일 머리 싸매고 만든 프로그램보다 훨씬 짧으면서도 똑같은 일을 합니다. 그 원리는 내일(3일차에) 설명할 예정입니다.

```
from datetime import date, datetime, timedelta

# 시작 날짜를 입력 받는다
while True:
    start_date = input('시작 날짜를 yyyymmdd 형식으로 입력해 주세요.')
    try:
        start_date = datetime.strptime(start_date, '%Y%m%d')
    except ValueError:
        print('날짜의 형식이 잘못되었거나 유효하지 않은 날짜입니다.')
        continue

    break

# 기간을 입력 받는다
while True:
# 문자열을 숫자로 바꿀 수 있는지 확인한다
    try:
        period = int(input('며칠째 되는 날을 구하고 싶으세요?'))
    except ValueError:
        print('입력값이 숫자가 아닙니다.')
        continue

    break

target_date = start_date + timedelta(days=period - 1)

# 결과를 출력한다
print(f'{start_date.year}년 {start_date.month}월 {start_date.day}일로부터 {period}일째 되는 날은:')
print(f'{target_date.year}년 {target_date.month}월 {target_date.day}일입니다.')
```

이 코드는 심지어 기능적으로는 더 낫기까지 합니다. 우리가 오늘 만든 프로그램은 기간을 음수로 입력하면 0년 0월 0일로 결과를 내지만 위 코드는 음수로 입력한 기간까지도 계산해냅니다.

작심 2일차에
당신이 힘들게 배운
대단한 것들

방금 마지막 코드에서 본 것과 같이 '쉽고 간단하게'(?) 할 수 있는 것을 오늘 하루 종일 낑낑대면서 별짓 다 했습니다. 그래도 오늘 하루 동안 우리는 이런 것들을 배웠습니다. 다시 말씀드리지만 엄청난 하루였습니다. 뿌듯해 하셔도 좋습니다.

- 내 PC에 파이썬 제대로 설치하기
- 불린 데이터 유형
- 날짜 계산 알고리즘
- 윤년 계산 알고리즘
- 리스트와 튜플 유형
- if, else, elif와 같은 조건문
- and, or를 비롯한 논리 연산자
- 다중 블록(블록 안에 블록 넣기)
- while 루프문, break로 탈출하고 continue로 루프 시작으로 돌아가기
- 디버거 사용법
- 예외 처리
- 문자열 인덱스 및 슬라이스(리스트와 튜플에서도 쓸 수 있음)

작심 3일차인 내일은, 방금 마지막에 구경한 코드처럼 수십 줄의 코드를 한두 줄로 해결하게 만들어주는 마법의 원천인, 모듈과 함수에 관해서 좀 더 알아보고 다양하게 써볼 것입니다. 기대하세요!

당신은, 파이썬의 도… 를 아십니까?

아래 그림처럼 파이썬 셸에서 import this라고 입력해보면, 뭔가 시(詩)와 같은 문구들이 좍 나옵니다.

```
Python 3.7.1 Shell
File Edit Shell Debug Options Window Help
Python 3.7.1 (v3.7.1:260ec2c36a, Oct 20 2018, 14:05:16) [MSC v.1915 32 bit (Inte
l)] on win32
Type "help", "copyright", "credits" or "license()" for more information.
>>> import this
The Zen of Python, by Tim Peters

Beautiful is better than ugly.
Explicit is better than implicit.
Simple is better than complex.
Complex is better than complicated.
Flat is better than nested.
Sparse is better than dense.
Readability counts.
Special cases aren't special enough to break the rules.
Although practicality beats purity.
Errors should never pass silently.
Unless explicitly silenced.
In the face of ambiguity, refuse the temptation to guess.
There should be one-- and preferably only one --obvious way to do it.
Although that way may not be obvious at first unless you're Dutch.
Now is better than never.
Although never is often better than *right* now.
If the implementation is hard to explain, it's a bad idea.
If the implementation is easy to explain, it may be a good idea.
Namespaces are one honking great idea -- let's do more of those!
>>>
```

제목은 **The Zen of Python**입니다. Zen이란 선(禪)을 뜻하는 말인데, 명상을 중시하는 선종 불교, 또는 그 명상을 뜻하는 말입니다. '파이썬의 명상' 쯤으로 해석할 수도 있겠지만 시의 내용을 보면 '파이썬의 도(道)'로 해석하는 게 더 나을 듯합니다. 그렇다고 길거리에서 "도를 아십니까?" 어쩌고 하는 그런 종류의 도는 아니고요.

세상에는 정말 많은 프로그래밍 언어가 있습니다. 이들 언어는 각자 특징이 있고, 철학이 있습니다. 파이썬도 마찬가지여서 그 나름대로의 철학이 있고, 그에 따라 설계한 언어입니다. 파이썬이 추구하는 철학을 정리한 게 The Zen of Python입니다.

Beautiful is better than ugly.
아름다운 게 추한 것보다 낫다.

Explicit is better than implicit.
명시적인 게 암시적인 것보다 낫다.

Simple is better than complex.
단순한 게 복잡한 것보다 낫다.

Complex is better than complicated.
복잡한 게 난잡한 것보다 낫다.

Flat is better than nested.
평면적인 게 중첩된 것보다 낫다.

Sparse is better than dense.
널널한 게 빽빽한 것보다 낫다.

Readability counts.
가독성은 중요하다.

Special cases aren't special enough to break the rules.
특별한 경우란 규칙을 깰 만큼 특별하지 않다.

Although practicality beats purity.
그러나 실용성은 순수성을 이긴다.

Errors should never pass silently.
오류는 결코 조용히 넘어가서는 안 된다.

Unless explicitly silenced.
명확한 이유로 침묵하는 게 아니라면.

In the face of ambiguity, refuse the temptation to guess.
모호함과 마주쳤다면 대충 넘어가려는 유혹을 떨쳐내라.

There should be one - and preferably only one - obvious way to do it.
무슨 일이든 올바른 한 가지 - 단 한 가지이면 더 좋다 - 확실한 방법이 있다.

Although that way may not be obvious at first unless you're Dutch.
그러나 당신이 네덜란드인이 아니라면 처음에는 확실해 보이지 않을 수도 있다.

Now is better than never.

지금 하는 게 아예 안 하는 것보다 낫다.

Although never is often better than *right* now.

그러나 아예 안 하는 게 지금 *당장*보다 나을 때도 종종 있다.

If the implementation is hard to explain, it's a bad idea.

구현한 것을 설명하기 힘들다면 좋지 않은 아이디어일 것이다.

If the implementation is easy to explain, it may be a good idea.

구현한 것을 설명하기 쉽다면 좋은 아이디어일 수도 있다.

Namespaces are one honking great idea - let's do more of those!

네임스페이스는 끝내주게 멋진 아이디어다 - 더 많이 쓰자!

네임스페이스처럼 이 책에서는 다루지 않는 개념도 있지만, 몇 가지 구절은 깊이 음미하고 파이썬 코드를 만들 때 따라가려고 노력해볼 가치가 충분합니다. 어떤 구절인지 살펴볼까요?

아름다운 게 추한 것보다 낫다, 가독성은 중요하다

파이썬은 영어권 사용자가 볼 때에는 영어 문장처럼 자연스럽게 읽히는 부분이 많습니다. 사실 다른 프로그래밍 언어들 중에는 기호를 쓰는 것들이 많습니다. 파이썬에서는 논리 연산자로 and, or 같은 단어를 쓰지만 C나 **자바** 같은 언어는 &&, || 같은 기호를 씁니다. 기호에 아주 익숙한 프로그래머들이라면 그 편을 더 좋아할지 모르지만 우리들에게는 파이썬이 좀 더 우아해 보이고 가독성도 좋습니다. 또한 블록을 반드시 들여쓰도록 하는 규칙도 가독성에 도움이 됩니다.

코드를 만들 때 될 수 있으면 아름답고 가독성이 좋은 코드를 짜는 게 좋습니다. 좀 귀찮더라도 필요한 부분에 주석을 달거나, 단락과 단락 사이에 빈 줄을 넣듯이 코드에서 어떤 기능이 끝나고 다른 기능으로 넘어갈 때 빈 줄을 하나 넣으면 가독성에 도움이 됩니다. 한 줄을 지나치게 길게 쓰지 않는 것도 코드를 아름답고 가독성 좋게 만듭니다.

명시적인 게 암시적인 것보다 낫다, 모호함과 마주쳤다면 대충 넘어가고 싶은 유혹을 떨쳐내라

변수나 함수의 이름을, 어떤 일을 하는지 알기 쉽도록 의미 있게 붙이는 것, 필요한 부분에 주석을 달아주는 것, 이렇게 코드 자체가 스스로 어떤 일을 어떻게 하는지 알기 쉽도록 쓰면 다른 사람들도 쉽게 내용을 파악할 수 있습니다. 그렇지 않으면 심지어는 코드를 쓴 자신조차도 며칠 지나면 자기가 쓴 코드의 내용을 헷갈려 할 수 있습니다.

코드를 짜다가보면 모호한 부분이 있을 수 있습니다. 예를 들어,

```
if not spam and bacon:
```

라는 조건문을 썼다면 우선 순위가 어떻게 되는 걸까요? 다시 말해서 ① not spam를 먼저 계산하고 그 결과와 bacon을 and 하는 걸까요? ② 아니면 spam and bacon을 먼저 계산하고 그 결과를 not으로 뒤집을까요? 우선순위로는 not이 먼저이므로 ①이 맞지만 헷갈리기 쉽습니다. 이럴 때는, if bacon and not spam: 또는 if (not spam) and bacon:과 같이 모호함을 제거해 주는 것이 좋습니다. 연산을 할 때에는 괄호를 적절하게 활용해서 우선 순위를 알아보기 쉽게 하면 좋습니다. 너무 남발하면 코드가 추해지겠지만요.

단순한 게 복잡한 것보다 낫다, 복잡한 게 난잡한 것보다 낫다, 널널한 게 빽빽한 것보다 낫다

코드가 복잡해지면 내용을 파악하기 어려워지고 버그가 생길 위험도 커집니다. 내일(작심 3일차에) 배울 함수와 모듈은 복잡한 코드를 좀 더 단순하게 만들어주는 데 도움이 됩니다. 또한 여러 줄로 쓸 것을 무리하게 한 줄로 쓰려고 하는 것도 코드를 복잡하게 만들고 디버그를 어렵게 만드는 원인이 되기도 합니다.

```
print(int(input('첫 번째 숫자는?')) + int(input('두 번째 숫자는?')))
```

만약 이 줄에서 오류가 일어났을 경우, 그 원인이 첫 번째 input()인지, 첫번째 int()인지, 두 번째 input()인지, 두 번째 int()인지, 전체를 둘러싸고 있는 print()인지 알기 어려워집니다. 이렇게 무리하게 여러 함수나 수식들을 한 줄에 쓰는 것은 코드를 복잡하고 난잡하게 만듭니다. 한 줄을 너무 빽빽하게 만들지 말고 단순하고 널널하게 여러 줄로 나누는 것이 좋습니다.

평면적인 게 중첩된 것보다 낫다

루프 안에 루프를 넣고, 루프 안에 조건문을 넣고, 그 안에 또 루프를 넣는 식으로 러시아 인형 마트료시카처럼 여러 개의 파이썬 코드 블록을 중첩시킬 수 있습니다. 이러한 중첩이 지나치면 코드를 복잡하고 난잡하게 만드는 원인이 됩니다. 될 수 있으면 중첩이 적은 평면적인 코드를 만드는 것이 좋습니다.

특별한 경우란 규칙을 깰 만큼 특별하지 않다, 그러나 실용성은 순수성을 이긴다

파이썬을 비롯한 프로그래밍 언어들에게는 지금 보시는 **파이썬의 도**를 비롯해서 여러 가지 가이드라인이나 코딩 규칙, 권고들이 있습니다. 이러한 규칙들은 코드를 일관성 있게, '아름답게', 그리고 이해하기 쉽게 만들어줍니다. 가끔 '실용적인' 예외는 있을 수 있지만 대부분의 경우 이러한 규칙을 잘 지키는 편이 낫습니다. 특히 귀찮다는 이유로, 시간이 더 들어간다는 이유로, 규칙이나 권고를 무시하고 대충대충 가는 일들도 많은데, 나중에 가면 디버그나 유지보수에 더 많은 시간을 들여야 하는 경우가 대부분입니다.

오류는 결코 조용히 넘어가서는 안 된다, 명확한 이유로 침묵하는 게 아니라면

만약 입력이 잘못되었거나 파일에 쓰기를 하는 과정에서 문제가 생겨 쓰지 못하는 등 오류(예외) 상황이 일어났을 경우, 예외 처리를 사용해서 프로그램이 중단되지 않도록 할 수 있습니다. 그러나 이럴 때에는 사용자에게 확실하게 오류가 일어났고 어떤 종류의 오류인지를 알려줘야 합니다. 예를 들어, 파일에 데이터를 저장하는 과정에서 오류가 일어났는데 사용자에게 이를 알려주지 않으면 사용자는 데이터가 저장된 줄 알고 프로그램을 종료시키고, 데이터를 날려먹을 수도 있습니다. 사용자에게 오류를 알려주지 않는 것이 좋을 이유가 명확하게 있지 않은 한은 알려줘야 합니다.

무슨 일이든 올바른 한 가지 – 단 한 가지면 더 좋다 – 확실한 방법이 있다, 그러나 당신이 네덜란드인이 아니라면 처음에는 확실해보이지 않을 수도 있다

사실 이 말은 파이썬보다 훨씬 전에 등장한, **펄(Perl)**이라는 프로그래밍 언어의 철학인 "무슨 일이든 한 가지 이상의 방법이 있다"를 패러디한 것입니다. 날짜 계산 프로그램에서 보았던 것처럼 while 루프 안에 조건을 달아서 break로 빠져나가는 방법을 쓰면 for와 똑같은 효과를 낼 수도 있습니다. for를 쓰는 게 더 낫다면 for를 쓰는 게 코드를 좀 더 아름답고 명시적으로 만들 수 있습니다. 물론 때로는 어느 방법이 더 좋은지 애매할 때도 있는 게 현실입니다. 난데없이 웬 네덜란드인인가 싶을 텐데, 파이썬을 만든 귀도 판 로섬이 네덜란드인이기 때문입니다. 즉 로섬 정도의 고수가 아니면 헷갈릴 때가 종종 있다는 뜻입니다.

지금 하는 게 아예 안 하는 것보다 낫다, 그러나 아예 안 하는 게 지금 *당장*보다 나을 때도 종종 있다

파이썬만 그런 건 아닙니다. 아예 안 하는 것보다는 지금 뭐라도 하는 게 낫습니다. 파이썬을 지금 배우는 게 안 배우는 것보다 낫고, 파이썬을 배운다면 자잘하고 문제가 있어 보여도 이것 저것 코드를 짜보는 연습을 하는 게 그저 책만 보는 것보다 낫습니다. 그러나 너무 서두르는 것 역시 좋지 않습니다. 빨리 끝내야 한다는 욕심에 충분한 테스트도 없이 버그투성이 프로그램을 그대로 실무에 쓴다면 큰 낭패를 볼 수 있습니다. 정말로, 아예 안 하는 것만도 못한 결과가 될 수도 있습니다.

참고로, 바로 위 소제목에서 '당장'의 앞뒤에 * 표시를 붙인 것은 강조하기 위해서입니다. 글씨를 굵게 하거나 밑줄을 치거나 하는 장식을 할 수 없는 단순 텍스트에 강조 표시를 예전에는 저런 식으로 했었습니다.

구현한 것을 설명하기 힘들다면 좋지 않은 아이디어일 것이다, 구현할 것을 설명하기 쉽다면 좋은 아이디어일 수도 있다

우리는 어떠한 문제를 해결하기 위해서 코드를 짭니다. 그런데 자신이 짠 코드를 정말로 얼마나 이해하고 있나요? 어떤 알고리즘으로 문제를 해결했나요? 문제 해결을 어떻게 구현했는지 스스로 설명하기 힘들다면, 그다지 명시적이지도 단순하지도 않을 확률이 높습니다. 만약 자신의 코드가 어떻게 문제를 해결했는지 스스로 쉽게 설명할 수 있다면 그 아이디는 좋을 가능성이 높습니다. 물론, 100% 그렇다는 보장은 없습니다.

마지막 줄은 이 책에서 다루지 않는 '네임스페이스'에 관한 이야기이므로 생략하겠습니다.

파이썬의 도는 사실 여러 가지로 해석될 여지가 많습니다. 여기서 소개한 해석도 여러 가지 해석 중에 한 가지일 뿐이고 인터넷에서 검색해보면 여러 가지 다른 해석들도 있으니 한번 찾아보는 것도 괜찮을 것입니다. 하지만 아름답고, 명시적이고, 단순한 코드를 추구하는 것은 분명 좋은 습관입니다. 작성해야 할 코드가 점점 길고 복잡해질수록 더욱 쉽지는 않겠지만요.

작심 3일차

Dr.작삼 : 닥터작삼은 3일완성연구소를 운영하는 '굵고 짧게 배우기' 박사다. 세상에 3일 동안 집중해서 배우지 못할 일은 없다는 소신으로 연구에 임하고 있다. 파이썬, 유튜브 영상 편집 등 그 연구의 주제는 끝이 없다. 작삼그얼의 아빠라는 소문이 있으나 확인할 길은 없으며 틈만 나면 작삼보이를 구박한다.

파이썬과
함께라면
자동화도
문제없다

반복적이고 지루한 작업을 파이썬 프로그램으로
해결하는 과정을 경험하는 날입니다.

원하는 기능을 불러오며 파이썬으로 파일을 열고
수정하는 등 객체를 관리하는 일을 합니다.

심지어 특정 웹사이트에서 정보를 자동으로
가져다 보여주는 프로그램까지 만들 수 있습니다.

3글자짜리 국가 코드를
국가 이름으로
바꿔보자

반복되는 지루한 작업을 파이썬에게 넘기면 무척 좋습니다. 지금까지 살펴보았지만 파이썬은 같은 일을 수십, 수백, 수천, 수만 …. 수백만 번 반복해도 절대 지루해 하지 않기 때문입니다. 그런 일은 파이썬에게 넘기고 우리들은 좀 더 사람다운 일을 하든지, 칼퇴근을 하든지, 데이트를 하든지, 그러는 편이 낫지 않을까요? 오늘은 그와 같은 일을 해보려고 합니다.

신문 혹은 인터넷 뉴스 사이트를 보다보면 종종 'OECD(경제개발협력기구) 회원국들 가운데 어쩌고 저쩌고…' 하는 기사들을 볼 수 있습니다. 경제나 사회 지표에서 OECD 35개 회원국 중 몇 위를 했다든가, 심지어는 꼴찌를 했다든가, 1위를 했다든가 하는 뉴스들이 단골로 나옵니다. OECD는 경제 및 사회에 관련한 다양한 통계 데이터를 웹사이트 data.oecd.org를 통해 제공합니다.

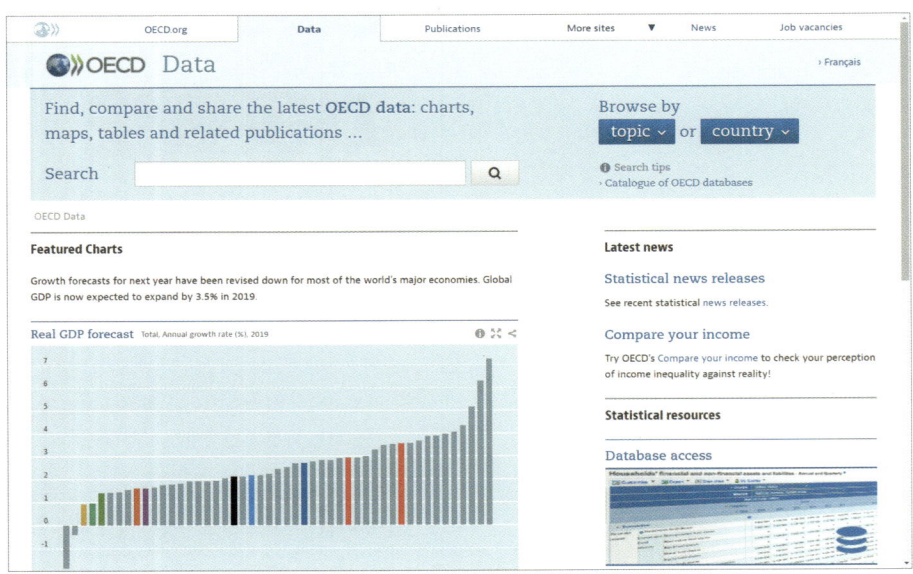

이 사이트는 영어와 프랑스어로만 서비스하고 있습니다. 필요한 것을 찾아보기 위해서는 **Search** 옆의 검색창을 활용하는 게 좋겠습니다. 경제 지표를 얘기할 때 가장 많이 나오는 말인, GDP로 검색을 해볼까요?

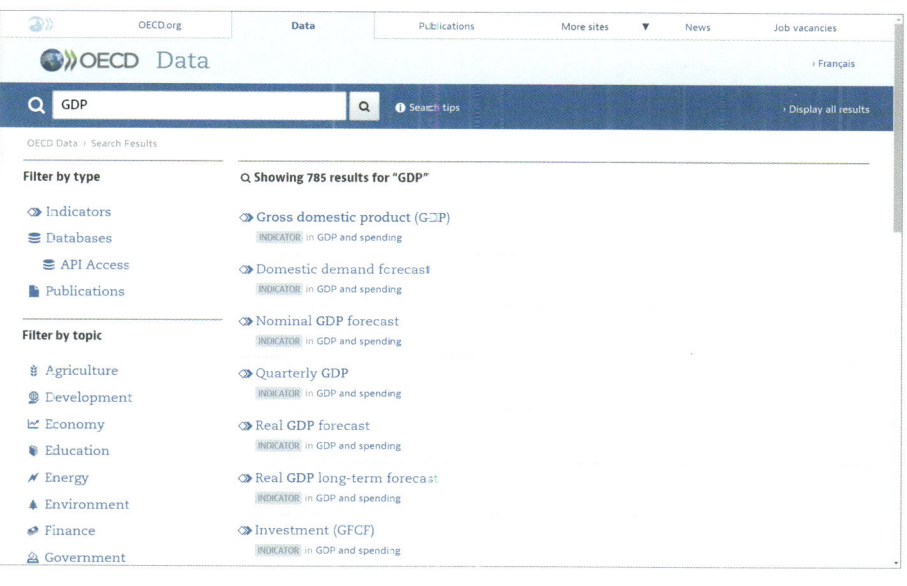

785개나 되는 검색 결과가 나왔는데 그냥 가장 꼭대기에 있는 **Gross domestic product (GDP)**로 들어가면 될 듯합니다. GDP라는 말이 원래 Gross domestic product, 즉 국민총생산의 약자입니다.

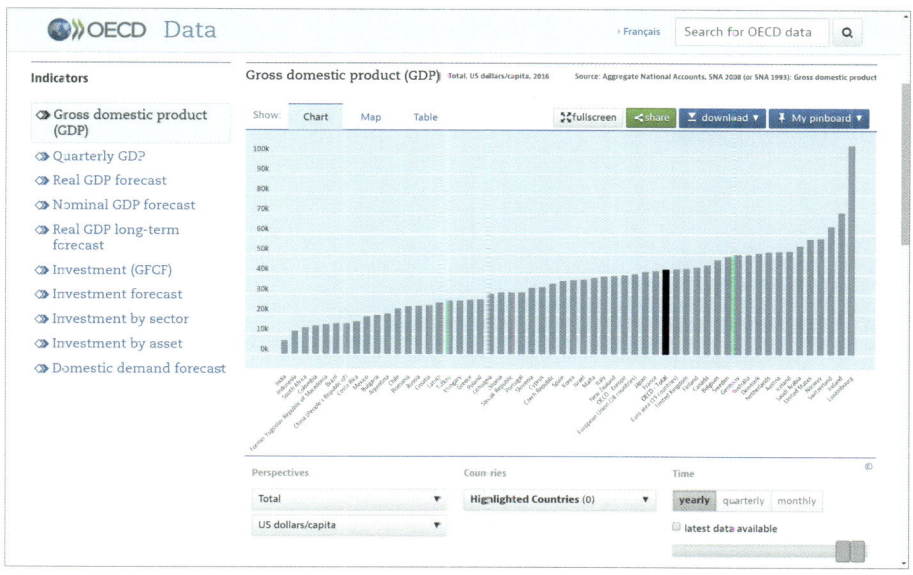

위 화면은 그래프가 잘 보이도록 약간 아래로 스크롤한 것입니다. 그래프 아래를 보면 여러 가지 옵션이 있습니다. 특정한 나라만 보거나, 표시 단위를 바꾸거나, 특정한 기간으로 범위를 잡아서 시간의 흐름에 따른 변화의 추이, 즉 시계열 데이터도 볼 수 있습니다. 그래프 위 오른쪽에는 몇 가지 버튼이 있는데 이중에 **download** 버튼을 누르면 데이터를 다운로드할 수 있습니다.

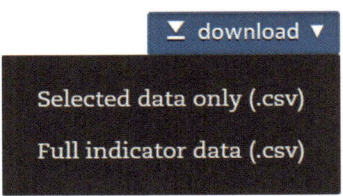

명심 버튼을 누르면 메뉴가 나오는데, 여기서 **Selected data only(.csv)**를 선택합니다. 만약 **Full indicator data(.csv)**를 선택하면 수십년 전 데이터부터 최근 데이터까지 아주 큼직한 파일을 받게 되므로 주의하시기 바랍니다.

Selected data only(.csv)를 선택하면 파일이 다운로드됩니다. 이 파일은 CSV라고 하는 유형인데, 텍스트 파일이지만 엑셀과 같은 스프레드시트 프로그램에서 읽어들일 수 있는 형식입니다. 엑셀로 파일을 불러들여볼까요? 독자들 중에

실심 혹시(설마) 엑셀을 쓸 수 없는 환경이라면 **아파치오픈오피스**(www.openoffice.org) 또는 **리브레오피스**(ko.libreoffice.org)와 같은 무료 오피스 프로그램을 내려받아 써볼 수 있습니다.

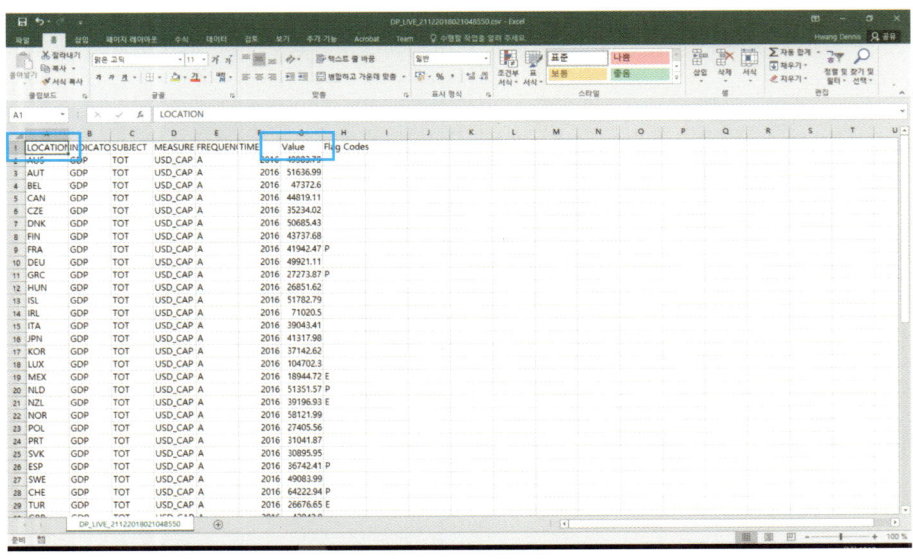

여러 가지 항목이 있지만 우리가 주목할 부분은 **Location**과 **Value** 두 가지입니다. Location은 '장소'라는 말이지만 여기서는 '국가'를 뜻합니다. Value는 물론 '값'이라는 뜻이며 여기서는 1인당 GDP를 의미합니다. 문제는 **국가의 이름**이 영어나 한글로 제대로 표시되어 있는 게 아니라 **3글자 약어로 표시**되어 있다는 것입니다. 만약

보고서, 논문, 기사 등에 이 데이터를 표나 차트로 넣으려면 저 약어를 일일이 나라 이름으로 고쳐야 합니다. 중간에 보면 EU28(EU 28개국 평균), OECD(OECD 평균), OECDE(OECD 유럽 회원국 평균), EA19(유로 통화를 쓰는 19개국 평균) 같은 코드도 섞여 있습니다.

한 번만 이런 일을 한다면 그냥 무식하게(우직하게) 일일이 고쳐도 되겠죠. 하지만 이런 파일을 수십 개씩 보고서, 논문, 기사에 써야 한다면? 아마도 엄청난 시간 낭비일 것입니다. 이 일을 파이썬에게 맡긴다면 꽤 편리할 것입니다. 즉, **다운로드한** CSV 파일 혹은 엑셀 파일을 열어서, **3글자 국가 코드를** 영어 또는 한국어 **국가 이름으로 바꾼 다음 다시 저장**하는 것입니다. 이것이 오늘의 일용할 미션입니다.

이 3글자 국가 코드는 ISO 3166-1 alpha-3이라는 국제 표준 코드입니다. 한국어 위키백과에 가면 그 목록이 있습니다. ko.wikipedia.org/wiki/ISO_3166-1 주소로 가면 확인해볼 수 있습니다. 그냥 구글에서 '3글자 국가 코드'라고 검색해도 검색 결과 꼭대기에 위키백과의 ISO 3166-1 항목이 뜹니다.

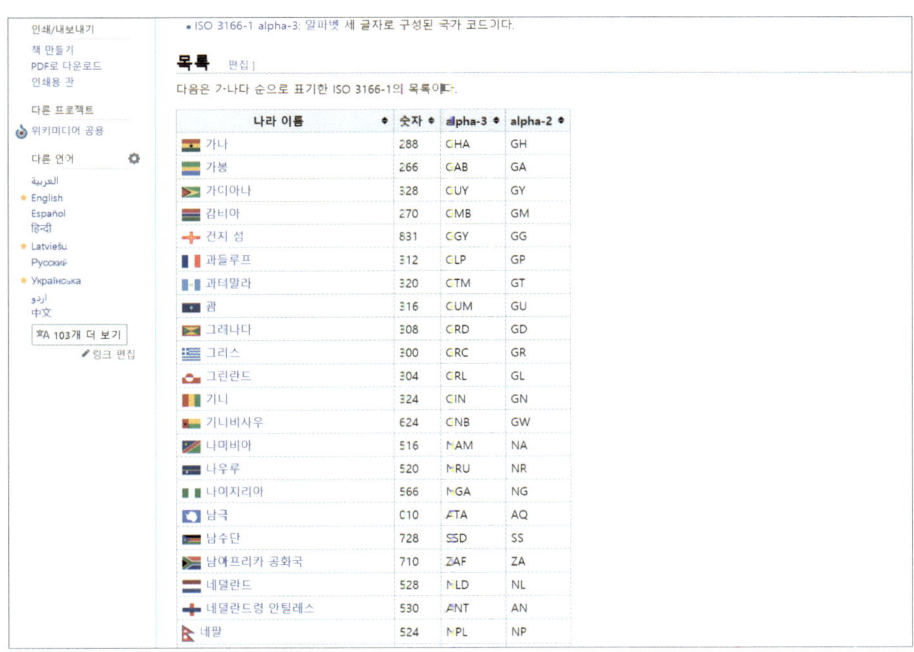

굉장히 많은 나라의 이름이 있네요. OECD 회원국만이 아니라 지구에 존재하는 모든 정식 국가의 이름들이 다 있습니다. 표 부분을 표의 제목은 빼고 '가나' 줄부터 시작해서 마지막 '홍콩'까지 마우스로 드래그해서 선택한 다음, 선택한 부분을 복사(**Ctrl + C**)하고 엑셀에 붙여넣고 셀의 폭을 조절해주면 (그리 예쁘지는 않지만) 표를 얻을 수 있습니다.

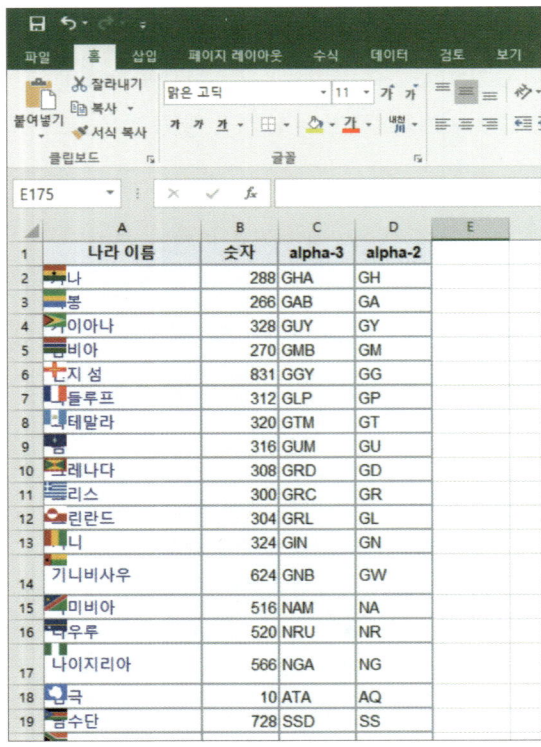

지금 우리는 **alpha-3**만이 필요합니다. 숫자 코드나 alpha-2 코드는 필요 없으므로 두 열은 삭제합니다. 나라 이름과 alpha-3 열만 남겨 놓고 메뉴에서 **파일 → 다른 이름으로 저장**을 선택해서 파일로 저장합니다. 이때 저장할 폴더는 파이썬 코드 파일을 저장할 폴더와 같은 곳으로 하고, 반드시 파일 형식을 **CSV (쉼표로 분리)**로 선택하시기 바랍니다. 이름은 iso-3166.csv로 하겠습니다. 파일을 저장하려고 하면 일부 기능이 손실될 수 있다는 경고 메시지를 내면서 이 형식, 즉 CSV 형식을 계속 사용하겠는가를 물어보는데, 걱정하지 말고 **예**를 선택해서 저장하세요.

이제 엑셀을 닫고(이때 저장하겠냐는 대화상자가 또 나오는데, 엑셀 형식으로 저장하지 않았을 때 나오는 메시지이므로 지금은 저장하지 않고 엑셀을 끝내면 됩니다), 저장했던 CSV 파일을 엑셀이 아닌 **메모장** 같은 텍스트 편집기로 열어보면, 다음과 같은 모습을 하고 있습니다.

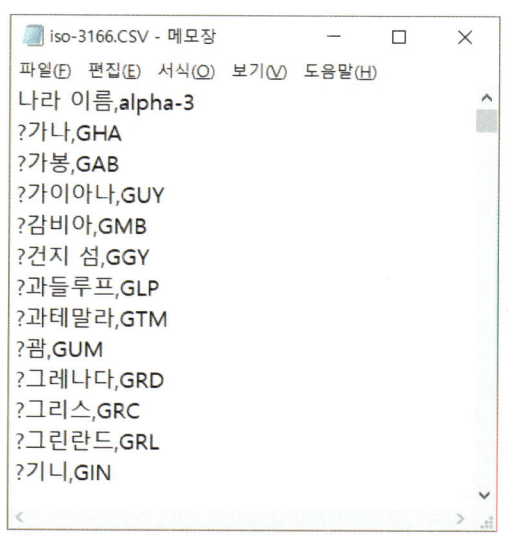

누구나 사용하는 생활 속 매크로, 모두 바꾸기

처음에 위키백과에서 텍스트를 긁어 엑셀에 붙일 때 나라 이름 앞에 국기 그림이 있었는데, 그 때문인지 나라 이름 앞에 ?(물음표)가 붙어 있습니다.

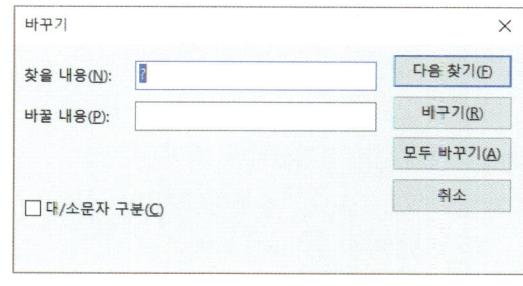

명심

메모장에서 열었다면 메뉴에서 **편집 → 바꾸기**를 선택한 다음 **찾을 내용** 란에는 ?를 입력하고 **바꿀 내용** 란은 비워둡니다. 그리고 오른쪽 버튼 중에 **모두 바꾸기**를 선택하면 한꺼번에 물음표를 지울 수 있습니다. 메모장이 아닌 다른 텍스트 편집기도 거의 다 이런 기능을 비슷한 인터페이스로 제공하니 물음표 지우는 것은 어렵지 않을 것입니다. 이제 파일을 저장합니다.

명심 CSV 파일은 **Comma Separated Values**(쉼표로 구별한 값)를 줄인 말로, 엑셀과 같은 스프레드시트 또는 데이터베이스에서 텍스트 형식으로 파일을 읽고 쓸 수 있도록 하는 형식입니다. 방금 본 것처럼 일반 텍스트 편집기에서도 열 수 있고 대부분의 스프레드시트 프로그램은 이 형식을 지원합니다. 아까 OECD에서 받았던 **통계 자료 파일**도 CSV 형식입니다. 텍스트 편집기(**메모장**)에서 열어보면,

```
"LOCATION","INDICATOR","SUBJECT","MEASURE","FREQUENCY","TIME","Value","Flag Codes"
"AUS","GDP","TOT","USD_CAP","A","2016",49983.792585,
"AUT","GDP","TOT","USD_CAP","A","2016",51636.986695,
"BEL","GDP","TOT","USD_CAP","A","2016",47372.602502,
"CAN","GDP","TOT","USD_CAP","A","2016",44819.110868,
"CZE","GDP","TOT","USD_CAP","A","2016",35234.017075,
```

이런 형식으로 되어 있습니다. 엑셀에서 열었을 때와 비교해보면,

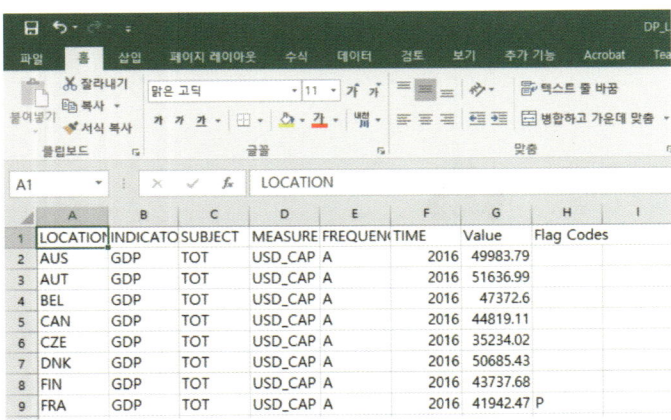

심심 CSV 파일은 쉼표(comma)로 열을 구별(separated)합니다. OECD 데이터는 문자열을 **큰따옴표**로 둘러싸고 있는데, 이는 문자열 안에 쉼표가 있을 때 이 쉼표를 열을 구별하는 기호로 잘못 인식하는 문제를 막기 위한 장치입니다. 그러나 우리가 위키백과에서 국가 코드를 긁어다가 엑셀에 붙이고 CSV로 저장하면 문자열 앞뒤에 따옴표가 없습니다. 쉼표를 가진 문자열이 없기 때문에 굳이 따옴표를 안 써도 되겠다고 엑셀에서 판단한 모양입니다.

이제 우리의 미션을 위한 1차 준비가 끝났습니다. 국가 코드를 담은 CSV 파일 만들기가 영 귀찮다면 이미 만들어 놓은 CSV 파일을 이 책의 작심 3일 사이트에서 내려받아 써도 되지만, 뭐든 쉽게 가는 것보다는 직접 부딪쳐 해보는 게 가장 잘 배우는 방법 아니겠습니까?

국내에 없는 건
수입해서 쓰면 되지,
import 키워드

이제 우리는 2개의 CSV 파일을 가지게 되었습니다. 하나는 OECD에서 받은 **통계 데이터** 파일이고, 다른 하나는 ISO 3166-1 alpha-3 **국가 코드와 국가 이름**이 있는 파일입니다. 이 두 파일을 읽어들인 다음, 국가 코드 파일에 있는 목록과 대조해서 코드를 이름으로 바꿔주고 저장하면 됩니다.

이렇게 이야기하면 쉬운 것 같지만 우리는 아직 **파이썬으로 파일을 읽고 저장**하는 방법도 모르고, **CSV 파일을 다루는 방법**조차 모릅니다. 어제(작심 2일차)는 날짜 계산을 하기 위해서 꽤 긴 코드를 짜야 했습니다. 오늘은 그보다 훨씬 긴 코드를 짜야 할 것 같습니다.

다행히도, 파이썬은 수많은 어렵고 까다로운 일들을 훨씬 쉽게 만들어주는 다양한 방법들을 이미 가지고 있습니다. 어제 마지막에 우리는 아주 간단한 방법으로 날짜 계산을 할 수 있는 방법을 잠시 구경해보았습니다. 여러 줄로 구성된 날짜 계산 코드를 단 한 줄로 해결한 얄미운(?) 코드였습니다. 자세히 설명하진 않았지만 그것은 '**모듈**'의 힘이었습니다.

그 코드에서 날짜 계산 부분을 확 간단하게 만들어준 일의 시작은 첫 줄에 추가한 import였습니다.

```
from datetime import data, datatime, timedelta
```

① datetime 모듈로부터
② date, datatime, timedelta를 가지고온다.

이 코드는 datetime 모듈로부터(from) date, dateitem, timedelta를 수입해(import)옵니다. 우리나라는 수출도 많이 하지만 수입도 많이 합니다. 우리나라에 없는 물건은 물론이고 더 좋거나 더 저렴한 물건이 있으면 수입을 합니다. 컴퓨터 프로그래밍도 마찬가지입니다. 내가 만들지 않은 코드이거나, 더 좋거나, 수십 수백 줄의 코드를 '저렴하게' 해결할 수 있다면 수입해올 수 있습니다.

모듈이란 여러 가지 **함수**와 (아직은 이야기하지 않았지만) **클래스**라는 것을 프로그래밍해놓은 코드입니다. 모듈은 파이썬으로 만들 수도 있지만 C와 같은 다른 언어로도 만들 수 있습니다. 파이썬이 인기가 있는 이유는 단지 쉽기 때문만은 아닙니다. 아무리 쉬워도 쓰임새가 많지 않다면 인기도 한계가 있을 것입니다. 파이썬이 인기 있는 이유는 별의별 기능을 구현해놓은 정말 많은 모듈이 있어서 이 모듈을 가져다 쓰면 별의별 일을 다 할 수 있기 때문입니다.

모듈 중에는 파이썬을 설치할 때 같이 설치되는 기본 모듈도 있고, 따로 다운로드해야 하는 모듈도 있습니다. 다행히 파이썬은 **모듈을 쉽게 다운로드하고 관리**할 수 있는 **pip**이라는 프로그램을 제공하는데, 그 사용법은 나중에 알아보기로 하겠습니다. 일단(다행히도) CSV 파일을 다룰 수 있는 모듈은 파이썬이 기본 모듈로 제공합니다.

먼저 아까 만든 **국가 코드 CSV 파일**을 화면에 출력하는 프로그램으로 시작해보겠습니다.

```python
import csv

# 국가 코드 파일을 열고 CSV로 읽을 준비를 한다
iso_code_file = open('iso-3166.csv')
iso_code_reader = csv.reader(iso_code_file)

#파일을 한 줄씩 읽어서 출력한다
for row in iso_code_reader:
    print(row)

# 파일을 닫는다
iso_code_file.close()
```

이 코드 파일과 CSV 파일은 반드시 **같은 폴더**(디렉토리)에 있어야 합니다. 파일을 실행하면 파이썬 **셸**에 어떤 텍스트 무리가 휘리릭 지나갈 것입니다.

```
Python 3.7.1 Shell
File  Edit  Shell  Debug  Options  Window  Help
['크리스마스 섬', 'CXR']
['키르기스스탄', 'KGZ']
['키리바시', 'KIR']
['키프로스', 'CYP']
['태국', 'THA']
['타지키스탄', 'TJK']
['탄자니아', 'TZA']
['터크스 케이커스 제도', 'TCA']
['터키', 'TUR']
['토고', 'TGO']
['토켈라우', 'TKL']
['통가', 'TON']
['투르크메니스탄', 'TKM']
['투발루', 'TUV']
['튀니지', 'TUN']
['트리니다드 토바고', 'TTO']
['파나마', 'PAN']
['파라과이', 'PRY']
['파키스탄', 'PAK']
['파푸아뉴기니', 'PNG']
['팔라우', 'PLW']
['팔레스타인', 'PSE']
['페로 제도', 'FRO']
['페루', 'PER']
['포르투갈', 'PRT']
['포클랜드 제도', 'FLK']
['폴란드', 'POL']
['푸에르토리코', 'PRI']
['프랑스', 'FRA']
['프랑스령 기아나', 'GUF']
['프랑스령 남방 및 남극', 'ATF']
['프랑스령 폴리네시아', 'PYF']
['피지', 'FJI']
['핀란드', 'FIN']
['필리핀', 'PHL']
['핏케언 제도', 'PCN']
['허드 맥도널드 제도', 'HMD']
['헝가리', 'HUN']
['홍콩', 'HKG']
>>>
                                                          Ln: 252  Col: 4
```

이 출력 결과 그림은 마지막 부분입니다. 잘 보면, `['홍콩', 'HKG']` 형식으로 출력되는데 어딘가 낯이 익습니다. 파이썬은 **리스트**를 저런 식으로 정의합니다. 파이썬의 `print()`는 꽤 똑똑한 편이라 **데이터 유형에 따라 적절한 출력 방식을 선택**합니다. 여기서 파이썬의 `csv` **모듈**은 CSV 파일의 한 줄을 **리스트 형식**으로 읽어들이는 것으로 추측할 수 있습니다.

import하기 전에 알았더라면 좋았을 것 둘

그럼 이번 코드의 주요한 부분들을 한 줄씩 살펴보겠습니다.

```
import csv
```

날짜 계산 프로그램에서는 `from … import` 형식으로 썼지만 여기서는 `from`을 안 쓰고 `import`만 썼습니다. `import csv`와 같이 쓰면 `csv` 모듈 전체를 가져다가 쓰겠다는 것이고, 어제 마지막 코드처럼 `from datetime import date, dateitem, timedelta`와 같이 쓰면 `datetime` 모듈에서 `import` 뒤에 써 놓은 세 가지만 가져오겠다는 뜻입니다.

굳이 복잡하게 일일이 가져다 쓸 항목을 적을 필요 없이 import datetime과 같은 식으로 통째로 가져다 쓰면 될 텐데 왜 그러지? 그렇게 생각할 수도 있겠지만 이후에 모듈에서 가져온 것을 사용할 때에 차이가 생깁니다.

모듈을 통째로 가져다 쓸 때에는,

```
iso_code_reader = csv.reader(iso_code_file)
```

이와 같이 **모듈 이름**을 써 주고 **점**을 찍은 다음 **모듈로부터 가져다 쓸 것**을 써줍니다.

반면에 from csv import reader와 같이 가져올 항목을 적어주면,

```
iso_code_reader = reader(iso_code_file)
```

이런 식으로 하게 되어 **모듈 이름과 점**을 필요로 하지 않습니다.

될 수 있으면 모듈을 통째로 가져오는 것보다는 from … import …와 같은 방식으로 모듈로부터 어떤 것을 가져다 쓸지 정확하게 적어주는 편이 좋습니다. 코드를 좀 더 간결하게 만들어주는 장점도 있고, 모듈에서 어떤 것을 쓸지 명확하게 해둘 수 있기 때문입니다. 파이썬의 철학 중에 하나인 '**명시적인 게 암시적인 것보다 낫다**'와도 잘 맞습니다.

하지만 만약에 변수나 함수 이름으로 똑같은 이름을 쓴다면 문제가 될 수 있습니다. 예를 들어, from csv import reader로 모듈을 가져와놓고서 그 뒤에 reader()라는 똑같은 이름을 가진 함수를 정의해버리면 csv 모듈의 reader()가 아니라 프로그램 안에서 새로 정의한 함수로 동작합니다.

원래 import는 코드 중간에 써도 상관은 없지만, reader() 함수를 프로그램 앞에서 정의해놓고 나중에 from csv import reader를 사용하는 식이 되면 프로그램에서 정의해놓은 함수는 사라지고 csv 모듈의 reader()로 동작합니다. 반면 csv.reader()와 같은 방식으로 모듈 이름과 함께 쓸 때에는 이런 문제가 없습니다. 따라서 특별한 이유가 없다면 import는 프로그램 가장 앞에서 사용하고 이후에 **다른 변수나 함수 이름과는 충돌하지 않도록** 유의해야 합니다.

냉장고 문처럼
열었으면 제때 닫아줘야 하는
컴퓨터 파일

다음 줄은 파일을 여는 코드 문장입니다.

```
iso_code_file = open('iso-3166.csv')
```

① 이름이 iso-3166.csv인 파일을 열고
② 그 결과를 iso_code_file 변수에 대입한다.

핵심 하드디스크(혹은 SSD)든, USB 드라이브든, 저장장치에 있는 파일을 파이썬에서 쓰기 위해서는 먼저 파일을 '**열어야**' 합니다. 파일을 연다는 것은 운영체제로부터 **파일 사용권**(permission)을 얻어온다는 뜻과 같습니다.

도서관에 책이 하나만 있고 이 책을 여러 사람이 빌리려고 할 때를 생각해봅시다. 도서관은 가장 먼저 대출 신청을 한 사람에게 책을 빌려줍니다. 그 뒤에 온 사람에게는 '이미 대출을 해갔다'면서 거절할 것입니다. 책을 빌려간 사람이 도서관에 책을 돌려주면 도서관은 다시 제일 먼저 대출을 신청한 사람에게 책을 빌려줍니다.

명심 파일도 이와 마찬가지입니다. 여러 프로그램이 파일을 열려고 하면 운영체제는 가장 먼저 사용권을 신청한 프로그램에게 이를 허락하고 나머지 프로그램은 거부할 것입니다.

파일을 **연다**는 것은 운영체제로부터 파일을 **대출**하는 것과 비슷하고, 파일을 **닫는다**는 것은 대출한 파일을 **반납**하는 것과 비슷합니다. 다만 파일은 책과 달라서 여러 프로그램이 파일 사용권을 신청할 때 이를 모두 허가해줄 수도 있습니다. 단, '읽기 권한'은 여러 프로그램에게 동시에 줄 수 있어도 '**쓰기 권한**' **만큼은 한 번에 한 프로그램에만** 줍니다. 동시에 여러 프로그램이 같은 파일의 쓰기 권한을 가지면 동시에 저마다 파일에 데이터를 쓰려고 해서 파일이 엉망이 될 수 있기 때문입니다.

파일을 열었다면 **다 쓴 다음에는 닫아주어야** 합니다. 냉장고 문을 열었다면 꼭 닫아야 하듯이 말이죠. 마지막 줄의 코드가 그 일을 합니다.

```
iso_code_file.close()
```

CSV 파일 안의 모든 줄을 출력하고 나면 `iso_code_file`에 저장된 객체의 `close()`

함수를 호출해서 파일을 닫습니다. 파일을 닫는다는 것은 파일의 사용권을 운영체제에 반납하고 파일을 다른 프로그램이 쓸 수 있도록 하는 것입니다. 파일을 닫고 나면 더 이상 iso_code_file 변수로 CSV 파일을 다룰 수 없으며 파일을 다시 열어서 iso_code_file 변수에 대입하거나 해야 합니다.

 파일을 연 다음 다 사용했다면 **바로** 파일을 닫아주는 것이 좋습니다. 파일을 더 쓸 일이 없는데도 프로그램이 끝날 때까지 파일의 사용권을 쥐고 있으면 다른 프로그램이 이 파일을 사용하지 못할 수 있습니다. 최악의 경우에 프로그램이 예기치 않게 중단되어버리면 운영체제가 파일의 사용권을 회수하지 못한 상태로 남아서 컴퓨터를 재시동하기 전까지 이 파일을 쓰지 못할 수도 있습니다.

우리는 open() 함수로 iso-3166.csv라는 파일을 열었습니다. 특별하게 지정하지 않으면 읽기 권한만을 받으며, 파일에 뭔가 데이터를 쓸 수는 없습니다. open() 함수가 파일을 여는 데 성공하면 **IOBase 객체**라는 것을 돌려줍니다. 아직 우리가 알아보지 못한, 새로운 용어인 **객체**(object)란 무엇일까요?

사람이 '클래스'라면 철수와 영희는 '객체'다

자동차가 한 대 있습니다. 이 자동차를 파이썬으로 관리한다면 어떤 **변수**들을 생각해 볼 수 있을까요? 아주 많겠지만 몇 개 생각나는 대로 적어보면,

- model : 차량의 모델명
- speed : 현재 속도
- remaining_fuel : 남은 연료량
- kilometres : 총 주행 거리

이런 것들이 생각납니다. 자동차의 동작을 정의하는 **함수**를 만들어본다면 어떤 것들이 있을까요?

- start() : 출발
- stop() : 정지
- accelerate() : 엑셀러레이터를 밟아 속도를 올린다.

- brake() : 브레이크를 밟아 속도를 줄인다.
- fuel(litres) : 연료를 넣는다. 매개 변수 litres는 몇 리터를 넣을지 정한다.

실제로는 이보다 훨씬 많겠지만 네 개의 변수와 다섯 개의 함수로 자동차라는 '존재'를 정의했습니다. 이렇게 **변수와 함수를 패키지로** 묶어서 무엇인가를 정의한 것을 **클래스**(class)라고 합니다. 클래스는 여러 가지 뜻을 가진 단어이지만 '계층' 혹은 '종류'라는 뜻이 있습니다. 즉, 클래스는 어떤 '종류', 예를 들면 자동차, 새, 사람, 파일과 같은 종류의 특성을 표현하기 위해 '변수와 함수를 사용한 묶음'입니다.

객체는 이 클래스를 가지고 한 가지 실제 '존재'를 만든 것입니다. 위에서 정의한 변수와 함수를 묶어서 Car라는 클래스를 만들었다 칩시다. 이제 실제 자동차 한 대를 관리하기 위해서 my_car라는 객체를 만들었습니다. 몇 가지 변수를 대입합니다.

```
my_car.model = 'McLaren P1'
my_car.speed = 0
my_car.top_speed = 300
my_car.remaining_fuel = 60
my_car.kilometres = 5000
```

my_car 객체 뒤에 **점**(.)을 찍고, **변수 이름**을 쓰면 my_car **객체에 속한 변수**를 뜻합니다. your_car 객체를 만든다면 객체 안의 변수에 위와는 다른 값을 설정할 수 있습니다. 물론 제가 이렇게 비싼 자동차를 가지고 있다는 뜻은 아닙니다. 다른 자동차를 위한 객체도 변수들을 그에 맞게 설정해서 만들 수 있습니다.

객체에 속한 함수도 변수와 비슷한 방법으로 호출할 수 있습니다. my_car.start() 함수를 호출하면 이 함수는 아마도 speed 변수를 증가시키고, 시간이 지남에 따라 주행한 거리만큼 kilometers를 증가시키는 반면 remaining_fuel은 줄일 것입니다. my_car.stop() 함수를 호출하면? 그밖에 다른 함수들을 호출하면 어떤 일이 일어날까요? 찬찬히 생각해보시기 바랍니다.

클래스에 속한 변수를 속성(attribute)이라고 부르며, 함수를 **메서드**(method)라고 부릅니다. 아마도 이런 용어들을 앞으로 자주 보게 될 것입니다.

어떤 종류가 공통으로 가진 특성을 변수와 함수로 표현한 것이 클래스라면, 객체는 이 종류에 속한 실체입니다. 클래스가 사람이라면 객체는 철수, 영희, 바둑이… 아, 바둑이는 개 클래스에 속하겠네요.

사실 객체를 뜻하는 **object**라는 단어는 객체 말고도 물건, 물체, 실체와 같은 의미도 가지고 있습니다. 객체보다는 물체, 실체와 같은 해석이 더 적당해 보이지만 업계(?)에서 이미 object를 객체라고 부른 지 오래됐으니까 우리도 그냥 객체라고 부르겠습니다.

그때 우리는 이미 '반복할 수 있는 객체'와 마주쳤다

우리는 지금 파일을 열어서 IOBase 객체를 받았습니다. 즉, 파일이 가지는 여러 가지 특성과 동작을 변수와 함수로 정의한 IOBase 클래스로부터 만든, iso-3166.csv라는 특정한 파일에 관한 객체를 얻은 것입니다. 어쨌거나 **열린 파일의 IOBase 객체를 가지고 있으면 파일을 읽거나 쓰는 여러 가지 작업**을 할 수 있습니다.

```
iso_code_reader = csv.reader(iso_code_file)
```

① iso_code_file 변수에 저장한 file 객체를
② csv 모듈의 reader() 함수의 매개변수로 전달해서
③ 그 결과를 iso_code_reader 변수에 대입한다.

이제 본격적으로 CSV 모듈이 나설 차례입니다. 먼저 할 일은 열어놓은 파일을 CSV 모듈에서 읽어들일 수 있도록 `csv.reader()` 함수를 호출하는 것입니다. 열린 파일의 IOBase 객체를 매개변수(parameter)로 전달합니다. 아까 열었던 국가 코드 CSV 파일의 IOBase 객체를 iso_code_file 변수에 저장했으므로 이 변수를 매개변수로 넣으면 됩니다. 그러면 함수는 reader 객체를 돌려줍니다. 이 객체를 iso_code_reader 변수에 대입해서 저장하면 준비가 끝납니다.

```
for row in iso_code_reader:
```

① iso_code_reader에 저장된 객체 안에 있는 데이터를
② 차례로 가져와서 row 변수에 대입하는 일을 되풀이하는
③ 블록을 시작한다.

이 줄은 낯익게 보아왔던 `for` 문입니다. 하지만 `in` 뒤는 좀 낯설죠?
iso_code_reader에는 국가 코드 CSV 파일의 reader 객체가 저장되어 있습니다.
이 객체를 for로 돌리면 대체 어떻게 된다는 걸까요?

아까 국가 코드와 국가 이름을 화면에 출력하는 코드를 실행시켰을 때, 우리는 이 for 블록 안에 있는 print()가 CSV 파일 안에 있는 내용을 **리스트 형식**으로 출력하는 것을 볼 수 있었습니다. **디버거**를 이용해서 한 단계씩 실행시켜보면 for 루프가 한 번 돌 때마다 print()는 CSV 파일의 내용을 한 줄씩 출력해나가는 것을 볼 수 있습니다. 즉, iso_code_reader에 저장된 reader 객체를 사용해서 for 루프를 돌리면 CSV 파일의 내용을 한 줄씩 row 변수에 리스트 유형 데이터로 대입시켜줍니다. row는 '줄', '행'이라는 뜻을 가지고 있지요. 파일의 마지막 줄까지 읽어들인 다음 더 읽을 줄이 없으면 for 루프에서 빠져나갑니다.

이렇게 for와 같은 루프를 반복시키기 위해서 사용하는 객체를 **반복할 수 있는 객체**(iterable object)라고 부릅니다. 모든 객체가 반복할 수 있는 객체인 것은 아니고, 클래스에서 파이썬이 요구하는 메서드들을 정의해줘야 그 클래스로부터 만든 객체를 for 루프에서 쓸 수 있습니다. 사실은 그저께(작심 1일차) for 루프에서 사용했던 range()도 **반복할 수 있는 객체**입니다.

파이썬의 사전에는 '불가능'도 넣을 수 있다

방금 우리는 일단 국가 코드 파일을 읽어들여서 출력하는 프로그램을 만들었습니다. 물론 우리의 목적은 이 정도가 아닙니다. 다른 통계 데이터 파일 안에 있는 국가 코드 파일을 국가 이름으로 바꾸는 데 이 데이터를 활용해야 합니다. 예를 들어 KOR이라는 코드가 있다면 이를 **대한민국**으로 바꿔줘야 합니다. 마치 사전에서 영단어를 찾아서 그에 해당하는 우리말 단어로 바꾸는 것과 비슷합니다. 파이썬에 마침 딱 이런 일을 하는, **사전**(dictionary)이라는 **데이터 유형**이 있습니다.

사전은 **키**(key)와 **값**(value) 두 가지가 한 쌍을 이루며, 이러한 **키-값 쌍**을 여러 개 가지고 있는 데이터 유형입니다. 일반적으로 우리가 잘 아는 사전은 주로 다음과 같은 형식입니다.

> **베이컨**[1] (bacon) 「명사」 돼지고기를 소금에 절여 훈연하거나 삶아 말린 식품. 주로 돼지의 등과 옆구리 살로 만든다.
>
> **베이컨**[2] (Bacon, Francis) 「명사」 『인명』 영국의 중세 철학자(1220?~1292). 스콜라 철학을 비판하고 자연을 연구하는 데 있어서 실험적 관찰을 중시하였다. 근대 과학의 선구자로 알려져 있다. 저서에 《소저작(小著作)》, 《대저작(大著作)》 따위가 있다.
>
> — 국립국어원 표준국어대사전

여기서 '베이컨'은 **키**, 「명사」 돼지고기를 소금에 절여…' 어쩌고 저쩌고 하는 부분은 **값**이 됩니다. 즉, 값을 얻기 위한 열쇠(key)로 사용하는 데이터가 키(key)입니다. 파이썬 셸에서 다음과 같이 간단히 테스트를 해보겠습니다.

```
iso_codes = { 'GBR': '영국', 'KOR': '대한민국', 'USA': '미국' }
```

 사전을 만들면서 초깃값도 지정하려면 위와 같이 중괄호({}) 안에 **키 : 값** 쌍을 넣습니다.

```
iso_codes = { 'GBR': '영국', 'KOR': '대한민국', 'USA': '미국' }
```
                키   값   키   값   키   값

키를 사용해서 값을 조회하려면 다음과 같이 합니다.

```
>>> iso_codes['USA']
'미국'
>>> iso_codes['KOR']
'대한민국'
```

이미 만들어 놓은 사전에 새로운 값을 추가할 수도 있습니다.

```
iso_codes['AUS'] = '오스트레일리아'
```

위의 코드를 실행했을 때, 만약 iso_codes 안에 'AUS'에 해당하는 키-값 쌍이 없으면 새로 'AUS'를 키로 하고, '오스트레일리아'를 값으로 하는 항목을 추가하지만 이미 'AUS'를 키로 하는 키-값 쌍이 있으면 위 코드의 값으로 대체합니다.

예를 들면 다음과 같습니다.

```
>>> iso_codes['AUS'] = '오스트레일리아'
>>> iso_codes['AUS'] = '호주'
>>> iso_codes['AUS']
'호주'
```

딕셔너리라 불러도 좋지만, 어쨌든 사전은 사전이다

국어사전은 '베이컨' 키 하나에 '돼지고기를 가공한 식품'과 '영국의 중세 철학자' 두 가지 값이 있을 수 있지만 **파이썬의 사전은 키 하나에 값이 하나만** 있어야 합니다.

방금 앞의 코드에서는 'AUS' 키의 값으로 먼저 지정했던 '오스트레일리아'는 날아가버리고 '호주'만 남습니다. 꼭 키 하나에 여러 값을 두고 싶다면 리스트나 튜플을 값으로 사용해야 합니다. 사전의 값으로 또 다른 사전을 사용할 수도 있습니다. 단, **사전의 키는 반드시 숫자나 문자열**이어야만 합니다.

리스트의 값을 조회할 때 숫자를 **인덱스**로 사용했던 것과 비슷하게 변수 이름 뒤에 **대괄호([])**를 사용하지만 그 안에 숫자 대신에 키를 넣는 것이 다릅니다. **문자열을 키로 사용할 때에는 반드시 따옴표**로 문자열을 둘러싸주어야 합니다. 의외로 많은 사람들이 자주 실수하는 것 중 하나입니다.

이제 우리의 코드에 사전을 집어넣어볼 때입니다. 먼저 for 루프 앞에 빈 사전을 하나 만듭니다.

```
iso_codes = dict()

#파일을 한 줄씩 읽어서 출력한다
for row in iso_code_reader:
```

dictionary를 줄인 말인 dict()는 iso_codes에 빈 사전을 대입합니다. iso_codes = {}로 해도 빈 사전을 대입합니다. 그 다음, for 루프 안에 있는 print()를 사전에 새로운 키-값 쌍을 추가하는 코드로 바꿉니다.

```
for row in iso_code_reader:
    iso_codes[row[1]] = row[0]
```

for 루프가 한 번 돌 때마다 row에는 한 줄씩 데이터가 리스트 유형 데이터로 대입됩니다. 아까 row의 내용을 화면에 출력해봤을 때, 리스트는 국가 이름 → 국가 코드 순서였습니다. 따라서 이를 iso_codes 사전에 넣을 때에는 **국가 코드가** 들어 있는 row[1]을 **키**로, **국가 이름이** 들어 있는 row[0]을 **값**으로 해야 합니다.

이제 코드를 실행시켜보면 아무것도 화면에 출력하지 않습니다. 사전의 내용을 보고 싶다면 마지막에 print(iso_codes)를 추가한 후 실행시켜야 합니다. 화면 가득히 사전의 키-값 쌍이 우루루 쏟아져나오는 모습을 볼 수 있을 것입니다.

이 사전으로 우리는 어떤 일을 할 수 있을까요? 간단하게 알고리즘을 써봅시다.

1. 변환할 CSV 파일과, 이 파일에 국가 코드가 있는 열의 번호를 입력받는다.
2. CSV 파일을 연다.
3. 이 파일로 CSV reader 객체를 만들어 한 줄씩 읽어들여서 국가 코드를 얻는다.
4. 국가 코드를 iso_codes 사전의 키로 사용해서 그 키에 해당하는 국가 이름을 얻는다.
5. CSV 파일의 국가 코드를 국가 이름으로 바꾼 다음 파일로 저장한다.

이제 변환할 파일을 열고 국가 코드를 국가 이름으로 바꾸는, 이 프로그램의 핵심을 구현해봅시다.

먼저 통계 데이터를 파이썬 코드 파일과 같은 폴더(디렉토리)로 옮겨놓습니다. **파일 이름이 길다면 미리 간단하게** 고쳐놓는 편이 좋습니다.

프로그램 앞 부분에 사용자로부터 변환할 국가 코드가 들어 있는 CSV 파일과, 국가 코드가 들어 있는 열을 입력받는 역할을 할 코드를 추가합니다.

```
import csv

data_file_name = input('CSV 파일 이름을 입력하세요.')
country_column_input = input('국가 코드가 들어 있는 열의 위치를 숫자로 입력하세요.')
country_column = int(country_column_input) - 1

# 국가 코드 파일을 열고 CSV로 읽을 준비를 한다
iso_code_file = open('iso-3166.csv')
```

input()을 이용한 입력은 어제 그제 비슷한 일을 해보았으므로 크게 어렵지는 않습니다. 다만 **국가 코드가 있는 열의 위치**는 입력 받은 수치에서 1을 빼줍니다. 아까 보았지만 CSV reader 객체로 파일을 읽으면 한 줄씩을 리스트로 가져올 수 있습니다. 파이썬은 리스트에 속한 값을 가져올 때에 0, 1, 2… 순서로 인덱스를 사용합니다. 사람들은 CSV 파일의 열을 1, 2, 3…으로 셀 것입니다. 따라서 보통 사람들의 습관을 존중하면서 파이썬의 인덱스 세는 법과 맞춰주기 위해 입력 받은 값에서 1을 빼줍니다.

이제 국가 코드 CSV 파일을 읽어들인 다음 파일을 닫는 코드 뒤에, 변환할 CSV 파일을 여는 코드를 추가합니다.

```
# 변환할 데이터 파일을 연다
data_file = open(data_file_name, 'r', encoding='utf-8-sig')
data_file_reader = csv.reader(data_file)

# 국가 코드를 변환한 데이터를 저장할 리스트
converted_rows = list()
```

변환할 파일을 여는 open() 함수가 아까보다는 **많이 복잡**합니다.

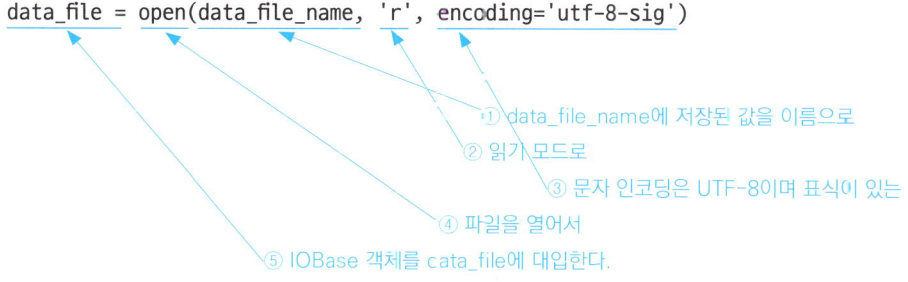

① data_file_name에 저장된 값을 이름으로
② 읽기 모드로
③ 문자 인코딩은 UTF-8이며 표식이 있는
④ 파일을 열어서
⑤ IOBase 객체를 cata_file에 대입한다.

open() 함수의 첫 번째 매개변수는 국가 코드 파일을 열 때처럼 파일의 이름입니다. 그 다음 매개변수로는 'r'이라는 문자열이 나오는데, 이는 파일을 어떤 모드로 열 것인가를 결정하는 옵션을 제공합니다. 여기에 지정한 'r'은 reading(읽기)의 머릿글자입니다. 파일에 쓰기 위해서 **열 때에 지정하는 옵션**은 잠시 뒤에 알아보겠습니다.

마지막으로 나오는 매개변수는 지금까지와는 구조가 조금 다릅니다. encoding='utf-8-sig'라는, 마치 대입문 같은 형식입니다. 이는 읽어들일 파일의 **문자 인코딩**(encoding)을 UTF-8 형식, 그리고 파일 가장 앞에 인코딩 식별을 위한 **표식**이 있는 문자로 읽는다는 뜻입니다.

사실, 컴퓨터에게는 글자도 숫자다

컴퓨터는, 결국은 **숫자밖에는 모르는 기계**입니다. 컴퓨터는 글자도 숫자로 읽고 씁니다. 이를 위해서 **글자 코드**를 사용합니다. 컴퓨터에서 알파벳과 기본 기호들을 사용하기 위해 가장 널리 쓰이는 표준 글자 코드인 **아스키**(ASCII) 코드는,

```
A - 65
B - 66
…
Z - 90
a - 97
b - 98
…
z - 122
```

이와 같은 식으로 글자를 숫자 코드로 만듭니다. 알고보면 컴퓨터는, 사진, 동영상, 음악을 비롯한 현실 세계의 수많은 데이터를 이렇게 숫자 코드화해서 다룹니다. 이렇게 데이터를 숫자 코드로 만드는 것을 **인코딩**(encoding), 반대로 숫자 코드를 푸는 것을 **디코딩**(decoding)이라고 부릅니다.

현실 세계의 데이터를 숫자 코드로 만드는 인코딩에는(물론 디코딩에도) 여러 가지 방법이 있을 수 있습니다. 이미지 파일 포맷인 **JPEG**나 **PNG**, 음악 파일의 포맷인 **MP3**, 동영상 파일 포맷인 **MP4** 같은 것들도 알고보면 인코딩을 어떤 방법으로 하는가를 나타내는 말입니다. 마찬가지로 글자를 인코딩하는 방법도 여러 가지가 있습니다.

요즈음은 전 세계의 언어들을 최대한 수용할 수 있는 **유니코드**(Unicode)라는 인코딩 표준을 많이 쓰는데, 이 유니코드도 글자를 숫자 코드화하는 방법이 여러 가지가 있습니다. 그중에서 **UTF-8**이라는 방식을 가장 많이 쓰는 편입니다. 여기에 더해서, 파일의 앞머리에 어떤 종류의 유니코드를 사용했는지를 나타내는 표식이 붙어 있는 경우도 있습니다. 우리가 OECD에서 다운로드하는 파일이 그 경우입니다. 따라서 **표식**(signal)**이 있는 UTF-8 인코딩**이라는 뜻으로, `encoding='utf-8-sig'`으로 인코딩을 지정했습니다.

키워드 매개변수, 너의 이름은…

사실 이 매개변수에서 실제로 값에 해당하는 부분은 'utf-8-sig'뿐이며, encoding은 매개변수의 이름입니다. 원래 open() 함수는 다음과 같은 형식으로 사용합니다.

```
open(file, mode='r', buffering=-1, encoding=None, errors=None, newline=None,
     closefd=True, opener=None)
```

매개변수가 무려 여덟 개나 되네요. 하지만 첫 번째 file(파일 이름) 매개변수를 제외하고는 나머지는 생략할 수 있습니다. 파이썬의 함수 형식을 표현할 때, 생략해도 되는 매개변수는 mode='r'과 같은 방식으로 표현합니다. 어떤 모드로 파일을 열지를 지정하는 mode 매개변수를 생략하면 기본값으로 'r'이 들어간다는 뜻입니다. 따라서 우리의 코드에서,

```
data_file = open(data_file_name, 'r', encoding='utf-8-sig')
```

이중에 두 번째 매개변수 'r'은 생략해도 됩니다. 또한 mode라는 매개변수 이름도 써줄 필요가 없습니다. 함수는 넘겨받은 매개변수를 왼쪽에서부터 차례대로 file, mode로 판단하기 때문입니다. encoding 매개변수는 어떨까요?

```
data_file = open(data_file_name, 'r', 'utf-8-sig')
```

이렇게는 쓸 수 없습니다. open() 변수의 형식을 보면 file, mode 다음에 buffering이 오므로 파이썬은 'utf-8-sig'를 buffering 매개변수의 값이라고 생각할 것이기 때문입니다. 이 값이 encoding 매개변수의 값이라는 점을 명시하기 위해서 encoding='utf-8-sig'라고 쓰는 것입니다.

이렇게 매개변수의 값을 지정하는 것을 **키워드 매개변수**(keyword argument)라고 합니다. 일단 키워드 매개변수를 쓰고 나면 그 **다음(뒤)에 나오는 매개변수도 모두 키워드 매개변수로** 써야 합니다. 예를 들어 errors 매개변수(이 변수의 자세한 내용은 이 책에서 다루지 않습니다)가 encoding 매개변수 다음 순서로 온다고 해서,

```
data_file = open(data_file_name, 'r', encoding='utf-8-sig', 'ignore')
```

이렇게 쓰면 안 됩니다.

```
data_file = open(data_file_name, 'r', encoding='utf-8-sig', errors='ignore')
```

반드시 이런 식으로 써야 합니다.

 키워드 매개변수는 코드를 간결하게, 또 명시적으로 만드는 데 도움을 줍니다. 키워드 매개변수가 없다면 open() 함수에서 파일 이름과 마지막 opener 매개변수만 기본값이 아닌 다른 값으로 지정하고 싶을 때에도 8개의 매개변수 값을 모두 써줘야 하지만 키워드 매개변수를 쓰면 기본값이 있는 나머지 매개변수는 싹 생략해도 되기 때문입니다.

파일을 열어서 IOBase 객체를 얻으면 국가 코드 파일을 다룰 때처럼 csv.reader()에 IOBase 객체를 전달해서 CSV reader 객체를 받아옵니다. 그 다음 줄은 국가 코드를 변환한 데이터를 저장할 빈 리스트를 하나 만들고, converted_rows 변수에 저장합니다. CSV reader를 for 루프에서 돌리면 한 줄씩 리스트로 받아올 수 있으므로 이 리스트에서 국가 코드를 찾아 저장한 다음 converted_rows 리스트에 차곡차곡 추가해주면 됩니다. (199쪽 코드를 보세요. 그 부분에 대한 설명이었습니다.)

여보세요?
혹시 지금 누구 안에 계신가요?
라고 묻는 법

계속해서 다음 코드를 추가합니다.

```
# 데이터 파일을 한 줄씩 읽어서 국가 코드를 국가 이름으로 바꾼다
for row in data_file_reader:
    country_code = row[country_column]

    # 국가 코드가 iso_codes 사전 안에 있으면 국가 이름으로 바꾼다
    if country_code in iso_codes:
        country_name = iso_codes[country_code]
        row[country_column] = country_name
```

```
        # 변환한 줄을 결과 리스트에 추가한다
        converted_rows.append(row)

        # 변환한 줄을 화면에 출력한다
        print(row)

# 데이터 파일을 닫는다
data_file.close()
```

국가 코드 파일을 읽을 때처럼 data_file_reader에 저장된 CSV reader 객체를 대상으로 for 루프를 돌리면 row에 리스트 형식으로 변환하고자 하는 CSV 파일의 내용이 한 줄씩 들어옵니다. 우리는 프로그램 시작 부분에서 국가 코드가 어느 열에 들어 있는지 입력받아 country_column 변수에 저장했으므로,

1. 리스트에서 이 열에 해당하는 값을 찾아서 (country_code = row[country_column])
2. 이 값을 키로 국가 코드 사전을 조회하여 국가 이름을 받아오고
3. 리스트의 국가 코드를 국가 이름으로 바꿔주면 됩니다.

OECD에서 내려받은 데이터를 보면 첫 줄은 열의 제목입니다. 국가 코드에 해당하는 열에는 'LOCATION'이라는 문자열이 들어 있습니다. 또한 EU28, OECD, OECDE, EA19와 같이 OECD에서만 쓰이는 약어도 있습니다. 이들 문자열은 사전에 키로 존재하지 않으므로 이를 키로 해서 값을 받아오려고 하면 오류가 일어납니다. 따라서 사전에서 값을 받아오기 전에 **조회하려는 키가 사전에 있는지 여부를 먼저 확인**해야 합니다.

사전 안에 국가 코드가 있는지 확인하는 방법은 간단합니다.

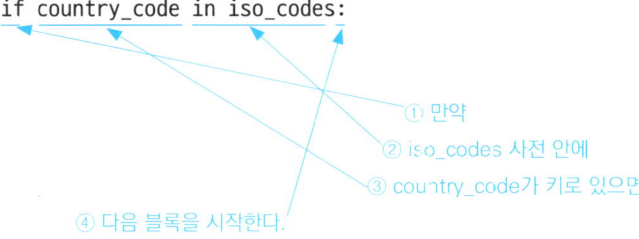

여기서도 in을 사용했습니다. if와 함께 in을 사용하고, 그 뒤에 사전을 사용해서 키가 있는지 없는지를 확인할 수 있습니다. iso_codes 사전을 in 뒤에 썼기 때문에 파이썬은 iso_codes 사전의 키 중에서 country_code가 있는지 확인합니다. 만약 iso_codes가 'AUS'라면 iso_codes 안에 {'AUS' : '오스트레일리아'} 형태로 들어 있으므로 True로 평가되지만, 'EU28'이라면 그런 국가 코드는 없으므로 False로 평가됩니다.

if … in … 형식으로 값을 조회하는 방법은 리스트나 튜플에도 쓸 수 있습니다. 이 경우에는 리스트나 튜플 안에 값이 있는지 여부에 따라서, 있으면 True로, 없으면 False로 평가됩니다.

이렇게 **사전**에 국가 코드가 있는지 조회해서, 키가 있으면 country_code를 키로 그에 해당하는 값, 즉 국가 이름을 받아옵니다. 그 다음에는 row에서 국가 코드가 들어 있는 열에 국가 이름을 대입해주면 됩니다.

변환한 줄을 리스트에 추가하는 converted_rows.append(row) 문은 if 블록 바깥으로 나와 있습니다. 만약 if 문의 평가 결과가 True라면 if 다음의 블록을 실행하겠지만 False라면 블록을 실행하지 않고 곧바로 converted_rows.append(row) 문으로 넘어올 것입니다. 즉, 국가 코드를 변환하지 않고 그냥 리스트에 추가합니다. 그 다음에는 변환한 결과를 확인해보기 위해 화면에 row를 출력합니다.

 여기서 한 가지 알 수 있는 것은, 리스트의 항목으로 리스트가 들어가도 문제가 없다는 것입니다. 리스트도, 튜플도, 사전도 리스트, 튜플, 사전의 항목으로 쓰일 수 있습니다. converted_rows는 리스트의 리스트인 셈입니다.

	A	B	C	D	E	F	G	H
1	LOCATION	INDICATO	SUBJECT	MEASURE	FREQUEN(	TIME	Value	Flag Codes
2	AUS	GDP	TOT	USD_CAP	A	2016	49983.79	
3	AUT	GDP	TOT	USD_CAP	A	2016	51636.99	
4	BEL	GDP	TOT	USD_CAP	A	2016	47372.6	
5	CAN	GDP	TOT	USD_CAP	A	2016	44819.11	

```
[
    ['LOCATION', 'INDICATOR', 'SUBJECT', 'MEASURE', 'FREQUENCY', 'TIME',
 'Value', 'Flag Codes'],
    ['AUS', 'GDP', 'TOT', 'USD_CAP', 'A', '2016', '49983.79'],
    ['AUT', 'GDP', 'TOT', 'USD_CAP', 'A', '2016', '51636.99'],
    ['BEL', 'GDP', 'TOT', 'USD_CAP', 'A', '2016', '47372.6'],
]
```

우리가 다운로드했던 OECD 통계 데이터의 앞 부분 일부를 리스트 형태로 바꿔 써보면 위와 같습니다. 한 줄이 리스트가 되고, 이 리스트가 전체 리스트의 한 항목이 되는,
 리스트의 리스트입니다.

한 줄에 쓰기에는 리스트가 너무 길어질 경우, 위와 같이 줄을 나누어 쓸 수도 있습니다. 원래 파이썬은 한 문장은 한 줄에 써야 하지만 리스트나 튜플, 사전 등이 길이가 길어지면 위와 같이 여러 줄에 걸쳐 써도 예외를 인정합니다.

마지막으로, for 루프가 끝나고 나면 물론 파일을 닫아줘야 합니다.

읽느냐 쓰느냐, 그것만 문제로다

이제 프로그램의 마지막 단계입니다. 앞에서 변환할 국가 코드를 국가 이름으로 바꾸어서 리스트에 저장해두었습니다. 이 리스트를 CSV 파일 형식으로 저장해야 합니다. 변환하기 전의 CSV 파일에 덮어쓸 수도 있지만 그보다는 새로운 파일을 만들어서 여기에 저장하는 편이 더 안전합니다. 만약 프로그램에 오류가 있다면 원본 파일을 날려먹을 위험이 있기 때문입니다. 다음 코드를 추가합니다.

```
# 변환한 데이터를 저장할 파일을 연다
new_file = open('new_' + data_file_name, 'w', encoding='utf-8-sig')
```

첫 번째 매개변수는 파일 이름입니다. 새 파일 이름으로 기존 파일 이름의 앞에 new_를 붙이려 합니다. 만약 원본 파일의 이름이 oecd_date.csv였다면 새 파일의 이름은 new_oecd_date.csv가 될 것입니다.

또 하나 눈에 뜨이는 부분은 두 번째 매개변수, 즉 파일을 어떤 모드로 여는가를 정하는 mode 매개변수 부분입니다. 아까는 'r'였는데 지금은 'w'입니다. 어떤 단어의 머릿글자일까요? 우리는 **쓰기 모드**로 파일을 열어야 하니까 아마도 **writing**(쓰기)의 머릿글자일 것이라고 생각하셨다면, 정답입니다! 파이썬은 이제 같은 폴더에 new_로 시작하는 새로운 파일을 만들고 이 파일의 IOBase 객체를 돌려줍니다.

CSV 파일을 읽기 위해서 열린 파일의 IOBase 객체를 csv.reader()에 매개변수로 전달하고 CSV reader 객체를 받아왔습니다. 데이터를 CSV 파일로 쓰기 위해서는? csv.writer()가 있을 것 같은 예감이 듭니다. 이걸 사용하면 CSV writer 객체를 받을 수 있을 듯도 합니다. 제대로 보신 겁니다. 프로그래머 다 되셨네요. 소질이 보입니다.

```
new_file_writer = csv.writer(new_file)
```

이제는 척 하면 감이 올 수준입니다. 이제 리스트를 가지고 for 루프를 돌려서 한 줄씩 CSV writer 객체를 이용해서 저장하면 될 것 같습니다. CSV 파일을 읽을 때하고 굉장히 비슷한 부분이 많습니다. read냐 write냐, 이것만 문제입니다.

한 가지 주의할 점은, 이미 존재하는 파일을 쓰기 모드로 열면 그 파일 안에 있던 내용이 모두 날아가버리고 텅 빈 파일이 됩니다. 열었다가 닫기만 해도 파일 내용이 싹 지워지니 주의해야 합니다.

```
# 변환한 데이터를 저장한다
for new_row in converted_rows:
    new_file_writer.writerow(new_row)

# 변환한 파일을 닫는다
new_file.close()
```

국가 코드를 국가 이름으로 변환한 데이터가 들어 있는 converted_rows 변수를 사용해서 for 루프를 돌리면 new_row에 CSV의 한 줄에 해당하는 데이터가 리스트로 들어옵니다. 이를 CVS writer 객체에 속한 writerow() 함수에 매개변수로 전달하면 파일에 한 줄을 CSV 형식으로 써줍니다. 이렇게 for 루프로 한 줄씩 한 줄씩 써준 다음, for 루프가 끝나고 나서 파일을 닫아줌으로써 파일 쓰기 작업을 마칠 수 있습니다.

그런데 for 루프 없이 한방에 쓰기를 해버리는 방법도 있습니다.

```
# 변환한 데이터를 저장한다
new_file_writer.writerows(converted_rows)

# 변환한 파일을 닫는다
new_file.close()
```

for 루프에 writerow()를 쓰는 대신, for 루프 없이 writerows()를 사용합니다. 방금 앞에서 썼던 함수에는 row, 즉 단수로 이름이 끝나고, 여기 함수에는 복수형인 rows로 이름이 끝나는 차이가 있습니다. writerows() 함수는 리스트의 리스트를 받아서 순서대로 한꺼번에 파일에 씁니다.

그런데 이 프로그램을 실행시켜서 파일을 변환하고, 새로 만들어진 파일, 즉 new_로 시작하는 파일을 엑셀에서 열어보면 문제가 있습니다. 각 줄마다 빈 줄이 하나씩 들어가 있기 때문입니다. 이 문제를 해결하기 위해서는 open() 함수의 정의를 다시 한 번 살펴볼 필요가 있습니다.

```
open(file, mode='r', buffering=-1, encoding=None, errors=None, newline=None,
closefd=True, opener=None)
```

여기 매개변수 중에 newline이라는 것이 있습니다. 줄바꿈을 할 때 삽입할 글자 혹은 기호를 지정할 수 있는데, 기본값으로는 None이 지정되어 있습니다. 문제는 newline이 기본값일 경우 지금과 같이 CSV의 각 줄이 빈 줄이 하나씩 들어간다는 점입니다. 이를 해결하려면 newline에 빈 문자열을 전달하면 됩니다. 다음과 같이, newline 매개변수를 **키워드 매개변수 방식으로** 써서 **빈 문자열을 전달**해주면 됩니다.

```
new_file = open('new_' + data_file_name, 'w', encoding='utf-8-sig', newline='')
```

csv 모듈의 도움을 받아서 파일에 읽고 쓰는 작업을 꽤 손쉽게 끝냈습니다. 이제부터는 이 프로그램에서 몇 가지 더 개선할 점을 생각해보겠습니다.

with와 함께라면 파일 작업이 안전해진다

우리는 파일을 읽거나 파일을 쓰기(사용하기) 위해서 먼저 open()으로 파일을 열고 IOBase 객체를 얻어 작업을 했습니다. 작업이 끝나면 IOBase 클래스에 속한 close() 함수를 써서 파일을 닫았습니다. 그런데 **파일로 작업을 하는 과정에서 뭔가 문제가 생기면** 골치아파집니다.

예를 들어 예외가 일어나서 프로그램이 중단되어버리면 **파일이 닫히지 않은 상태**로 끝나버립니다. 어떤 파일의 사용권이 프로그램에게 가 있어서 다른 프로그램이 사용권을 받을 수 없는 상태를 보통 '**파일이 잠겼다**'라고 말하는데, 파일이 잠긴 상태에서 프로그램이 끝나버리면 파일이 계속 잠기게 되어 다른 프로그램이 이 파일을 쓰지 못할 수 있으며, 최악의 경우에는 컴퓨터를 재시동해야 합니다. 파일에 쓰기 작업을 하고 있는 중이었다면 내용을 날려먹을 수도 있습니다. 파일 관련 작업을 할 때에는 이러한 가능성을 꼭 염두에 두고 있어야 합니다.

이런 문제를 해결할 방법으로 우리가 알고 있는 것은 **예외 처리**입니다. 즉 파일을 연 다음 닫기 전까지 파일로 뭔가 작업을 하는 코드를 전부다 try:로 둘러싸는 것입니다. 예외가 일어나면 except: 블록에서 파일을 닫는 처리를 하면 되지만 더 확실한 방법은

finally:를 사용하는 것입니다.

예를 들어 국가 코드 파일을 읽을 때의 코드를 살펴보겠습니다.

```
# 국가 코드 파일을 열고 CSV로 읽을 준비를 한다
iso_code_file = open('iso-3166.csv')

try:
    iso_code_reader = csv.reader(iso_code_file)
    iso_codes = dict()

    # 파일을 한 줄씩 읽어서 사전으로 변환한다
    for row in iso_code_reader:
        iso_codes[row[1]] = row[0]
finally:
    iso_code_file.close()
```

finally: 블록에 들어 있는 코드는 try: 블록이 정상적으로 끝났거나 예외가 일어나서 프로그램이 중단되거나 except: 블록이 실행되었을 경우에도 **무조건 실행**됩니다.
except: 없이 try: ... finally:만 쓸 수도 있습니다.

 하지만 이보다도 더 좋은 방법이 있는데, with 키워드를 사용하는 방법입니다.

```
# 국가 코드 파일을 열고 CSV로 읽을 준비를 한다
with open('iso-3166.csv') as iso_code_file:
    iso_code_reader = csv.reader(iso_code_file)
    iso_codes = dict()

    # 파일을 한 줄씩 읽어서 사전으로 변환한다
    for row in iso_code_reader:
        iso_codes[row[1]] = row[0]
```

with open('iso-3166.csv') as iso_code_file:

① iso-3166.csv 파일을 열어
② iso_code_file 변수를 사용해서
③ 이를 가지고
④ 다음 블록을 시작한다.

with는 '~와 함께'라는 뜻 말고도 'I cut an apple with a knife'(나는 칼로 사과를 잘랐다)처럼 **도구를 뜻하는 전치사**로도 쓸 수 있습니다. 즉, 위의 문장은 open()으로 파일을 열어 얻은 IOBase 객체를 iso_code_file 변수를 사용해서(as), 이를 가지고(with) 다음 블록을 시작한다는 뜻이 됩니다.

with를 사용하면 close()로 파일을 닫지 않아도, try:⋯ finally:⋯ 블록을 사용하지 않아도 with 다음에 나오는 블록에서 빠져나올 때 자동으로 close() 함수를 호출합니다. 이는 with 블록에서 바져나올 때 close() 함수를 부르도록 IOBase 클래스에 프로그래밍되어 있기 때문입니다. 우리 프로그램에는 open()으로 IOBase 객체를 얻어오는 곳이 두 곳 더 있는데 이들을 모두 with 블록을 사용해서 바꾸어보시기 바랍니다. with와 함께라면 파일 작업이 쉽고 안전해집니다.

 with를 쓰지 않았던 코드를 with를 써서 바꿀 때에는 다음에 주의하시기 바랍니다.

- with 줄에서 만드는 변수를 사용하는 코드, 여기서는 with에서 열어놓은 파일 객체를 사용하는 코드는 모두 with 블록 안에 있어야 합니다.

- 파일을 닫는 코드는 지워야 합니다. 예를 들어 iso_code_file.close() 같은 줄은 지우세요. with 블록이 끝날 때 파이썬이 알아서 닫도록 맡겨야 합니다.

파이썬 안에 없는 건 밖에서 수입해서 쓰자. 라이브러리 검색

이번에는 **문자 인코딩**을 좀 더 편리하게 처리할 수 있는 방법을 생각해보겠습니다. 이 문제는 의외로 까다롭습니다. 예를 들어, 국가 코드를 저장한 CSV 파일은 유니코드 이전에 만들어졌던 문자 인코딩을 사용합니다. **유니코드**가 생기기 전에는 각 언어권마다 자기 언어를 위한 문자 인코딩을 썼고, 우리나라도 마찬가지였습니다.

문제는 알파벳과 한글을 섞어서 쓴 텍스트는 별 문제가 없지만 여러 나라 언어가 뒤섞여 있을 때에는 제대로 처리하지 못하는 데다가, 각 언어권별로 제각기 문자 인코딩을 만들어 쓰다보니까 A라는 언어의 문자 인코딩으로 파일을 저장하면 B라는 언어의 문자 인코딩으로 파일을 열었을 때엔 내용이 엉망이 됩니다. 이런 문제를 해소하고 여러 언어가 뒤섞인 텍스트도 잘 처리하기 위해 만든 게 유니코드입니다.

 그런데 여전히 유니코드 이전에 만들어진 문자 인코딩이 쓰이기도 합니다. 엑셀이 그렇습니다. 우리는 위키백과에서 국가 코드-국가 이름 표를 긁어와서 엑셀에 붙여넣고 이를 CSV로 저장했는데 이럴 때 **엑셀은 CP-949라는, 옛날 방식의 문자 인코딩을 사용**합니다.

또한 **유니코드도 종류가 여러 가지**이고 어떤 유니코드인지를 식별하기 위한 코드가 파일 첫머리에 붙어 있는 파일도 있고, 그렇지 않은 파일도 있습니다. OECD에서 내려받은 CSV에는 **식별코드**가 있지만 없는 경우도 많습니다.

지금 우리의 프로그램은 변환할 CSV가 식별코드가 있는 UTF-8 방식 유니코드 문자 인코딩이라고 가정하고 파일을 열 때 인코딩을 `utf-8-sig`로 고정해놓았습니다. 그런데 만약 파일의 문자 인코딩이 그게 아니라면? 결과는 엉망이 될 것입니다. 만약 **문자 인코딩이 무엇인지 알아낼 수 있다면** 프로그램은 훨씬 유연해질 텐데요.

이런 기능은 우리 입장에선 아쉽지만 파이썬이 직접 제공하는 기능은 아닙니다. 하지만 파이썬이 강력한 진짜 이유는, 전 세계의 많은 멋진 개발자들이 별의별 기능을 다 지원하는 모듈을 만들어서 제공한다는 데에 있습니다. 검색만 잘해보면 필요한 모듈을 찾아서 설치하고, 내 프로그램에서 쓸 수 있습니다. 이런 검색에는 구글이 잘 맞습니다. 아직까지는 주로 해외 웹사이트 쪽에 이런 정보가 많이 있기 때문입니다. 보통은 'python'을 앞에 쓰고 내가 원하는 기능을 상징하는 키워드를 써주면 구글이 꽤 똑똑하게 답을 찾아줍니다. 문자 인코딩을 알아내주는 모듈을 찾고 싶어서, '**python detect**(검출하기) **character encoding**(문자 인코딩)'이라는 키워드로 검색을 해보았습니다.

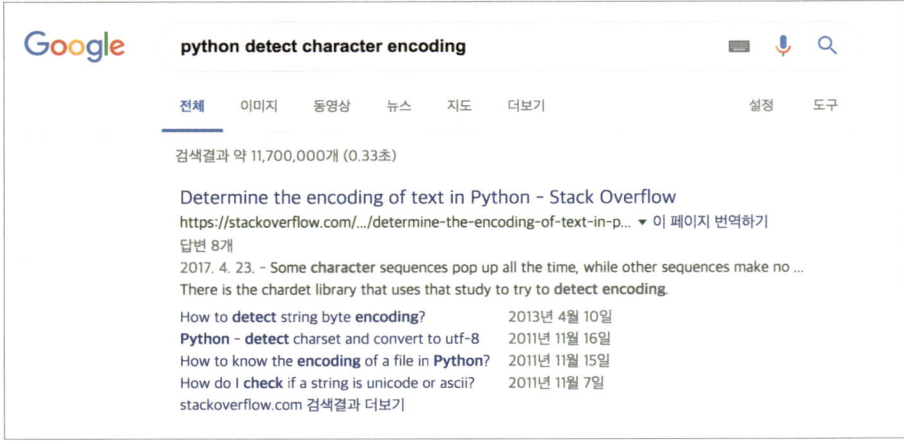

가장 먼저 뜨는 결과는 'Determine the encoding of text in Python(파이썬에서 텍스트 인코딩 판단하기) - Stack Overflow'입니다. **Stack Overflow는 전 세계 많은 사람들이 질문을 올리고 답을 하는 곳**입니다. 프로그래밍을 하는 사람들이 정말로 많은 정보를 주고받고 있습니다. 친해두면 정말 좋습니다. 첫 번째 검색 결과를 따라 들어가보니 '텍스트 파일을 받았는데 문자 인코딩을 잘 모르겠다. 파이썬에서 인코딩을 판단하는 방법이 궁금하다.'는 식의 질문이네요. 답을 보면 다음과 같습니다.

> There is the chardet library that uses that study to try to detect encoding. chardet is a port of the auto-detection code in Mozilla.
>
> chardet라는 라이브러리가 있는데 인코딩을 검출하기 위해 쓰인다. chardet는 모질라 안에 있는 자동 검출 코드를 이식한 것이다.

이 답변에 의하면, chardet라는 **라이브러리**로 우리가 원하는 목적을 이룰 수 있을 듯합니다. 라이브러리(library)에는, 마치 도서관에 오만가지 분야의 책들이 있는 것처럼 오만가지 분야의 모듈이 있습니다. 파이썬에서는 라이브러리라는 말보다는 **패키지**(package)라는 말을 씁니다. package는 '꾸러미'라는 뜻이죠. 패키지에는 하나 또는 여러 개의 모듈이 꾸러미로 묶여 있습니다. chardet 패키지는 파이썬에 기본으로 들어 있는 것이 아니므로 chardet 패키지를 다운로드하겠습니다.

패키지 관리자 pip과 친하게 지내는 방법

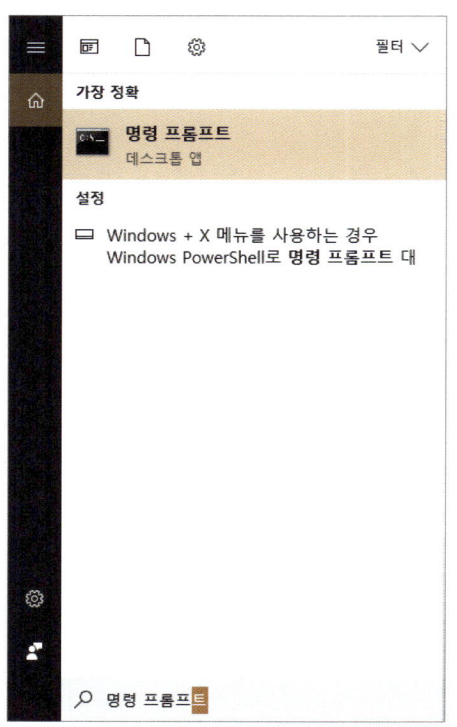

패키지를 관리하기 위해서 파이썬은 **pip**이라는 프로그램을 제공합니다. **pip**을 실행하기 위해서는 **명령 프롬프트**를 열어야 합니다. 만약 윈도우 10에서라면 그림과 같이 명령 프롬프트를 엽니다.

윈도우 키를 누르면 시작 메뉴가 뜹니다. 이 상태에서 **명령 프롬프트** 또는 cmd를 입력하면 다음 페이지와 같은 화면을 볼 수 있습니다.

아마 '명령' 정도까지만 입력해도 이 화면을 볼 수 있을 것입니다. 이때 주의할 것은, **명령 프롬프트**를 클릭해서 그냥 실행시키면 pip의 기능이 제대로 돌아가지 않는다는 점입니다. 반드시 **명령 프롬프트**를 **마우스 오른쪽 버튼**으로 클릭한 다음, 그 메뉴에서 **관리자 권한으로 실행**을 선택하여 실행시켜야 합니다. 그러면 프로그램을 설치하거나 제거할 때 자주 보았을, '**이 앱이 디바이스를 변경할 수 있도록 허용하시겠어요?**'와 같은 메시지가 나올 것입니다. 여기서 '**예**'를 선택합니다. 이제 다음과 같은 썰렁한 화면을 볼 수 있습니다.

파이썬 **셸**과 뭔가 비슷해 보입니다. 이제 pip을 입력한 다음 **엔터 키**를 쳐봅시다. 뭔가 텍스트가 후루룩 지나갈 것입니다.

만약에 '**pip**'은(는) 내부 또는 외부 명령, 실행할 수 있는 프로그램, 또는 배치 파일이 아닙니다.라는 메시지가 나온다면 다시 설치할 필요가 있습니다. 재설치 없이 환경변수라는 것을 조절해서 해결하는 방법도 있지만 초보자에게는 매우 어려운 일입니다.

어제(2일) 설치 절차를 참고해서 파이썬을 다시 설치해보시기 바랍니다. 그 과정에서 '**Add Python … to PATH**'를 반드시 체크해주어야 파이썬이나 pip을 쉽게 실행시킬 수 있습니다.

pip을 실행시킨 결과, **명령 프롬프트** 안에 텍스트가 잔뜩 쏟아졌다면 위로 스크롤해서 앞머리 부분을 살펴봅시다.

Commands: 즉 명령어 부분에 있는 몇 가지 키워드만 신경 쓰면 됩니다.

- install   패키지를 다운로드하고 설치합니다.
- download   패키지를 다운로드만 합니다.
- uninstall   설치한 패키지를 제거합니다.
- list   설치한 패키지의 목록을 봅니다.
- show   패키지의 정보를 보여줍니다.
- search   패키지가 있는지 검색합니다.

pip의 사용 방식은 pip (명령어) (옵션) 순서입니다. 먼저 어떤 패키지가 설치되어 있는지 보기 위해 pip list를 입력해봅시다. 명령을 입력한 다음에는 물론 **엔터 키**를 쳐야 실행됩니다.

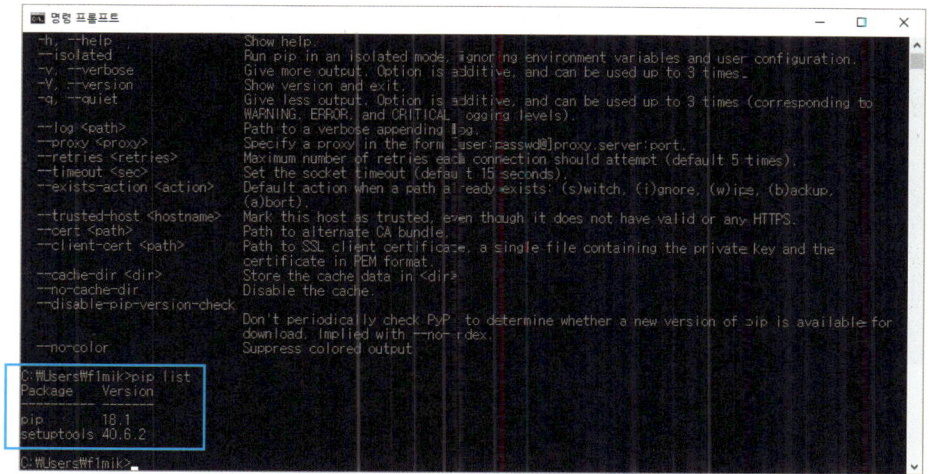

파이썬을 설치한 후 이 책에서 설명한 내용 말고 별다른 일을 하지 않았다면 앞의
화면처럼 pip과 setuptools 두 가지 정도밖에는 없을 것입니다. 이제 chardet 패키지를
설치하려면 당연히 install 명령을 써야겠죠? 설치 전에 search 명령어로 그런
패키지가 있는지 확인해봅시다.

pip은 파이썬의 패키지를 관리하는 pypi.org라는 인터넷 서비스를 사용하기 때문에
인터넷에 연결되어 있어야 제대로 동작합니다. pip search (패키지 이름) 형식으로
쓰므로 pip search chardet를 입력해보면 그림과 같이 두 가지 버전이 있다고
안내해줍니다. pip install chardet를 입력하고 엔터 키를 치면 pip이 알아서 최신
버전을 설치하게 됩니다.

어쩌면 독자 여러분들이 실행할 즈음에는 더 최신 버전이 나왔을 수도 있지만 대략 비슷한 화면을 보게 될 것입니다. 마지막에 Successfully installed(성공적으로 설치됨)... 어쩌고 하는 메시지가 나왔으면 잘 된 것입니다. 이제 chardet 패키지를 사용할 수 있습니다.

'이것을 어떻게 사용하는 걸까?' 하는 궁금증이 들 수 있습니다. 그래서 **검색의 생활화**가 중요합니다. 구글에서 python chardet 정도로 검색해봐도 좋지만 앞에서 언급했던 pypi.org에 가도 정보를 구할 수 있습니다.

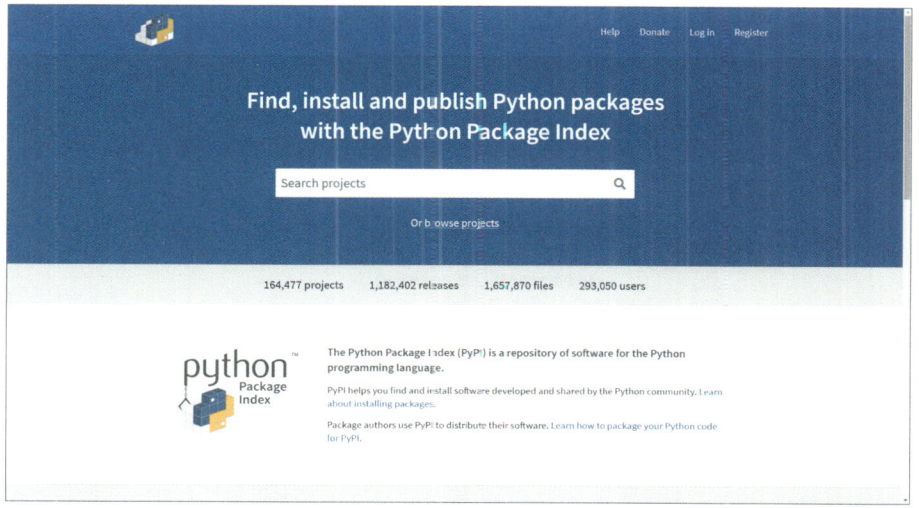

pypi.org 사이트에 접속해보면 한가운데에 큰 검색창이 있습니다. 여기에 chardet를 입력해봅시다.

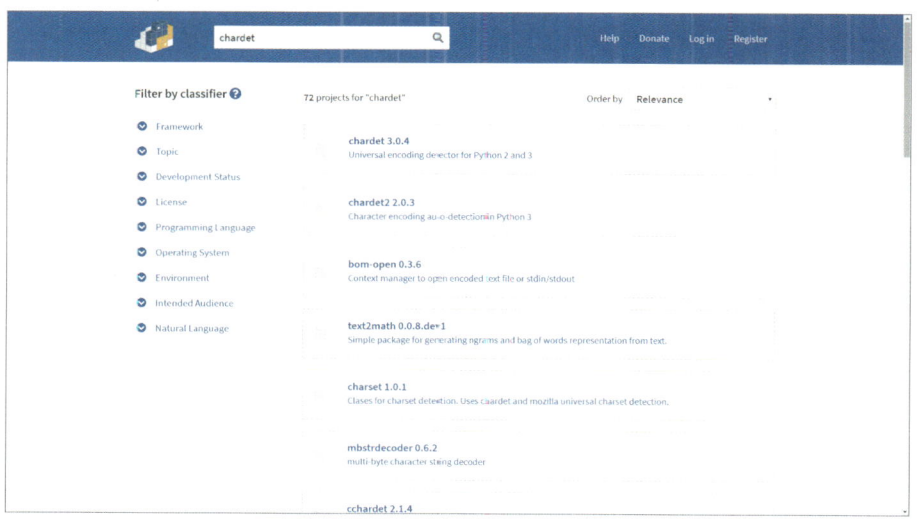

검색 결과 중 상단의 두 개에 가장 눈길이 갑니다. chardet 패키지가 있고 그 아래에 chardet2 패키지도 있습니다. cardet는 파이썬 버전 2와 3에서 다 쓸 수 있는 반면 chardet2는 파이썬 버전 3에서만 쓸 수 있습니다. 우리는 파이썬 버전 3을 설치해서 사용 중이니까 chardet2 패키지를 설치해도 됩니다만 패키지 이름이 chardet2라는 점에 유의해야 합니다.

우리는 이미 chardet 패키지를 설치했고, 이것으로도 쓰는 데에는 문제가 없습니다. 가장 위에 있는 검색 결과인 chardet을 클릭해볼까요?

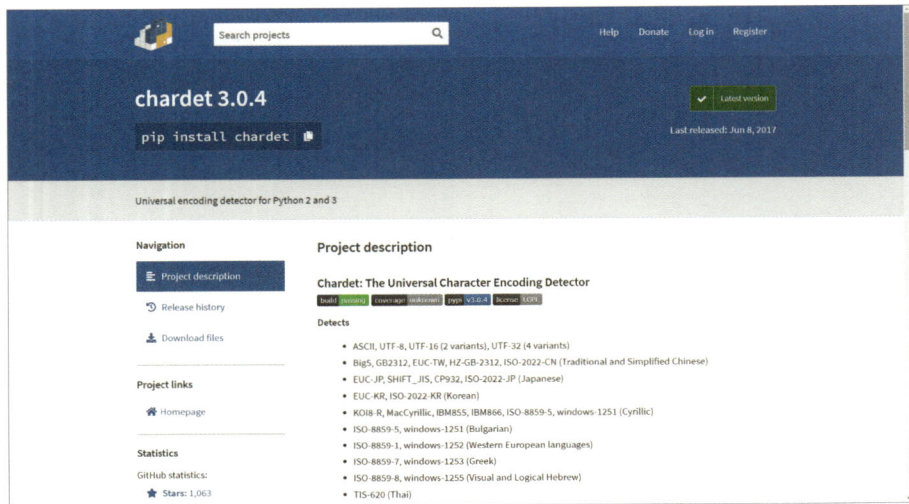

The Universal Character Encoding Detecor, 즉 '**통합 문자 인코딩 검출기**'라고 소개하고 있습니다. 이 페이지를 아래로 스크롤해보면 **Documentation**, 즉 '문서' 항목이 나올 것입니다.

> For users, docs are now available at https://chardet.readthedocs.io/.
> 사용자를 위한 문서는 https://chardet.readthedocs.io/에서 볼 수 있습니다.

저 링크를 따라 들어가보면 다음과 같은 웹페이지를 보게 됩니다.

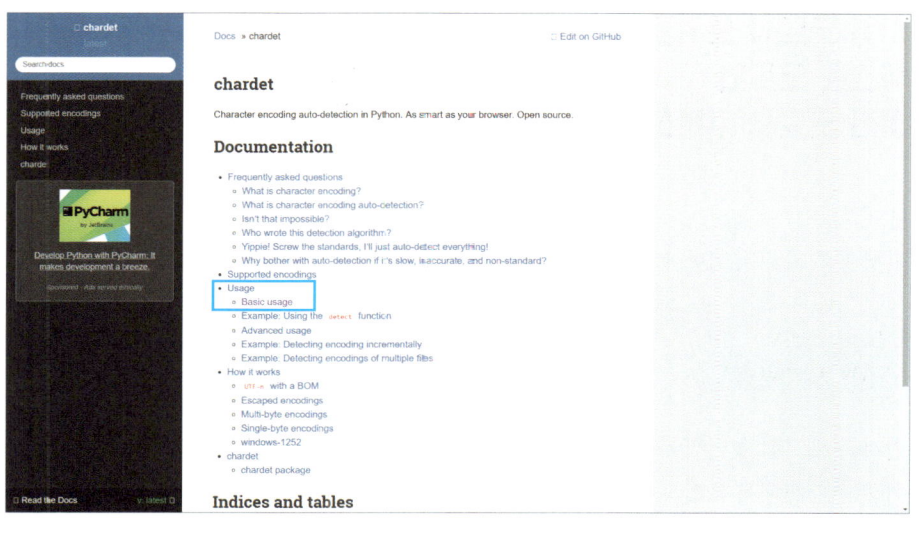

대략 뭘 봐야 할지 정신이 아득할 텐데, 간단하게 **Usage**(사용법) 아래의 **Basic Usage**(기본 사용법)를 보면 됩니다. 들어가보면 파이썬 **셸**에서 urllib 패키지를 이용해서 야후재팬 웹사이트의 URL을 연 다음, 문자 인코딩을 확인하는 예제가 나와 있는데, 실행해보면 실행이 잘 안 됩니다. urllib 패키지 사용법이 바뀌었는데 반영이 안 되어 있기 때문인 듯합니다. (다만, 여러분들이 이 책을 보고 있을 시점에는 문제를 고쳤을지도 모르겠네요.)

chardet 모듈은 컴퓨터에 저장된 파일은 물론 인터넷 웹 페이지의 문자 인코딩도 알아낼 수 있습니다.

파이썬 **셸**에서 다음을 실행시켜봅시다.

```
>>> import urllib.request
>>> rawdata = urllib.request.urlopen( http://daum.net').read()
>>> import chardet
>>> chardet.detect(rawdata)
{'encoding': 'utf-8', 'confidence': 0.99, 'language': ''}
```

포털 사이트인 **다음**(DAUM)의 URL을 열고, 데이터를 읽어서 rawdata 변수에 넣고 이 데이터의 문자 인코딩을 확인했습니다. 그 결과는 사전 유형으로 들어옵니다. 우리는 일단 'encoding' 즉 **문자 인코딩**에 해당하는 항목만 주의 깊게 보면 됩니다. 값은 유니코드에서 가장 널리 쓰이는 문자 인코딩인 'utf-8'입니다.

읽기 모드와 쓰기 모드에 이어, 텍스트 모드와 이진 모드를 구분하라

이제 우리의 프로그램에 chardet 패키지를 써먹어봅시다. 가장 먼저 뭘 해야 할까요?

```python
import csv
import chardet
```

먼저 프로그램 첫머리에서 import chardet로 패키지를 불러와야 합니다.
이 프로그램에서 우리는 국가 코드 파일과 변환할 파일의 문자 인코딩을 알아낼 것입니다. with 명령어로 국가 코드 파일을 열어서 IOBase 객체를 iso_code_file 변수에 저장했습니다. IOBase 클래스의 read() 함수(메서드)를 사용하면 파일의 전체 데이터를 읽어들일 수 있으며, 이를 chardet.detect()에 매개변수로 전달하면 됩니다.
with 블록의 첫머리에 이 코드를 넣어보겠습니다.

```python
# 국가 코드 파일을 열고 CSV로 읽을 준비를 한다
with open('iso-3166.csv') as iso_code_file:
    data = iso_code_file.read()
    char_encoding = chardet.detect(data)
    print(char_encoding) # 문자 인코딩을 화면에 출력한다
    iso_code_reader = csv.reader(iso_code_file)
    iso_codes = dict()
```

잘 되는지 실행해볼까요?

```
Python 3.7.2 (tags/v3.7.2:9a3ffc0492, Dec 23 2018, 22:20:52) [MSC v.1916 32 bit (Intel)] on win32
Type "help", "copyright", "credits" or "license()" for more information.
>>>
========= RESTART: C:\Users\f1mik\Desktop\Python\country_code_v2.py =========
CSV 파일 이름을 입력하세요.DP_LIVE_21122018021048550.csv
국가 코드가 들어 있는 열의 위치를 숫자로 입력하세요.1
Traceback (most recent call last):
  File "C:\Users\f1mik\Desktop\Python\country_code_v2.py", line 11, in <module>
    char_encoding = chardet.detect(data)
  File "C:\Users\f1mik\AppData\Local\Programs\Python\Python37-32\lib\site-packages\chardet\__init__.py", line 34, in detect
    '{0}'.format(type(byte_str)))
TypeError: Expected object of type bytes or bytearray, got: <class 'str'>
>>>
```

이런, 뭔가 문제가 있습니다. TypeError가 났네요.

```
TypeError: Expected object of type bytes or bytearray, got: <class 'str'>
```

예상했던 객체(expected object)는 **바이트**(byte) 또는 **바이트 배열**(bytearray)이었는데 실제로 받은(got) 것은 **문자열**(str)이었다는 내용입니다. 여기서 **파일을 여는 또 다른 모드**에 관한 이야기를 해야겠네요.

핵심 파일을 열 때에는 **텍스트 모드**(text mode)와 **이진 모드**(binary mode)라는 두 가지 모드가 있습니다(운영체제에 따라서는 차이가 없을 수도 있습니다). 텍스트 모드는 텍스트 파일, 흔히 확장자가 .txt로 끝나는 파일이나 CSV처럼 텍스트 편집기에서 바로 열어서 볼 수 있는 파일을 열 때 사용합니다. 이진 모드는 사진, 음악, 동영상 파일은 물론이고 아래아한글이나 MS 워드와 같은 워드프로세서 파일을 열 때에도 쓰입니다.

심심 텍스트 모드와 이진 모드가 따로 있는 이유는 주로 **특수문자**의 처리 때문입니다. 이미 알아봤듯이 줄이 바뀐다는 표시로 쓰이는 특수문자 글자 코드(\n)가 있습니다. 텍스트 모드로 파일을 열면 이런 특수문자의 글자 코드를 인식해서 그 기능을 반영해주지만, 이진 모드로 파일을 열면 이런 변환 과정이 전혀 없는, 순수한 숫자 데이터의 연속일 뿐입니다. 바이트 또는 바이트 배열이라는 오류 메시지는 이를 뜻합니다.

바이트(byte)란 컴퓨터의 용량을 표시할 때 쓰는 기본 단위입니다. 0과 1로 구성되는 이진수 하나인, 비트(bit)가 8개 모이면 바이트입니다. 1 바이트에는 0부터 255, 혹은 -128부터 127까지 숫자를 저장할 수 있습니다. 바이트 혹은 바이트 배열이란 이진 모드로 파일을 열어서 읽었을 때 얻는, 바이트의 연속으로 이어진 데이터를 말합니다.

명심 또한 텍스트 모드로 파일을 열 때에는 문자 인코딩을 지정하며 파일을 읽고 쓸 때 이 인코딩으로 바이트 데이터를 문자열로 변환합니다. 반면 **이진 모드로 파일을 열면 문자 인코딩을 사용하지 않습니다**. 문자열을 읽고 쓰는 게 안 되는 건 아니지만 문자열을 읽고 쓸 때마다 일일이 인코딩을 지정해주어야 합니다.

핵심 **파이썬**에서 파일을 열 때 **기본 모드는 텍스트 모드**입니다. chardet 패키지가 **문자 인코딩을 검출하기 위해서는 파일을 이진 모드로 열어야** 하는데, open() 함수에서 읽기 모드로 파일을 열기 위해서는 두 번째 매개변수에 'r'을, 쓰기 모드로 열 때에는 **명심** 'w'를 전달했던 것, 기억하시나요? 여기에 추가로 이진 모드를 뜻하는 binary mode의 머릿글자인 'b'를 추가해주면 파일을 이진 모드로 열 수 있습니다.

```
with open('iso-3166.csv', 'rb') as iso_code_file:
```

위와 같이 파일을 열면 **읽기 모드**(r)이자 **이진 모드**(b)로 파일을 엽니다.

파일을 이진 모드로 열어야 하는 chardet 패키지와는 반대로, csv 모듈은 파일을 텍스트 모드로 열어야 제대로 처리할 수 있습니다. 따라서 먼저 이진 모드로 열어서 문자 인코딩을 파악하고 닫았다가, 다시 텍스트 모드로 열어서 csv 모듈에 넘겨줘야 합니다. 국가 코드 파일을 읽어서 csv 모듈로 넘기는 부분 앞에 코드를 추가합니다.

```python
# 국가 코드 파일의 문자 인코딩을 파악한다
with open('iso-3166.csv', 'rb') as iso_code_file:
    raw_data = iso_code_file.read()
    char_encoding = chardet.detect(raw_data)

# 국가 코드 파일을 열고 CSV로 읽을 준비를 한다
with open('iso-3166.csv', 'rt', encoding=char_encoding['encoding']) as ↵
↪iso_code_file:
    iso_code_reader = csv.reader(iso_code_file)
    iso_codes = dict()
```

파일의 문자 인코딩을 알아내는 과정은 간단합니다. char_encoding 변수에는 문자 인코딩 정보를 담은 사전 유형 데이터가 저장되며, 문자 인코딩은 'encoding'을 키로 조회해서 가져올 수 있습니다. 텍스트 모드로 파일을 열 때 encoding=char_encoding['encoding']으로 전달합니다. **여기서 다시 주의**, char_encoding[encoding]과 같이 따옴표를 쓰지 않으면 파이썬은 encoding이 변수 이름이겠거니 생각해서 값을 꺼내오려고 할 것입니다. 그러나 encoding이란 이름의 변수가 없으므로 오류를 냅니다.

open()의 기본 모드는 읽기 모드+텍스트 모드이므로 굳이 'rt'는 안 써줘도 됩니다. 지금 우리의 국가 코드 파일은 굳이 encoding 매개변수가 없어도 되긴 합니다. 그래도 앞의 코드와는 다른 모드라는 걸 확실히 하기 위해서 'rt'를 썼습니다. 국가 파일 CSV의 인코딩이 utf-8-sig가 아닌 다른 인코딩으로 저장되었을 때에도 이제는 걱정 없이 파일을 열 수 있으므로, 지금과 같이 문자 인코딩을 알아내서 사용하면 프로그램이 훨씬 유연해집니다.

데이터 파일에도 인코딩을 써야 합니다. 방법은 아까와 비슷합니다. 변환할 CSV 파일을 텍스트 모드로 여는 코드 앞에 다음을 추가합니다.

```python
# 변환할 데이터 파일의 문자 인코딩을 파악한다
with open(data_file_name, 'rb') as data_file:
    raw_data = data_file.read()
    char_encoding = chardet.detect(raw_data)

# 변환할 데이터 파일을 연다
with open(data_file_name, 'rt', encoding=char_encoding['encoding']) as data_file:
    data_file_reader = csv.reader(data_file)
```

추가로 파일을 쓰기 위해서 여는 코드에도 여기서 얻은 문자 인코딩을 적용시킵니다. 즉, 변환하기 전 CSV 파일과 같은 문자 인코딩을 사용해서 쓰기 작업을 합니다.

```
# 변환한 데이터를 저장할 파일을 연다
with open('new_' + data_file_name, 'wt', encoding=char_encoding['encoding'],
    newline='') as new_file:
    new_file_writer = csv.writer(new_file)
```

이제 프로그램을 실행시켜보면 변환이 잘 이루어집니다.

그런데 국가 코드 CSV 파일의 인코딩을 알아낼 때와 변환할 데이터 파일의 인코딩을 알아낼 때의 코드는 거의 같습니다. 다른 것은 오로지 파일 이름뿐입니다. 프로그램 안에 중복된 코드가 많으면 좋지 않습니다. 혹시나 그 중복된 부분에 오류가 있다든지, chardet 패키지 대신 파이썬 버전 3에 특화된 chardet2를 쓰기로 했다든지 하는 식으로 코드를 고칠 경우, 중복된 코드들을 일일이 찾아다니면서 고쳐야 합니다. 프로그램이 길어지면 어떤 건 고치고 어떤 건 깜빡 넘어갈 수도 있습니다.

이제 남이 만든 함수만 쓰지 말고 우리가 쓸 **함수를 직접 만들어볼 때**입니다.

남이 만든 것만 갖다 쓰지 않고, 나만의 함수 만들기

우리는 이미 import를 통해서 다른 모듈을 불러다 써보았습니다. csv 모듈이 대체 CSV 파일의 내용을 어떻게 읽어서 리스트 형태로 돌려주는지 우리는 모릅니다. **다만 모듈이 정해놓은 규칙대로** 함수나 객체를 쓰기만 하면 됩니다. 모듈화가 잘 되어 있으면 모듈의 내부에서 일어나는 일까지 바깥에서 알 필요는 없습니다. 그저 요구하는 데이터를 매개변수로 전달한 다음, 그 결과로 돌려주는 데이터를 받아다 쓰면 그만입니다. 이렇게 거의 같은 코드가 프로그램의 여러 곳에서 쓰일 때는 이를 **함수로 분리**해주면 '재사용성'이 좋아집니다.

한 프로그램 안에서도 같은 코드가 여러 번 쓰일 수 있지만 다양한 프로그램을 만들다보면 그중 일부분은 비슷비슷한 기능을 사용할 수도 있습니다. 예를 들어, 오늘 만든 CSV 파일의 국가 코드를 국가 이름으로 바꾸는 기능을 다른 형식의 파일에서도 써야 할 필요가 있을지도 모릅니다. 이전 프로그램 안에서 코드를 복사해다가 붙여넣는 방법도 있겠지만, 그 코드에 버그가 있는 걸 발견한다면 붙여넣기 했던 코드들을 일일이 찾아다니며 고쳐야 합니다. 만약 함수나 모듈을 이용해서 따로 분리해놓고 불러다 쓰는 식으로 코드를 짜 놓았다면 버그를 때려잡거나 기능을 개선하는 부분은 해당 모듈 한 군데서만 하면 됩니다.

회사도 처음에는 딱히 사람을 구분하지 않지만 규모가 커지면 부서를 나눠서 각각의 기능은 독립시키고, 보고서나 회의를 통해서 협력을 하게 마련입니다. 컴퓨터 프로그램도 이런 독립과 협력을 통해서 더 효율이 좋아지고 오류가 적은 결과를 만들 수 있습니다. 큰 프로그램을 작은 단위로 나눠서 독립시키고 이 단위를 조립하듯이 프로그램을 만드는 것을 **모듈화**(modularisation)라고 합니다.

자, 그러면 **문자 인코딩을 알아내는 부분을 함수로 분리**해보겠습니다. 국가 코드 파일을 읽어서 사전 만드는 부분을 분리합니다. 시작 부분에 다음과 같은 줄을 추가합니다.

```
import csv
import chardet

def get_char_encoding(file_name):
```

이 줄은 def 키워드로 시작합니다. def는 'define', 즉 무엇인가를 정의한다는 의미의 단어를 줄인 것입니다.

```
def get_char_encoding(file_name):
```

① 이름은 get_char_encoding이고
② file_name을 매개변수로 가지는
③ 함수를 정의하고
④ 이 함수의 내용을 담을 블록을 시작한다.

함수를 정의하는 문은 크게 **함수의 이름**, 그리고 **매개변수의 목록**으로 나뉩니다. 함수의 이름은 def 뒤에 써줍니다. 문자 인코딩(character encoding)을 얻는(get)는 뜻으로 이름을 만들어보았습니다. 종종 character는 char로 줄여 쓰며, 어떤 값을 가져오는 게 목적인 함수에는 get이라는 단어를 많이 씁니다. 매개변수의 목록은 이름 뒤의 괄호 안에 넣습니다. 어떤 파일의 인코딩을 파악해야 하는지 알아야 하므로 파일 이름(file_name)을 매개변수로 받습니다. 마지막에는 블록이 시작된다는 뜻으로 쌍점을 찍어주고 그 아래에 함수의 내용을 써줍니다. 간단한 메모도 달아줍시다.

```python
# 파일의 문자 인코딩을 파악하는 함수
def get_char_encoding(file_name):
    with open(file_name, 'rb') as raw_file:
        raw_data = raw_file.read()
        char_encoding = chardet.detect(raw_data)

    return char_encoding['encoding']
```

함수의 내용은 아까 문자 인코딩을 썼던 코드에서 그대로 가져와서 변수 이름만 조금 고쳤습니다. raw_file, raw_data처럼 raw라는 단어를 썼는데, 이는 '가공하지 않은 날것'이라는 뜻입니다. 이 함수 안에서는 파일 데이터를 이진 모드로 걸며 어떤 변환도 하지 않으므로 이렇게 이름을 썼습니다.

가장 중요한 차이점은 마지막 줄입니다.

return char_encoding['encoding']

① char_encoding['encoding']의 값을
② 함수를 호출한 코드에 돌려준다.

수학에서 함수는 어떤 값을 돌려줘야만 합니다. $f(x)=x^2$라면 $f(2)=4$, $f(5)=25$와 같은 값을 얻습니다. 파이썬의 함수도 값을 돌려줄 수 있는데, return 키워드와 함께 돌려줄 값을 써주면 됩니다. 우리가 지금 만들고 있는 get_char_encoding() 함수는 파일의 문자 인코딩을 돌려줍니다. 그런데 char_encoding은 사전 유형 데이터이고, 이중에서 우리가 필요한 것은 'encoding'을 키로 조회해서 얻는 값뿐입니다. 따라서 char_encoding 전체를 돌려주는 대신 char_encoding['encoding']만 돌려주면 됩니다.

return 문은 함수 중간에도 나올 수 있습니다. 이 경우, 함수 블록 안에서 return 뒤에 있는 코드들은 실행되지 않으며 프로그램 실행은 함수를 호출했던 코드로 돌아갑니다.

하지만 수학 함수와는 달리, 파이썬은 꼭 값을 돌려줘야 하는 것은 아닙니다. 즉, 돌려줘야 할 값이 딱히 없다면 return 문이 없어도 됩니다. 수학 함수에는 반드시 매개변수가 필요하지만 파이썬의 함수는 매개변수가 없어도 됩니다. 그저께(작심 1일차에) 이야기했던 것처럼 함수를 뜻하는 function이라는 단어는 '기능'이라는 뜻도 있습니다. 즉, 파이썬의 함수는 정말로 함수일 수도 있고, **어떤 기능을 분리하기 위한 도구**일 수도 있습니다.

우리가 만든 get_char_encoding() 함수를 쓰는 방법도 이미 써보았던 다른 함수들과 비슷합니다. 이 함수는 값을 돌려주므로 값을 변수로 받아서 저장하면 됩니다. 국가

코드 파일의 문자 인코딩을 파악하는 코드를 다음과 같이 바꿔줍니다.

```
country_code_file = 'iso-3166.csv'
# 국가 코드 파일의 문자 인코딩을 파악한다
char_encoding = get_char_encoding(country_code_file)

# 국가 코드 파일을 열고 CSV로 읽을 준비를 한다
with open(country_code_file, 'rt', encoding=char_encoding) as iso_code_file:
    iso_code_reader = csv.reader(iso_code_file)
```

문자 인코딩을 파악하는 부분을,

```
char_encoding = get_char_encoding('iso-3166.csv')
```

이렇게 할 생각이었는데 그러면 'iso-3166.csv'라는 파일 이름 문자열을 여기서도 쓰고, 파일을 다시 텍스트 모드로 열 때에도 써야 합니다. 나중에 파일 이름을 바꾸거나 할 때에는 번거롭습니다. 파일 이름을 country_code_file 같은 변수로 저장해놓고 쓰는 게 더 편리합니다.

파이썬의 코드는 위에서 아래로 차례대로 실행하지만 def로 정의한 함수는 바로 실행하지 않습니다. 디버거로 한 단계씩 실행해보면 함수는 건너뛰고 곧바로 파일 이름을 입력 받는 곳으로 실행이 넘어가는 모습을 볼 수 있습니다. 실행이 char_encoding = get_char_encoding(country_code_file)까지 왔을 때, 디버거에서 **Over**가 아닌 **Step** 버튼을 누르면 그때서야 실행이 함수 안의 코드로 넘어가는 것을 볼 수 있습니다.

함수 안에서 코드를 실행하고 return을 거친 다음 다시 실행은 함수를 호출했던 줄로 돌아오는 모습을 볼 수 있습니다. 아마도 함수 안의 for 문 안에서 계속 왔다갔다를 지겹게 되풀이할 텐데 어제 배웠던 것처럼 for 루프 다음에 **중단점**(breakpoint)을 설정하고 디버거의 **Go** 버튼을 눌러서 손쉽게 for 루프에서 빠져나올 수 있습니다.

그런데 여기서 생각해볼 점이 있습니다. get_char_encoding() 함수 안에서 char_encoding 변수를 만들고 chardet.detect()가 돌려준 사전 유형 데이터를 대입했는데, 함수 바깥에서는 char_encoding = get_char_encoding(country_code_file)처럼 똑같이 char_encoding 변수를 사용했습니다.

굳이 같은 변수에 다시 값을 대입할 필요가 있을까요? 이를 확인해보려면 char_encoding = 부분을 지우고 get_char_encoding() 함수를 호출한 다음 실행시켜보면 됩니다. 아참, 그 아래 with 문의 encoding 키워드 변수의 값도 잠시

char_encoding['encoding']으로 돌려놔야겠네요.

```
Python 3.7.2 Shell
File Edit Shell Debug Options Window Help
Python 3.7.2 (tags/v3.7.2:9a3ffc0492, Dec 23 2018, 22:20:52) [MSC v.1916 32 bit
(Intel)] on win32
Type "help", "copyright", "credits" or "license()" for more information.
>>>
========== RESTART: C:\Users\f1mik\Desktop\Python\country_code_v2.py ==========
CSV 파일 이름을 입력하세요.DP_LIVE_21122018121043550.csv
국가 코드가 들어 있는 열의 위치를 숫자로 입력하세요.1
Traceback (most recent call last):
  File "C:\Users\f1mik\Desktop\Python\country_code_v2.py", line 22, in <module>
    with open('iso-3166.csv', 'rt', encoding=char_encoding['encoding']) as iso_c
ode_file:
NameError: name 'char_encoding' is not defined
>>>
```

char_encoding 변수를 정의하지 않았다는 NameError 오류가 뜹니다. 즉, 함수 안에서 정의했던 char_encoding은 함수 바깥으로 나가면 사라진다는 뜻입니다. 이제 코드를 원상복구합시다.

함수 안에서 어떤 변수를 만들었을 경우, 이 변수는 **지역변수**(local variable)로 만들어집니다. 즉 변수를 만든 '지역' 안에서만 쓰일 수 있고 그 지역 바깥으로 나가면 흔적도 없이 사라져버립니다. get_char_encoding() 함수 안에서 사용했던 char_encoding 변수와 똑같은 이름을 가진 변수를 함수 밖에서 사용할 수 있는 이유는 그 때문입니다. 함수 안에서 어떤 값을 산출해냈을 때, 이를 함수를 호출했던 쪽으로 보내주려면 return을 사용해서 되돌려주는 방법을 써야 합니다.

이렇게 '**지역**'에 칸막이를 쳐서 변수가 그 바깥으로 나가지 못하게 하면 '**모듈화**', 그리고 '**격리**'라는 면에서 좋습니다. 우리가 함수나 모듈을 쓰는 목적 중 하나는, 그 안에서 어떤 일이 일어나는지는 신경 쓰지 않고 그저 함수나 모듈이 요구하는 데이터를 매개변수로 던져주고 그 결과를 받아오기만 하면 되기 때문입니다. 그런데 그 안에서 만들어지는 변수가 함수나 모듈 바깥에까지 영향을 미치면 이런 장점이 깨집니다.

예를 들어 우리는 csv 모듈을 가지고 편리하게 CSV 파일을 읽고 썼습니다. 그런데 csv 모듈 안에서도 이러한 작업을 위해서 여러 가지 변수를 만들어 쓰고 있을 것입니다. 이러한 변수들이 모듈 바깥에서까지 살아남아 있으면 우리는 코드 안에서 이러한 변수 이름들을 다 피해나가야 합니다. 그보다는 모듈 안에서 정의한 변수는 모듈 바깥으로 나가면 사라지고, 모듈을 사용하는 코드는 그 모듈이 돌려주는 값, 이를테면 함수가 돌려주는 값을 받는 방식이 훨씬 안전합니다.

이제 변환할 CSV 파일의 문자 인코딩을 파악하는 부분도 함수를 써서 간단하게 만들어봅시다.

```python
# 변환할 데이터 파일의 문자 인코딩을 파악한다
char_encoding = get_char_encoding(data_file_name)

# 변환할 데이터 파일을 연다
with open(data_file_name, 'r', encoding=char_encoding) as data_file:
    data_file_reader = csv.reader(data_file)

    # 변환한 데이터를 저장한다
    new_file_writer.writerows(rows)
```

마지막으로, 파일을 쓰기 위해 여는 곳에서도 같은 char_encoding['encoding'] 대신 그저 함수로부터 돌려받은 char_encoding을 사용합니다.

```python
# 변환한 데이터를 저장할 파일을 연다
with open('new_' + data_file_name, 'w', encoding=char_encoding, newline='') as new_file:
    new_file_writer = csv.writer(new_file)
```

 프로그램이 길고 복잡해질수록 여러 가지 패키지와 함수를 사용한 **모듈화는 파이썬 프로그래밍을 더욱 쉽고, 즐겁게** 만듭니다. 이번 프로그램을 정리하는 뜻으로 전체 코드를 보여드리겠습니다. 포기하지 않고 설명을 따라오시느라 고생하셨습니다.

```python
import csv
import chardet

# 파일의 문자 인코딩을 파악하는 함수
def get_char_encoding(file_name):
    with open(file_name, 'rb') as raw_file:
        rawdata = raw_file.read()
        char_encoding = chardet.detect(rawdata)

    return char_encoding['encoding']

data_file_name = input('CSV 파일 이름을 입력하세요.')
country_column_input = input('국가 코드가 들어 있는 열의 위치를 숫자로 입력하세요.')
country_column = int(country_column_input) - 1

country_code_file = 'iso-3166.csv'
```

```python
# 국가 코드 파일의 문자 인코딩을 파악한다
char_encoding = get_char_encoding(country_code_file)

# 국가 코드 파일을 열고 CSV로 읽을 준비를 한다
with open(country_code_file, 'rt', encoding=char_encoding) as iso_code_file:
    iso_code_reader = csv.reader(iso_code_file)
    iso_codes = dict()

    #파일을 한 줄씩 읽어서 사전으로 변환한다
    for row in iso_code_reader:
        iso_codes[row[1]] = row[0]

# 변환할 데이터 파일의 문자 인코딩을 파악한다
char_encoding = get_char_encoding(data_file_name)

# 변환할 데이터 파일을 연다
with open(data_file_name, 'r', encoding=char_encoding) as data_file:
    data_file_reader = csv.reader(data_file)

    # 국가 코드를 변환한 데이터를 저장할 리스트
    converted_rows = list()

    # 데이터 파일을 한 줄씩 읽어서 국가 코드를 국가 이름으로 바꾼다
    for row in data_file_reader:
        country_code = row[country_column]

        # 국가 코드가 iso_codes 사전 안에 있으면 국가 이름으로 바꾼다
        if country_code in iso_codes:
            country_name = iso_codes[country_code]
            row[country_column] = country_name

        # 변환한 줄을 결과 리스트에 추가한다
        converted_rows.append(row)

        # 변환한 줄을 화면에 출력한다
        print(row)

# 변환한 데이터를 저장할 파일을 연다
with open('new_' + data_file_name, 'w', encoding=char_encoding, newline='') as
 new_file:
    new_file_writer = csv.writer(new_file)

    # 변환한 데이터를 저장한다
    new_file_writer.writerows(converted_rows)
```

종합주가지수를 파이썬으로 받아보자

작심 3일차이자 마지막 날이니 오늘은 한 가지 프로그램에 더 도전해보겠습니다. 주식투자에 관심 많은 분들이라면 관심 있는 종목의 주가를 자주 살펴볼 것입니다. 꼭 주식투자가 아니더라도 경제에 관심이 있다면 종합주가지수 정도는 가끔 살펴보겠죠. 여러 웹사이트에서 주가지수 정보를 제공하지만 가장 표준이 되는 곳은 역시 **한국거래소**(KRX)입니다. 한국거래소의 웹사이트 주소는 www.krx.or.kr입니다.

혹시 여러분이 접속했을 때에는 사이트 디자인이 좀 달라보일지도 몰라요. 하지만 어쨌든 가운데를 보면 여러 가지 주가지수들이 보일 것입니다.

KTOP 30	코스피와 코스닥의 우량 종목 30개를 기준으로 산출
KOSPI	코스피에 상장된 전체 종목을 기준으로 산출
KOSPI 200	코스피의 우량 종목 200개를 기준으로 산출
KOSDAQ	코스닥에 상장된 전체 종목을 기준으로 산출
KOSDAQ 150	코스닥에 상장된 우량 종목 150개를 기준으로 산출
KRX 300	코스피와 코스닥의 우량 종목 300개를 기준으로 산출

이제 파이썬으로 한국거래소 웹사이트에 접속해서, 주가지수들만 받아서 화면에 보여주는 프로그램을 만들 것입니다.

먼저 파이썬으로 웹사이트에 접속해서 웹페이지를 받고 원하는 정보를 뽑아낼 수 있는 패키지인 **Beautiful Soup**를 설치해야 합니다. 구글에서 'beautiful soup'로 검색해보면 다음과 같은 결과가 나옵니다.

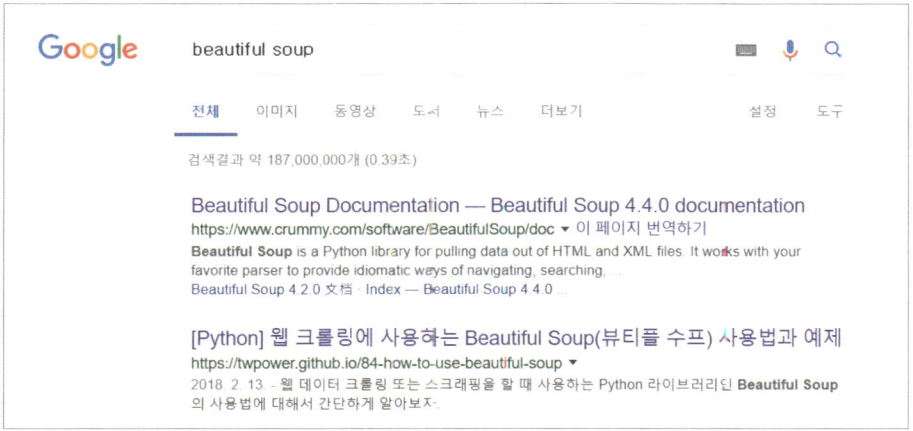

가장 첫 검색결과는 Beautiful Soup를 만드는 회사가 운영하는 공식 사이트(영어)이고, 그 다음에는 우리나라의 프로그래머가 한글로 사용법을 설명한 웹페이지입니다. 편한 대로 선택해서 설명을 보면 됩니다. 공식 사이트를 선택할 경우, 왼쪽에 목차가 있습니다. 이 중에서 **Installing Beautiful Soup**를 선택하면 다양한 운영체제와 환경에 따른 설치 방법이 나옵니다. 잘 보면 **pip install beautifulsoup4** 명령으로 설치하라는 문구를 볼 수 있습니다. 끝에 붙은 숫자 4는 버전 4라는 뜻입니다. 앞에서 chardet 패키지를 다운로드했을 때처럼 **pip**을 써야겠네요. **명령 프롬프트를 마우스 오른쪽 버튼**을 이용해 관리자 권한으로 실행시켜서 **pip install beautifulsoup4** 명령을 내립니다(beautiful과 soup와 4를 띄어쓰면 안 됩니다).

설치가 잘 되었다는 메시지(Successfully installed)가 나오면 패키지를 쓸 준비가 끝났습니다. 이제 **IDLE**을 실행시키고 새로운 프로그램을 시작해보겠습니다.

뷰티풀 수프의 아름다운 기능을 맛보는 방법

먼저 방금 설치한 **Beautiful Soup** 패키지를 불러들이려면 다음과 같이 합니다.

```
from bs4 import BeautifulSoup
```

파이썬 안에서 Beautiful Soup의 패키지 이름은 bs4입니다. 여기서 BeautifulSoup라는 클래스만 골라서 불러들이는 명령입니다. 여기에 더해서 **인터넷에 접속하여 웹페이지를 받아오기 위한 모듈**을 하나 더 끌고 들어와야 합니다.

```
import urllib.request
```

파이썬은 인터넷에 접속해서 여러 가지 일들을 할 수 있도록 urllib이라는 패키지를 제공합니다. URL Library를 줄인 말인 듯합니다. 이 패키지는 또 몇 가지 패키지로 나뉘는데, 이 중에서 urllib.request라는 패키지를 불러들여야 합니다. 이제 간단한 코드로 한국거래소 웹사이트에서 메인 페이지를 받아올 수 있습니다.

```python
from bs4 import BeautifulSoup
import urllib.request

with urllib.request.urlopen('http://www.krx.co.kr') as response:
    page = response.read()
    soup = BeautifulSoup(page, 'html.parser')
    print(soup)
```

어떤 결과가 나오나요?

```
Python 3.7.2 (tags/v3.7.2:9a3ffc0492, Dec 23 2018, 22:20:52) [MSC v.1916 32 bit (Intel)] on win32
Type "help", "copyright", "credits" or "license()" for more information.
>>>
================ RESTART: C:/Users/flmik/Desktop/Python/krx.py ================
<!DOCTYPE html>

<html lang="ko">
<head>
<meta charset="utf-8"/>
<title>한국거래소</title>
</head>
<body>
<script>location.href="main/main.jsp"</script>
</body>
</html>
>>>
```

뭔가 잘 모르겠지만 뭔가가 출력되기는 합니다. '한국거래소'라는 말도 보이고, 주가지수 비스무리한 것은 안 보이긴 하지만요. 일단 지금 우리가 실행시킨 프로그램을 살펴보겠습니다.

가장 핵심이 되는 부분은 with로 시작하는 줄입니다.

```
with urllib.request.urlopen('http://www.krx.co.kr') as response:
```

① URL http://www.krx.co.kr에 있는
② 웹페이지를 열고
③ 변수 response에 대입한 뒤
④ 이를 가지고
⑤ 다음 블록을 시작한다.

아까 CSV 파일을 읽을 때와 많이 비슷하다는 느낌을 받으실 것입니다. 실제로 인터넷에서 웹페이지를 읽어들이는 것은 **결국 인터넷 어딘가에 있는 파일을 열어서 읽는 것**과 무척 비슷합니다. 먼저 urllib.request.urlopen()의 매개변수로 웹사이트 주소, 정확히는 URL(Universal Resource Locator, 고유 자원 주소)을 넘겨줘야 합니다. 여기에는 반드시 http://가 앞에 붙어야 합니다. 이는 웹 브라우저에서 어떤 페이지를 열었을 때 주소창에 나오는 형식과 같습니다.

파일을 열었을 때 우리는 IOBase 객체를 받아서 이 객체로 파일을 읽고 쓰는 일을 할 수 있었습니다. 여기서도 우리는 http.client.HTTPResponse라는 꽤 긴 이름의 클래스로 만든 객체를 받게 됩니다. 그냥 줄여서 HTTPResponse라고 하죠. 이 객체를 response 변수에 대입한 다음, 뒤에 따라오는 블록으로 들어갑니다. with를 썼으므로 우리는 나중에 열었던 URL을 닫을 필요가 없이 파이썬에서 알아서 닫아줄 것입니다.

오늘 첫 프로그램에서 국가 코드 파일을 열어 이를 read()로 읽은 다음 chardet에 매개변수로 넘겼던 것 기억하시나요? (생각 안 나면 앞으로 다시 가서 보시면 됩니다.) 마찬가지로 여기서도 HTTPResponse가 제공하는 read() 함수로 페이지를 읽어들인 다음, BeautifulSoup()로 넘깁니다.

```
soup = BeautifulSoup(page, 'html.parser')
```

① page 변수에 저장된 웹페이지를
② html.parser로 파싱하는
③ BeautifulSoup 객체를 만들어서
④ soup 변수에 대입한다.

BeautifulSoup()는 두 개의 매개변수를 받습니다. 하나는 아까 URL을 열어서 읽어들인 웹페이지 데이터가 들어 있는 변수이고, 다른 하나는 'html.parser'라는 문자열입니다. 이건 웹페이지를 **파싱**(parsing)하는 **파서**(parser)를 어떤 것을 쓸지 지정하는 매개변수입니다. Parsing이란 문장을 구조적으로 분석하는 것을 뜻하는데, 정확히 뭘 하는 것인지는 잠시 후에 따로 이야기하겠습니다. 아무튼 특별한 일이

없으면 두 번째 매개변수는 그냥 기본으로 제공하는 'html.parser'를 쓰면 됩니다.

BeautifulSoup 객체가 만들어지면 이를 soup 변수에 대입합니다. 그리고 soup 변수의 내용을 print()로 출력합니다. 그런데 아까 실행 결과에서도 알 수 있었지만 나오라는 주가지수는 안 나오고 알쏭달쏭한 암호 같은 텍스트들이 화면에 나옵니다. 마지막 줄의 print(soup)를 print(soup.prettify())로 바꿔서 실행해보면 아까 보았던 텍스트를 들여쓰기를 사용해서 다음과 같이 화면에 출력해줍니다.

```
Python 3.7.2 (tags/v3.7.2:9a3ffc0492, Dec 23 2018, 22:20:52) [MSC v.1916 32 bit (Intel)] on win32
Type "help", "copyright", "credits" or "license()" for more information.
>>>
=============== RESTART: C:\Users\f1mik\Desktop\Python\krx.py ===============
<!DOCTYPE html>
<html lang="ko">
 <head>
  <meta charset="utf-8"/>
  <title>
   한국거래소
  </title>
 </head>
 <body>
  <script>
   location.href="main/main.jsp"
  </script>
 </body>
</html>
>>>
```

사실은 이게 우리가 웹브라우저를 통해서 보는 **웹페이지의 진짜 모습**입니다. 아무리 멋지고 화려한 웹페이지라도 그 속은 기본적으로 이와 비슷한 구조입니다.

멋지고 화려한 웹페이지의 속살, HTML

한국거래소라는 문자열을 <title></title>이 둘러싸고 있습니다.
'location.href="main/main.jsp"'라는 문자열은 <script></script>가 둘러싸고 있습니다. 이것을 **태그**(tag)라고 합니다. 태그는 텍스트에 구조와 의미를 부여합니다. title은 말 그대로 타이틀, 곧 제목입니다. 즉 이 웹페이지의 제목이 '한국거래소'라는 것을 알 수 있습니다.

script는 뭘까요? 웹페이지 안에서 실행할 간단한 코드를 뜻합니다. 웹페이지 안에서는 **자바스크립트**(Javascript)라는 언어를 사용해서 프로그래밍을 할 수 있는데,

<script></script>로 둘러싸야만 실제로 자바스크립트 코드로 동작합니다.

```
<title>  title 태그의 시작
한국거래소  title 태그 안의 문자열
</title>  title 태그의 끝
```

태그의 이름 앞에 슬래시(/) 기호가 들어가면 태그의 끝이라는 것은 쉽게 추측할 수 있습니다. 이와 같이 텍스트와 태그를 사용해서 웹페이지를 표현하는 형식을 **HTML**(HyperText Markup Language)이라고 합니다. 우리가 보는 화려하고 멋진 웹페이지들의 실체는 텍스트와 태그들입니다. 웹 브라우저는 우리가 지정한 URL로부터 HTML 파일을 읽어들여서 **파싱**한 다음, 웹 브라우저 창에 뿌려줍니다. 즉, 텍스트를 분석해서 태그와 태그 안의 내용들을 분류, 정리하는 파싱을 거친 다음 이를 토대로 적절하게 보여줄 방법을 결정합니다.

문제는 지금 우리가 읽은 웹페이지에는 주가지수 정보가 없다는 점입니다. 그런데 <script> 태그가 둘러싸고 있는 문자열을 보면 location.href="main/main.jsp입니다. 웹 브라우저로 www.krx.co.kr로 접속했을 때, 웹페이지가 열리고 나서 주소창을 잘 보면 www.krx.co.kr/main/main.jsp라고 표시됩니다. 방금 우리가 읽은 웹페이지는 www.krx.co.kr 안에 있는 main/main.jsp라는 페이지를 열라는 뜻이겠네요. 그렇다면 주소창에 있는 대로 URL을 여는 부분의 주소를,

```
with urllib.request.urlopen('http://www.krx.co.kr/main/main.jsp') as response:
```

이렇게 바꿔주고 실행하면 어떤 일이 일어날까요?

앗, Squeezed text (14329 lines)라는 **노란 버튼** 같은 것이 하나 뜹니다. 14329줄(lines)이나 되는 긴 텍스트(text)를 압축시켰다(squeezed)는 뜻입니다. 버튼을 **더블클릭**하면 뭔가 경고 메시지가 나옵니다. 에라 모르겠다 하고 **확인**(혹은 Yes)을 누르면, 정말 어마어마하게 긴 HTML 텍스트가 나옵니다. 14329줄이나 된다고 하니,

정말로 아래로 아래로 내려가도 끝날 줄을 모릅니다.

파이썬 셸에서 보면 좀 불편하니 웹 브라우저로 찾아봐야겠습니다. 웹 브라우저를 열고 한국거래소의 첫 페이지를 열어봅시다. 그리고 적당한 빈 공간을 마우스 오른쪽 버튼으로 클릭하면 메뉴가 뜹니다. 이 메뉴 중 크롬이라면 **페이지 소스 보기**, 인터넷 익스플로러라면 **소스 보기**라는 항목이 있을 것입니다. 다른 웹 브라우저도 비슷한 항목이 있습니다. 이것을 클릭하면 새 탭이 열리거나 페이지 아래쪽이 반으로 갈라지면서 **HTML 소스**가 보일 것입니다.

그나저나 14329줄이나 되는 HTML 소스 중에서 대체 우리가 원하는 주가지수는 어디에 있을까요? 거의 백사장에서 바늘 찾기일 것 같은데요.

주가지수 부분을 다시 살펴보면 KTOP 30, KOSPI와 같은 지수의 이름들이 있습니다. 이것으로 HTML 안에서 검색을 할 수 있습니다. 웹브라우저의 소스 보기 창에서 **Ctrl + F** 키를 눌러보면 크롬의 경우 위쪽에 **작은 검색창**이 열립니다. 인터넷 익스플로러라면 오른쪽 위에 있는 검색창에 커서가 깜빡이고 있을 것입니다. 여기에 KTOP 30이라고 입력해볼까요?

HTML 안에서 KTOP 30라는 텍스트가 있는 곳을 찾아주었습니다. 214번째 줄에 있네요. 그 아래를 보니까 KTOP 30 지수의 값인 6,809.02도 보이고, 전날 대비 등락폭인 ▲ 1.09 (0.02)도 보입니다(괄호 안 숫자는 등락률을 %로 나타낸 것입니다). 이 부분의 HTML만 살펴볼까요?

```html
<div class="index-info_wap">
  <div class="index-info">
    <div class="index-info-l">
      <span class="index-name">KTOP 30</span>
    </div>
    <div class="index-info-r">
      <span>
        <span class="index-price">6,809.02</span><br />
        <span class="index-up">▲ 1.09 (0.02)</span>
      </span>
    </div>
  </div>
</div>
```

다만 주가지수는 주식시장이 개장 중일 때에는 계속 바뀌기 때문에 실제 주가지수의 수치는 위와 다를 것입니다. 하여간 14,329줄이나 되는 HTML 중에서 이 부분만 딱 떼어낼 수 있으면 좋을 듯합니다.

이것저것 태그가 복잡하고 여러 단계로 되어 있기도 합니다. 파이썬에서 if나 for 블록 안에 또 if나 for 블록이 있고, 그 안에 또 if나 for 블록이 있을 수 있는 것처럼 HTML도 태그 안에 또 태그가 들어가서 여러 단계가 될 수도 있습니다.

여기서 HTML에 대해 깊이 들어갈 생각은 없으므로 우리가 눈여겨봐야 할 부분만 보겠습니다.

```html
<span class="index-name">KTOP 30</span>
```

KTOP 30 텍스트가 `<span>`이라는 태그로 둘러싸여 있는데, 태그 안에 보면 `class="index-name"`라는 부분이 있습니다. HTML 태그 안에는 그 태그의 특성을 이와 같은 형식으로 지정할 수 있습니다. 마치 파이썬의 키워드 매개변수를 보는 것 같은데, HTML에서는 **속성**(attribute)이라고 부릅니다. class라는 속성은 비슷한 개념으로 묶을 수 있는 태그들을 묶기 위해서 사용합니다.

HTML에는 텍스트의 크기, 색깔, 글꼴을 비롯해서 텍스트를 어떤 모습으로 보여줄 수 있을지 그 스타일을 지정할 수 있는 CSS(Cascade Style Sheet)라는 것이 있습니다. class 단위로 이러한 스타일을 지정할 수도 있습니다. 즉, class 속성이 index-name인 태그에 대해 CSS로 스타일을 지정해놓으면, class="index-name" 속성이 있는 태그는 모두 그 스타일로 웹 브라우저에 보일 것입니다. 이는 일관되고 짜임새 있는 모습을 만드는 데 도움이 됩니다.

HTML에서 원하는 태그만 쏙쏙 뽑아먹기

아까 살펴봤던 HTML 중에 눈여겨볼 태그는 다음 세 가지입니다.

```
<span class="index-name">KTOP 30</span>
<span class="index-price">6,809.02</span>
<span class="index-up">▲ 1.09 (0.02)</span>
```

즉, 지수(index)의 이름(name)에 대한 <span> 태그는 class 속성이 index-name이고, 지수(index price)는 index-price, 오른(up) 폭은 index-up입니다. 웹 브라우저의 소스 보기 창을 더 살펴보면 KTOP 30 아래로 KOSPI, KOSPI 200을 비롯한 다른 지수들도 보이는데, 같은 구조를 가지고 있습니다. 즉, 각각 index-name, index-price, index-up, 이 세 가지 class 속성을 가진 <span> 태그를 찾으면 됩니다.

어떤 지수는 등락폭의 class 속성이 index-up이 아니라 index-down입니다. 위에서 예로 든 KTOP 30 지수도 여러분들이 볼 때에는 세 번째 태그의 class 속성이 index-down일 수도 있습니다. 즉, 지수가 전일 대비 올랐다면(up) index-up, 내렸다면(down) index-down입니다. 어떤 때는 모든 지수가 오르거나 내려서 둘 중 한쪽 클래스만 보일 수 있는데, 아무튼 올랐느냐 내렸느냐에 따라 class 속성이 달라질 수 있다는 점을 기억하시기 바랍니다.

그렇다면 BeautifulSoup가 이런 class 속성들만 가진 <span> 태그만 찾아낼 수 있을까요? 그렇습니다. find()라는 메서드로 할 수 있습니다.

아까 KTOP 30 지수에 관한 HTML을 다시 한 번 살펴보면, 우리가 원하는 정보가 들어 있는 <span> 태그들 중 지수 이름은 <div class="index-info-l"> 태그가, 지수와 등락폭은 <div class="index-info-r"> 태그가 감싸고 있습니다. 이 태그들을 다시 <div class="index-info"> 태그가 감싸고 있고, 또 이 태그를 <div class="index-info_wap"> 태그가 감싸고 있습니다. 즉, 우리가 원하는 정보가 들어 있는 <span> 태그들을 한 덩어리로 감싸고 있는 최소 블록은 <div class="index-info">로 감싼 블록입니다. 일단 이걸 찾아보겠습니다. 우리의 파이썬 코드 마지막 부분을 다음과 같이 바꿉니다.

```
soup = BeautifulSoup(page, 'html.parser')
index_info = soup.find_all('div', {'class':'index-info'})
print(index_info)
```

soup에 저장한 BeautifulSoup 객체의 find_all() 메서드를 불렀습니다. BeautifulSoup 객체는 HTML의 특정한 태그를 찾는 메서드로 find()와 find_all()을 제공합니다. find()는 조건에 맞는, 가장 먼저 검색된 태그 하나를 돌려주며 find_all()은 조건에 맞는 모든 태그를 리스트로 돌려줍니다.

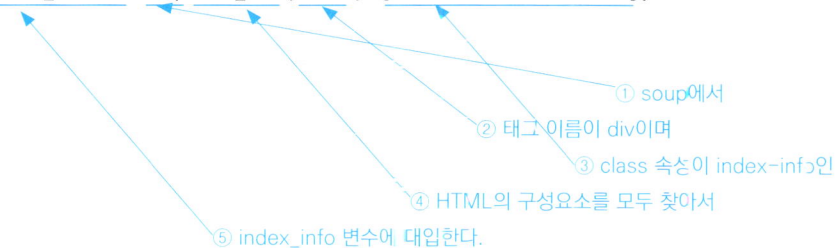

find_all() 메서드에 매개변수 두 개를 전달했습니다. 찬찬히 생각해보면 첫 번째 매개변수는 찾고자 하는 **태그의 이름**, 두 번째 매개변수는 **속성**을 뜻한다고 추측할 수 있습니다. 태그 하나에 속성이 여러 개가 있을 수 있으므로 두 번째 매개변수는 속성 이름(여기서는 'class')을 사전 키, 속성의 값('index-info')을 사전 값으로 하는 사전 유형으로 받습니다. 그리고 그 결과를 index_info 변수에 저장합니다. 다음 줄에서는 index_info 변수의 내용을 print()로 출력합니다. 실행해볼까요?

```
Python 3.7.2 Shell                                                    —  □  ×
File Edit Shell Debug Options Window Help
Python 3.7.2 (tags/v3.7.2:9a3ffc0492, Dec 23 2018, 22:20:52) [MSC v.1916 32 bit
(Intel)] on win32
Type "help", "copyright", "credits" or "license()" for more information.
>>>
============ RESTART: C:\Users\f1mik\Desktop\Python\krx.py ============
[<div class="index-info">
<div class="index-info-l"><span class="index-name">KTOP 30</span></div>
<div class="index-info-r"><span class="index-price">6,809.02</span><br/><s
pan class="index-up">▲ 1.09 (0.02)</span></span></div>
</div>, <div class="index-info">
<div class="index-info-l"><span class="index-name">KOSPI</span></div>
<div class="index-info-r"><span class="index-price">2,107.06</span><br/><s
pan class="index-up">▲ 0.96 (0.05)</span></span></div>
</div>, <div class="index-info">
<div class="index-info-l"><span class="index-name">KOSPI 200</span></div>
<div class="index-info-r"><span class="index-price">271.88</span><br/><spa
n class="index-up">▲ 0.65 (0.24)</span></span></div>
</div>, <div class="index-info">
<div class="index-info-l"><span class="index-name">KOSDAQ</span></div>
<div class="index-info-r"><span class="index-price">686.35</span><br/><spa
n class="index-down">▼ 7.03 (1.01)</span></span></div>
</div>, <div class="index-info">
<div class="index-info-l"><span class="index-name">KOSDAQ 150</span></div>
<div class="index-info-r"><span class="index-price">1,128.28</span><br/><s
pan class="index-down">▼ 18.65 (1.63)</span></span></div>
</div>, <div class="index-info">
<div class="index-info-l"><span class="index-name">KRX 300</span></div>
<div class="index-info-r"><span class="index-price">1,253.46</span><br/><s
pan class="index-up">▲ 0.86 (0.07)</span></span></div>
</div>]
>>>
```

이제 주가지수가 나오는 부분만 딱 출력됩니다. 자세히 보면 출력된 내용의 앞뒤를 **대괄호([])**가 감싸고 있습니다. 즉 **리스트**입니다. 중간에 리스트의 항목을 구분하는 **쉼표**도 있습니다. 쉼표가 어디에 있는지, 몇 개인지 찾아보세요. 다섯 개를 찾았다면 정답입니다. 즉 리스트 안에는 여섯 개의 항목이 있습니다.

리스트 범위를 좁혔으니 이제 우리에게 필요한 세 가지 태그를 뽑아보도록 하겠습니다. 리스트의 각 항목을 가지고 뭔가를 하고 싶다면 필요한 것은 무엇일까요?
for 루프를 생각했다면 당신의 '**파이썬 센스**'는 만점입니다. 먼저 주가지수의 이름만 뽑아내보겠습니다. 코드의 마지막 부분을 다음과 같이 고쳐봅시다.

```
index_info = soup.find_all('div', {'class':'index-info'})
for index in index_info:
    name = index.find('span', {'class':'index-name'})
    print(name)
```

```
Python 3.7.2 (tags/v3.7.2:9a3ffc0492, Dec 23 2018, 22:20:52) [MSC v.1916 32 bit (Intel)] on win32
Type "help", "copyright", "credits" or "license()" for more information.
>>>
============== RESTART: C:\Users\f1mik\Desktop\Python\krx.py ==============
<span class="index-name">KTOP 30</span>
<span class="index-name">KOSPI</span>
<span class="index-name">KOSPI 200</span>
<span class="index-name">KOSDAQ</span>
<span class="index-name">KOSDAQ 150</span>
<span class="index-name">KRX 300</span>
>>>
```

index_info 리스트 안에 있는 항목들은 단순한 문자열이 아닙니다. 이것 역시도 BeautifulSoup 객체입니다. soup 변수에는 전체 페이지를 담은 객체가 있는 반면 index_info 리스트에 있는 항목은 <div class="index-info"></div> 태그와 그 안에 있는 내용들을 담은 객체입니다. 그래서 index_info에 for 루프를 돌려서 한 항목씩 뽑아낸 index 변수에 find() 메서드를 호출할 수 있는 것입니다. <div class="index-info"></div> 태그 안에는 <div class="index-name"></div> 태그가 하나밖에 하나밖에 없을 것이므로 find_all()이 아니라 find()를 썼습니다. find()를 쓰면 조건에 맞는 첫 태그를 BeautifulSoup 객체로 돌려주는 반면, find_all()을 쓰면 조건에 맞는 태그가 하나밖에 없어도 리스트에 넣어서 돌려주므로 조금 불편하기 때문입니다.

프로그램을 실행시켜보니 딱 주가지수 이름만 뽑아내주는군요. 그런데 지금은 태그까지 같이 출력되는데, 우리는 태그까진 필요 없고 그 안의 주가지수 이름만 필요합니다. 태그 안의 내용만 뽑아내고 싶다면, BeautifulSoup 객체에 .string을 사용하면 됩니다. 즉 마지막 출력문을,

```
print(name.string)
```

이렇게 해주고 실행하면 이제 태그는 제거되고 주가지수 이름만 나옵니다. 이제 다른 항목들도 뽑아내봅시다.

```
for index in index_info:
    name = index.find('span', {'class':'index-name'})
    price = index.find('span', {'class':'index-price'})
    up = index.find('span', {'class':'index-up'})
    down = index.find('span', {'class':'index-down'})
    up_down = up if (up != None) else down
    print(f'{name.string}: {price.string} {up_down.string}')
```

주가지수가 들어 있는 태그는 price에, 등락폭이 들어 있는 태그는 up과 down 변수에 저장했습니다. 등락폭 항목은 만약 지수가 올랐다면 <span class='index-up'> 태그만 있고 <span class='index-down'> 태그는 없을 것입니다. 지수가 내렸다면 반대 결과가 되겠지요. 없는 태그를 find()로 찾으려고 하면 find()는 None 값, 즉 아무 값도 없는 값을 돌려줍니다. None에 .string 속성을 쓰려고 하면 오류가 나므로, up이나 down 중 None이 아닌 변수를 up_down에 대입하고 up_down.string으로 태그의 내용을 사용합니다. 마지막 print()에서는 여러 개의 변수를 출력하기 위해 f-문자열을 사용했습니다. 이제 결과를 볼까요?

```
Python 3.7.2 Shell
Python 3.7.2 (tags/v3.7.2:9a3ffc0492, Dec 23 2018, 22:20:52) [MSC v.1916 32 bit (Intel)] on win32
Type "help", "copyright", "credits" or "license()" for more information.
>>>
============ RESTART: C:\Users\f1mik\Desktop\Python\krx_v2.py ============
KTOP 30: 6,809.02 ▲ 1.09 (0.02)
KOSP : 2,107.06 ▲ 0.96 (0.05)
KOSPI 200: 271.88 ▲ 0.65 (0.24)
KOSDAQ: 686.35 ▼ 7.03 (1.01)
KOSDAQ 150: 1,128.28 ▼ 18.65 (1.63)
KRX 300: 1,253.46 ▲ 0.86 (0.07)
>>>
```

오, 이제 제대로 주가지수 정보를 보여줍니다. 우리는 이토록 간단하게(?) 파이썬을 이용하여 주가지수를 볼 수 있는 프로그램을 만들었습니다. 그것도 BeautifulSoup의 도움으로 20줄도 안 되는 짧은 코드만으로 말이지요.

보기 좋은 주가지수가 먹기도… 아니 읽기도 좋다

이제 화면 출력 부분을 개선해보려고 합니다. 일단 여러 주가지수를 보여주는 것은 좋지만 보기가 아주 편하지는 않습니다. 엑셀 파일을 보는 것처럼 주가지수의 이름, 지수, 등락폭의 열이 좀 더 **가지런히 정렬**되어 있으면 보기 편할 것입니다. 마지막의 print() 문을 살짝 바꿔보겠습니다.

```
print(f'{name.string:11}: {price.string:>9} {up_down.string}')
```

```
Python 3.7.2 Shell                                                    —   □   ×
File Edit Shell Debug Options Window Help
Python 3.7.2 (tags/v3.7.2:9a3ffc0492, Dec 23 2018, 22:20:52) [MSC v.1916 32 bit
(Intel)] on win32
Type "help", "copyright", "credits" or "license()" for more information.
>>>
============= RESTART: C:\Users\f1mik\Desktop\Python\krx_v2.py =============
KTOP 30     :   6,855.66 ▲ 46.64 (0.68)
KOSPI       :   2,119.05 ▲ 11.99 (0.57)
KOSPI 200   :     273.37 ▲ 1.49 (0.55)
KOSDAQ      :     692.60 ▲ 6.25 (0.91)
KOSDAQ 150  :   1,140.89 ▲ 12.61 (1.12)
KRX 300     :   1,260.69 ▲ 7.23 (0.58)
>>>
```

아까보다 좀 더 보기 편하게 정렬되었습니다. 어떻게 이렇게 한 것인지 살펴볼까요?

```
{name.string:11}
```

f-문자열의 중괄호 안에는 name.string과 같이 변수는 물론 객체의 속성을 써도 잘 처리해줍니다. 심지어는 함수나 수식을 써도 잘 처리합니다. 그 뒤에 오는 :11은 이 값이 차지할 **폭을 지정**합니다. 여기서는 알파벳 기준으로 11글자입니다. 이렇게 폭을 지정하면 파이썬은 다음과 같이 출력을 처리합니다.

```
          1         2
123456789012345678901…   열위치
KTOP 30     : 6,857.44
KOSPI       : 2,120.26
KOSPI 200   : 273.56
KOSDAQ      : 691.33
KOSDAQ 150  : 1,138.77
KRX 300     : 1,261.31
```

f-문자열 안에서 {name.string:11}로 지정하면 파이썬은 11칸을 확보하고 name.string의 내용을 출력합니다. 만약 글자 수가 11글자가 안 되면, 파이썬은 나머지를 빈칸으로 채우고, 12번째 열부터 이어지는 다음 내용을 출력합니다. 이 방법으로 세로로 가지런하게 출력할 수 있습니다. 만약 name.string이 11글자를 넘어가면 파이썬은 그냥 보통 때처럼 11칸을 넘어서 전체 문자열을 출력합니다. 따라서 최대 몇 글자까지 출력될 것인가 생각해서 폭을 정해야 합니다.

그 다음 {price.string:>9}는 price.string을 9칸 확보해서 출력하라는 뜻은 알겠는데, 숫자 앞에 있는 부등호(>)는 무슨 뜻일까요? 출력 결과를 보면 주가지수 이름, 즉 name.string은 왼쪽 끝으로 맞춰서 출력했지만 주가지수, 즉 price.string은 오른쪽 끝에 맞춰서 출력했습니다. 그렇다면 숫자 앞에 > 기호를 쓰면 **오른쪽으로 맞춰서 출력**한다는 뜻이 아닐까요? 맞습니다.

> < : 왼쪽 정렬
> ^ : 가운데 정렬
> \> : 오른쪽 정렬

값을 출력할 폭을 지정했다면 '왼쪽 정렬'이 기본이므로 < 기호는 굳이 안 써줘도 됩니다.

그런데 등락폭 부분은 여전히 보기가 좀 밉습니다. 이 부분은 등락폭 수치와 등락률이 한 문자열로 묶여 있어서 수치 부분과 비율 부분을 별도의 열로 가지런히 정렬하면 더 보기 좋을 듯합니다. 그러려면 up_down.string에서 수치와 비율을 분리해서 따로 변수에 저장해야 합니다.

> 1. 문자열에서 여는 괄호가 나오는 위치를 찾는다.
> 2. 닫는 괄호가 나오는 위치를 찾는다.
> 3. 여는 괄호 전에는 빈칸이 있으니 문자열 시작부터 여는 괄호 전전 글자까지 문자열 슬라이스 기능을 이용해서 따로 변수에 저장한다.
> 4. 여는 괄호부터 닫는 괄호, 즉 문자열 끝까지 슬라이스해서 따로 변수에 저장한다.

만약 모든 등락폭 수치가 정수 부분과 소수 부분 모두 같은 자릿수라면 여는 괄호의 위치도 항상 같겠지만 보시는 것처럼 주가지수의 종류에 따라서 정수 부분의 자릿수가 다릅니다. 즉 괄호의 위치가 항상 같을 거라고 예측할 수가 없습니다. 따라서

> **핵심** 문자열마다 여는 괄호의 위치를 찾아야 합니다.

문자열에서 원하는 글자가 처음으로 나타나는 위치를 찾으려면 .find() 메서드를 사용하면 됩니다. 네, 문자열도 파이썬에서는 일종의 객체입니다.

```
open_bracket_pos = up_down.string.find('(')
```

이렇게 하면 open_bracket_pos에 문자열에서 여는 괄호가 있는 **위치가 숫자로 저장**됩니다. find()의 매개변수가 조금 헷갈릴 수 있는데, 괄호 안에 '(' 문자열이 들어 있는 것입니다. 프로그램의 마지막 부분에 위의 알고리즘을 적용하고, 그에 맞춰 print() 문도 고쳐봅시다.

```
up_down = up if (up != None) else down

open_bracket_pos = up_down.string.find('(')
close_bracket_pos = up_down.string.find(')')
up_down_price = up_down.string[ : open_bracket_pos - 1]
up_down_rate = up_down.string[open_bracket_pos :]
print(f'{name.string:11}: {price.string:>9} {up_down_price:>8} {up_down_rate:>5}')
```

```
Python 3.7.2 Shell
Python 3.7.2 (tags/v3.7.2:9a3ffc0492, Dec 23 2018, 22:20:52) [MSC v.1916 32 bit (Intel)] on win32
Type "help", "copyright", "credits" or "license()" for more information.
>>>
============ RESTART: C:\Users\f1mik\Desktop\Python\krx_v2.py ============
KTOP 30     :   6,859.36  ▲  50.34 (0.74)
KOSPI       :   2,124.28  ▲  17.22 (0.82)
KOSPI 200   :     273.88  ▲   2.00 (0.74)
KOSDAQ      :     696.34  ▲   9.99 (1.46)
KOSDAQ 150  :   1,148.06  ▲  19.78 (1.75)
KRX 300     :   1,263.47  ▲  10.01 (0.80)
>>>
```

> **핵심** 일단 등락폭 수치와 비율 부분을 분리해서 따로 정렬하는 것까지는 성공했습니다. 하지만 숫자를 오른쪽 정렬을 하다보니 등락폭 수치 부분에서 올랐는지 내렸는지 여부를 나타내는 **화살표가 들쭉날쭉**합니다. 아무래도 화살표도 따로 떼어내서 정렬하거나 내렸을 때에만 음수 표시를 붙이면 좋을 것 같은데… 어째 **점점 복잡**해지는 것 같습니다.

뭔가 다른 방법이 필요하겠습니다.

복잡한 문자열 패턴을
이잡듯 뒤져주는,
정규표현식 살짝 겉핥기

이제 우리는, 작심 3일차인 오늘 배워야 할 내용의 거의 끝부분에 와 있습니다. 파이썬을 활용하는 수많은 분야 중에서 정말 많이 쓰이는 분야는 HTML이나, CSV나 엑셀 파일 등의 갖가지 형식의 데이터들을 가져와서 **필요한 데이터를 뽑아내어 가공**하는 일입니다. 이것만 잘해도 파이썬으로 **귀찮고 지루한 많은 일들을 손쉽게** 컴퓨터에 맡겨버릴 수 있습니다. 그런데 수집하는 데이터들은 대체로 글자든 수치든 문자열 유형 데이터이고 **여러 데이터가 뒤섞여** 있게 마련입니다.

주가지수 데이터의 수치들도 사실 문자열 유형입니다. 정수 유형 123과 문자열 유형 '123'은 다르다는 사실은 이미 첫날 이야기한 바 있습니다. 또한 어떤 수치는 세 자릿수고 어떤 것은 두 자릿수이기 때문에 문자열 안에서 위치나 차지하는 글자 수도 다르므로 문자열 슬라이스로 뽑아내는 것도 쉬운 일은 아닙니다. 지금처럼 빈칸이 있다면 빈칸을 찾아서 그 다음부터 숫자라고 '가정'하는 방법도 있지만 만약 가끔 빈칸이 두 개라면? 혹은 방금 우리가 했던 것처럼 숫자를 오른쪽 정렬 하느라고 숫자 앞 빈칸의 개수가 달라진다면? 그럴수록 해결 방법은 더욱 까다로워집니다.

다행히, 파이썬은 이렇게 변화 무쌍한 패턴들을 규칙으로 만들 수 있는 방법을 제공합니다. 바로 **정규표현식**(regular expression)입니다. 여기서 '정규'란 **일정한 규칙**이라는 의미입니다. 즉 문자열의 일정한 규칙을 기호로 표현하기 위한 일종의 수식 같은 것입니다. 정규표현식은 이것 하나만으로도 책 하나가 될 정도로 무척 정교하고 복잡하지만 **초보적인 것만 알아도 상당히 쏠쏠**하게 써먹을 수 있습니다.

정규표현식을 사용하려면 파이썬이 기본으로 제공하는 re 패키지를 불러들여야 합니다. 지금쯤이면 re 패키지를 어떻게 불러들일지는 잘 아시겠죠? 파이썬 셸에서 간단한 연습을 해보겠습니다.

```
>>> import re
re = re.compile(r'\d{1,3}(,\d{3})*')
```

```
re = re.compile(r'\d{1,3}(,\d{3})*')
```

① 3자리 마다 쉼표를 찍는 숫자 패턴의 정규표현식으로
② 정규표현식 검사 객체를 만들어서
③ re 변수에 대입한다

정규표현식을 경험해본 적이 없는 분들이라면 ①이 도대체 뭔지, 저 암호 같은 게 어떻게 3자리마다 쉼표를 찍는 숫자, 그러니까 123,456이라든가 1,234,567 같은 숫자를 뜻하는 패턴이라는 건지, 아무런 아이디어도 떠오르지 않을 것입니다. 몇 가지 힌트를 드리겠습니다. 사실은 힌트를 빙자한 짧은 설명이랄까요?

1. \d는 숫자 하나를 뜻합니다.

2. {} 안의 숫자는 for 루프에서 보았던 range()와 비슷한 기능을 합니다. 즉 {1,3}은 바로 앞에 있는 글자가 1개에서 3개까지 나타난다는 뜻입니다. \d{1,3}은 숫자가 1개, 2개, 또는 3개까지 연속으로 나타난다는 뜻입니다. {3}은 바로 앞에 있는 글자가 딱 3개 연속으로 나타난다는 뜻입니다. range()와는 달리 여기서는 끝값에 1을 더할 필요가 없습니다.

3. ()는 지금까지 보았던 수식과 같은 기능을 합니다. 바로 뒤에 {1,3}같은 게 나타나면 () 안에 있는 패턴을 통으로 한 글자 취급합니다. (,\d{3})이란 쉼표(,) 뒤에 숫자(\d)가 3개({3}) 나타나는 패턴을 통으로 묶어놓은 것입니다.

4. *는 바로 앞에 있는 글자가 한 번 또는 그 이상 연속으로 나타난다는 뜻입니다. (,\d{3})* 패턴은 쉼표(,) 뒤에 숫자가 3개 나타나는 패턴이 한 번 또는 그 이상 연속으로 나타난다는 뜻입니다.

이렇게 설명해도 잘 모르겠죠? 그럼 실제로 숫자를 넣어가면서 테스트해보겠습니다.

```
Python 3.7.2 (tags/v3.7.2:9a3ffc0492, Dec 23 2018, 22:20:52) [MSC v.1916 32 bit (Intel)] on win32
Type "help", "copyright", "credits" or "license()" for more information.
>>> import re
>>> pattern = re.compile(r'\d{1,3}(,\d{3})*')
>>> pattern.match('12')
<re.Match object; span=(0, 2), match='12'>
>>> pattern.match('123')
<re.Match object; span=(0, 3), match='123'>
>>> pattern.match('123,45')
<re.Match object; span=(0, 3), match='123'>
>>> pattern.match('123,456')
<re.Match object; span=(0, 7), match='123,456'>
>>> pattern.match('123,456,789')
<re.Match object; span=(0, 11), match='123,456,789'>
>>> pattern.match('123,456,7890')
<re.Match object; span=(0, 11), match='123,456,789'>
>>> pattern.match('123,4567,890')
<re.Match object; span=(0, 7), match='123,456'>
>>> pattern.match('1234567890')
<re.Match object; span=(0, 3), match='123'>
>>> pattern.match('abc123,456def,7890')
>>>
```

> **핵심** pattern 변수에는 re.compile() 함수가 돌려준 **정규표현식 검사 객체**가 들어 있습니다. 이 객체의 match() 메서드에 문자열을 매개변수로 전달하면 정규표현식과 일치하는 부분을 찾아줍니다. 다음을 자세히 보시죠.

```
>>> pattern.match('12')
<re.Match object; span=(0,2), match='12'>
```

① (돌려 받은 것은) re 패키지의 Match 객체로
② 일치하는 범위는 문자열 인덱스 0부터 2까지
③ 일치하는 문자열은 '12'다

만약 문자열 시작 부분부터 비교해서 정규표현식과 일치하는 부분이 있으면 이에 관한 데이터를 담은 re.Match 객체를 돌려주며, 일치하는 부분이 전혀 없으면 앞의 그림에서 가장 마지막의 'abc123,456def,7890'처럼 아무런 결과도 출력하지 않습니다.

re.Match 객체를 돌려받아 변수에 저장했다면 start()와 end() 메서드가 각각 일치하는 부분의 시작과 끝 인덱스를 돌려줍니다. 위의 예라면 start() 메서드는 0을, end() 메서드는 2를 돌려줍니다. re.Match 클래스의 string() 메서드는 일치하는 문자열, 즉 이번 예라면 '12'를 돌려줍니다.

이제 방금 예제들이 주어진 정규표현식과 어떻게 일치하는지 간단하게 살펴보겠습니다.

```
\d{1,3}(,\d{3})*
   ①      ②

   12
   123
   123,45
   123,456
   123,456,789
   123,456,7890
   123,4567,890
   1234567890
abc123,456def,7890
```

주어진 정규표현식을 크게 두 가지 덩어리로 나누면,

① 숫자(\d)가 1개부터 3개까지 연속으로({1,3}) 나오는 패턴.

② 쉼표(,) 뒤에 숫자(\d)가 세 개({3}) 연속으로 나오는 패턴.

②의 뒤에 * 표시가 붙었으니까 ②*는 ②가 없거나, 있거나, 여러 번 연속으로 나오거나 한다는 뜻입니다. 따라서 ①, ①②, ①②②, ①②②②, … 와 같은 패턴의 문자열이 주어진 정규표현식과 일치합니다. 앞의 예 가운데서 몇 가지를 살펴보겠습니다.

- '123,45'에서 문자열 시작 부분의 '123'은 패턴 ①을 만족하지만 ',45'는 쉼표 뒤에 숫자가 두 개밖에 없으므로 ②와 맞지 않습니다. 따라서 ①에 해당하는 '123'만이 일치합니다.

- '123,456,7890'에서는 문자열 시작 부분의 '123'이 ①과 일치하며 바로 뒤의 ',456'이 ②와 일치합니다. 그 다음은 쉼표보다 숫자 7이 먼저 나오므로 일치하지 않습니다. 문자열 끝의 ',890'은 ②와 일치하지만 re.match()는 일단 일치하지 않는 부분이 나오면 그 뒤는 전부 무시합니다.

- 'abc123,456def,7890'는 시작 부분부터 패턴과 일치하지 않으므로 일치하는 부분이 전혀 없는 것으로 간주합니다.

 re.match()는 **문자열 시작부터 패턴이 일치**해야만 결과가 나옵니다. 하지만 때로는 찾고자 하는 패턴이 문자열 중간에 있을지도 모릅니다. 이런 경우에는 re.search()를 대신 쓰면 됩니다.

```
Python 3.7.2 (tags/v3.7.2:9a3ffc0492, Dec 23 2018, 22:20:52) [MSC v.1916 32 bit (Intel)] on win32
Type "help", "copyright", "credits" or "license()" for more information.
>>> import re
>>> pattern = re.compile(r'\d{1,3}(,\d{3})*')
>>> pattern.match('Money: 123,456,789 USD')
>>> pattern.search('Money: 123,456,789 USD')
<re.Match object; span=(7, 18), match='123,456,789'>
>>>
```

이번에는 아까와 같은 정규표현식을 써서 'Money: 123,456,789 USD'라는 문자열에서 일치하는 패턴을 찾아보았습니다. match()를 썼을 때에는 일치하는 부분이 없는 것으로 나옵니다. 문자열 처음부터 정규표현식과 일치하는 부분이 나와야 하기 때문입니다. 반면 search()를 썼을 때에는 인덱스 7부터 18까지가 일치하는 부분으로 나옵니다.

파이썬!
넌 문자열한테
아무것도 하지 마!

그나저나, re.match()에 매개변수로 넘겨줬던 문자열을 살펴보면, 문자열 앞 따옴표(')
앞에 r이 붙어 있는 것을 볼 수 있습니다. 우리는 그저께(작심 1일차)부터 print()의
매개변수로 문자열 앞에 f를 붙임으로써 문자열 안에 변수의 값을 출력할 위치를
지정하는, f-문자열을 사용해보았습니다. f 대신 r을 쓰는 것은 무슨 의미일까요?
파이썬 셸에서 다음 두 가지 명령을 입력해서 문자열 앞에 r이 없을 때와 있을 때의
차이를 비교해보겠습니다.

```python
print('It is the \"first\" line.\nIt is the \"second\" line.')
print(r'It is the \"first\" line.\nIt is the \"second\" line.')
```

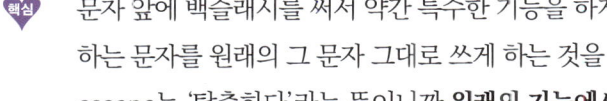

첫 번째 print() 문은 \n 부분에서 줄이 바뀌었고, \"는 백슬래시(\) 없이 "만
출력되었습니다. 반면 문자열 앞에 r을 붙였을 때에는 \n은 그대로 \n으로, \"도
백슬래시가 붙은 그대로 \"로 출력되는 것을 볼 수 있습니다. print()를 쓸 때
줄바꿈과 같이 글자로는 안 보이지만 어떤 기능을 하는 특수문자를 문자열에 넣고
싶다면 백슬래시를 사용한다고 이미 배운 적이 있습니다.

또한 문자열을 둘러싸는 기능을 하는 따옴표를 문자열 안에 넣고 싶을 때에도 \' 또는
\" 같이 백슬래시를 앞에 붙여서 쓸 수 있고, 백슬래시 자체를 문자열 안에 넣고 싶을
때에는 \\, 즉 백슬래시를 두 번 써주면 됩니다.

문자 앞에 백슬래시를 써서 약간 특수한 기능을 하게 만들거나, 반대로 어떤 기능을
하는 문자를 원래의 그 문자 그대로 쓰게 하는 것을 **이스케이프**(escape)라고 합니다.
escape는 '탈출하다'라는 뜻이니까 **원래의 기능에서 탈출**한다는 뜻으로 풀이할 수
있겠습니다.

그런데 문자열 앞에 r을 붙이면 이런 이스케이프 기능이 싹 무시되고, 백슬래시는 그냥 백슬래시 글자 하나로 취급합니다. r은 raw, 즉 '날것'을 뜻합니다. 문자열 앞에 r이 붙으면 이스케이프와 같은 가공을 거치지 않으며, 산은 산이요, 물은 물이요, 백슬래시는 백슬래시입니다. 이런 문자열을 **날 문자열**(raw string)이라 부르겠습니다.

정규표현식에서 날 문자열을 쓰는 이유는 뭘까요? \d 같은 문제 때문입니다. print() 함수만이 아니라 파이썬에서는 문자열 데이터를 받을 경우 일단 이스케이프 처리를 합니다. 하지만 **정규표현식**은 자기 **나름대로의 이스케이프 규칙**이 따로 있어서 이스케이프 처리가 두 번 일어나는 게 문제입니다. 예를 들어 문자열 안에서 백슬래시를 찾는 정규표현식을 만들려고 할 때를 생각해보겠습니다.

```
import re
re.match('\\', '\d means a digit.')
```

아까까지는 re.compile()로 정규표현식 검사 객체를 돌려받고 이 객체를 가지고 match()나 search()를 사용했지만 이번에는 re.match()를 곧바로 사용했습니다. search() 역시 같은 방법으로 쓸 수 있습니다. 이때에는 첫 번째 매개변수로는 정규표현식을, 두 번째 매개변수로는 정규표현식으로 패턴을 찾고자 하는 문자열을 넣어주면 됩니다.

패턴을 한 번만 쓸 생각이라면 이렇게 해도 되지만 여러 번 쓴다면 compile()로 pattern 객체를 만들어주고 이 객체의 match()나 search() 메서드를 쓰는 게 성능 면에서 좋습니다. 특히 코드에서는 한 번만 쓴다고 해도 for 또는 while 같은 루프 안에서 쓰인다면 루프 시작 전에 미리 compile()을 쓰고 루프 안에서는 pattern 객체를 써야 합니다. 루프 안에 re.match() 함수를 쓰면 루프가 반복되는 횟수만큼 정규표현식을 분석하고 pattern 객체를 만들기 때문입니다.

위의 코드를 파이썬 셸에서 실행시키면 오류가 주루룩 쏟아질 것입니다.

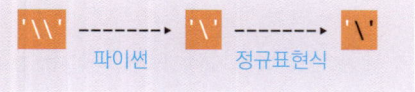

정규표현식으로 전달한 '\\' 문자열을 파이썬이 먼저 한 번 만져줍니다. 파이썬 문자열에서 \\는 백슬래시를 뜻하므로 **파이썬은 이를 백슬래시 하나(\)로 만들어서 정규표현식에 전달**합니다.

문제는 re 패키지가 정규표현식을 처리하는 과정에서 '\' 문자열을 받으면 백슬래시를

다음 글자와 묶어서 이스케이프 처리를 한다는 것입니다. 그러면 백슬래시 뒤에 나오는 따옴표는 문자열 끝을 뜻하는 따옴표가 아니라, \'로 묶여서 글자로서의 따옴표(')로 간주합니다. 이어서 정규표현식 처리 객체는 '닫는 따옴표 어디 갔어? 없잖아!' 하고 오류를 내고 도망갑니다. 파이썬에서 한 번 정규표현식 처리 과정에서 또 한 번 이스케이프가 일어나는 게 문제입니다. 이를 피하려면 다음과 같은 방법이 있습니다.

```
re.match('\\\\', '\d means a digit.')
```

이렇게 하면 '\\\\' → '\\' → '\' 순서로 처리하므로 문제가 없습니다. 백슬래시 하나를 넣기 위해서 백슬래시를 네 개나 연속으로 넣는 건 영 좋지 않아 보입니다. 그래서 문자열 앞에 r을 붙여서 "파이썬, 넌 이스케이프 처리를 하지 마!" 하고 명령하는 것입니다. 이러면 r'\\' → '\\' → '\'로 결국 인식하니 문제가 없습니다.

명심 **정규표현식도 이스케이프를 하는 이유는 파이썬의 이스케이프와는 다르기 때문**입니다. 예를 들어, 파이썬 문자열에서 괄호는 그냥 괄호지만 정규표현식 안에서 괄호는 앞에서 보았던 것처럼 여러 글자를 한 글자처럼 묶어주는 기능이 있습니다. 따라서 정규표현식 안에서는 글자 그대로의 괄호를 넣으려면 \(, \)와 같이 백슬래시로 이스케이프 처리를 해주어야 합니다.

정규표현식으로 한 방에 원하는 데이터 다 찾기

이제 정규표현식으로 우리가 원하는 일을 해볼 차례입니다. 주가지수의 등락을 나타내는 문자열이 어떤 패턴인지부터 곰곰이 생각해보겠습니다.

1. 주가지수가 올랐는지 내렸는지를 뜻하는 기호. 올랐으면 ▲, 내렸으면 ▼ 표시가 나옵니다.

2. 등락폭. 정수 부분이 2~3자리라서 확실치 않지만 4자리면 주가지수와 같이 3자리마다 쉼표를 찍는 패턴으로 보입니다. 소수점 아래는 둘째 자리까지 나옵니다.

3. 등락률. 괄호 안에 백분율로 숫자가 들어 있습니다. 백분율이므로 정수 부분은 0~100, 즉 1~3자리까지일 것이고, 소수점 아래는 둘째 자리까지 나옵니다.

그런데 주가지수가 올랐는지 내렸는지 여부를 ▲, ▼ 기호로 판단하는 것 말고도
다른 방법이 있습니다. BeautifulSoup 패키지로 HTML을 파싱할 때를 떠올려보시기
바랍니다.

```
up = index.find('span', {'class':'index-up'})
down = index.find('span', {'class':'index-down'})
up_down = up if (up != None) else down
```

주가지수를 표시하는 부분을 둘러싼 <span> 태그의 'class' 속성은 주가가 올랐는지
내렸는지에 따라 달라집니다. 아까 만든 코드에서 만약 지수가 올랐다면 up_down
변수에는 up을, 지수가 내렸다면 down을 대입합니다. 따라서 다른 변수 하나를
만들어 여기에 지수가 올랐는지 여부를 저장할 수 있을 것입니다. 코드를 다음과 같이
바꿔보겠습니다.

```
up = index.find('span', {'class':'index-up'})
down = index.find('span', {'class':'index-down'})
is_up = (up != None)
up_down = up if is_up else down
```

(up != None) 부분은 up이 None이 아니면 True, None이라면 False이므로 이를 is_up
변수에 대입합니다. 불린 변수의 이름으로 첫머리에 is_를 사용하는 방법은 꽤 널리
쓰입니다. is_up이라면 Is it up?이라는 뜻으로 쉽게 해석할 수 있기 때문입니다.
up_down 변수에 무엇을 대입할지를 판단하는 부분도 is_up 변수를 써서 좀 더 간결하게
만들었습니다. 그러면 화살표 표시는 무시하고, is_up 변수를 가지고 +, - 기호처럼
키보드로 입력하기 쉬운 것을 화면에 출력하면 됩니다.

등락폭은 주가가 대폭등 또는 대폭락하지 않는 한은 네 자릿수로 가지는 않을
듯합니다. 하지만 네 자릿수로 가면 아마도 주가지수처럼 세 자리마다 쉼표를 찍을
듯합니다. 또한 소수점 둘째 자리까지는 항상 표시됩니다. 즉, .00으로 0이라도 써서
소수점 둘째 자리까지는 항상 표시합니다. 소수점 뒤까지 생각해야 하니까 좀 더
복잡해지겠네요. 파이썬 셸에서 다음과 같이 테스트해봅시다.

```
>>> import re
>>> pattern_point = re.compile(r'\d{1,3}(,\d{3})*.\d+')
>>> pattern_point.match('123.45 (678.90)')
<re.Match object; span=(0, 6), match='123.45'>
```

첫 부분의 숫자를 잘 찾아주는 것 같습니다. 소수점 뒤에 \d+라는 표현식을 썼는데,

글자 뒤에 * 기호를 쓰면 바로 앞 글자가 '없거나, 있거나, 여러 개 있거나를 뜻하지만'

+를 쓰면 한 번 또는 그 이상 나와야 한다는 뜻입니다. 항상 소수점 둘째자리까지만 나온다면 \d{2}라고 써도 되지만 혹시 몰라서 소수점 뒤에 한 자리 또는 여러 자리가 나오는 패턴과 모두 일치하도록 했습니다.

그런데 이 정규표현식에는 함정이 있습니다.

```
>>> pattern_point.match('123+45 (678.90)')
<re.Match object; span=(0, 6), match='123+45'>
>>> pattern_point.match('123$45 (678.90)')
<re.Match object; span=(0, 6), match='123$45'>
```

소수점 대신에 + 혹은 $ 같은 다른 글자를 넣어도 정규표현식과 일치하는 것으로 나옵니다. 정규표현식에서 점(.)은 *, + 기호처럼 특수한 기능을 하는데, 점(.)은 아무 글자든 한 글자와 일치합니다. 그러니까 소수점이 들어가야 할 곳에 아무 글자든 와도 위의 정규표현식은 일치하는 것으로 판단합니다. 이를 해결하려면 re 패키지가 점을 그냥 글자 그대로 점으로 간주하도록 해야 합니다. 어떻게 해야 할까요?

```
>>> pattern_point = re.compile(r'\d{1,3}(,\d{3})*\.\d+')
>>> pattern_point.match('123.45 (678.90)')
<re.Match object; span=(0, 6), match='123.45'>
>>> pattern_point.match('123+45 (578-90)')
>>>
```

 앞에서 열심히 이야기한 것처럼 점(.) 앞에 벅슬래시를 붙여서 **이스케이프 처리**하면 됩니다. 이제는 '123.45' 같은 문자열은 일치하는 것으로 나오지만 '123+45' 같은 문자열은 아무런 re.Match 객체도 돌려주지 않습니다. 즉, 일치하지 않는 것으로 나옵니다.

이쯤에서 또 한 가지 넘어야 할 고비는, 우리가 '123.45 (678.90)' 문자열과 같은 형식에서 찾아야 할 부분이 두 곳이라는 점입니다. 처음에 나오는 숫자는 등락폭을 나타내며 그 다음 괄호 안에 나오는 숫자는 등락률을 나타냅니다. 두 부분을 찾아서 각각 다른 변수에 저장하면 아주 편리할 것입니다.

이렇게 한 번에 정규표현식과 일치하는 문자열을 여러 개 찾아야 할 경우를 위해, re.Match 클래스는 findall()이라는 메서드를 제공합니다. 딱 보기에도 **모두**(all) **찾기**(find)라는 이름을 가지고 있습니다. 사용하는 방법은 match() 혹은 search()처럼 검사하고자 하는 문자열을 매개변수로 넣어주면 되지만 **돌려받는 값은 문자열로 된 리스트**라는 점에서 차이가 있습니다. 아까 소수점까지 제대로 인식하는 정규표현식을 가지고 findall()을 해볼까요?

```
>>> pattern_point.findall('123.45 (678.90)')
['', '']
```

에? 텅텅 빈 문자열 두 개를 가진 썰렁한 리스트를 돌려받았습니다. 이는 우리가 원하는 결과가 절대 아닙니다. 그 이유는 정규표현식 안에서 쓰는 괄호에 있습니다.

정규표현식 안의 괄호는 여러 글자를 통으로 한 글자처럼 다룰 수 있게도 해주지만 정규표현식의 일부분을 그룹으로 묶어서 **우선 순위**를 주는 기능도 합니다. 무슨 뜻인가 하면, 다음을 보세요.

```
>>> pattern_point.findall('1,234.56 (678.90)')
[',234', '']
```

세 자리마다 찍는 쉼표가 들어간 숫자를 findall()이 찾아줬습니다. findall()은 정규표현식 안에 괄호가 있을 경우 괄호 안에 있는 패턴, 즉 앞 페이지에 예시된 정규표현식에서 (,\d{3}) 안에 있는 ,\d{3}을 우선 순위로(먼저) 찾게 됩니다.

 이 문제를 막으려면 여는 괄호 다음에 ?:를 붙여서 이 괄호에 우선 순위를 주지 말라고 선언해야 합니다. 다음처럼 말입니다.

```
>>> pattern_point = re.compile(r'\d{1,3}(?:,\d{3})*\.\d+')
>>> pattern_point.findall('1,234.56 (678.90)')
['1,234.56', '678.90']
```

이번에 돌려받은 리스트는 순서대로 첫 번째 값은 등락폭, 두 번째 값은 등락률입니다. 뭔가 정규표현식이 많이 복잡해졌지만 이제 우리 프로그램에 투입해서 결과를 볼 때입니다. 하는 김에 메모도 붙였고 몇 가지 추가 수정을 해보았습니다.

```python
from bs4 import BeautifulSoup
import urllib.request
import re

# 한국거래소 웹사이트의 메인 페이지를 연다
with urllib.request.urlopen('http://www.krx.co.kr/main/main.jsp') as response:
    page = response.read()
    soup = BeautifulSoup(page, 'html.parser')
    index_info = soup.find_all('div', {'class':'index-info'})

    # 등락폭과 등락률을 찾을 정규표현식
    pattern_point = re.compile(r'\d{1,3}(?:,\d{3})*\.\d+')
```

```
# 각각의 주가지수에서 데이터를 찾는다
for index in index_info:
    name = index.find('span', {'class':'index-name'}) # 주가지수의 이름
    price = index.find('span', {'class':'index-price'}) # 주가지수
    up = index.find('span', {'class':'index-up'}) # 올랐을 때의 데이터
    down = index.find('span', {'class':'index-down'}) # 내렸을 때의 데이터

    # 올랐을 때와 내렸을 때를 감안해서 등락 관련 데이터를 복사한다
    is_up = (up != None) # True면 지수가 오른 것, False면 내린 것
    up_down = up.string if is_up else down.string
    up_down_sign = '+' if is_up else '-' # 등락 여부를 나타내는 기호

    # 정규표현식으로 등락폭과 등락률을 찾는다
    index_data = pattern_point.findall(up_down)

    # 결과를 출력한다
    print(f'{name.string:11}: {price.string:>9} {up_down_sign}{index_data[0]:>8} ({index_data[1]:>5}%)')
```

위의 코드에서 주요한 부분들을 살펴보겠습니다.

먼저 주가지수에서 데이터를 찾아 출력하는 for 루프가 시작하기 전에 re.compile()로 정규표현식을 분석해서 pattern_point 변수에 저장하는 문이 있습니다. 앞서 말했지만 이 문을 for 루프 안에 넣으면 for 루프가 도는 횟수만큼 **정규표현식**을 분석하고 객체를 만드는 일이 쓸데없이 되풀이되므로 **루프 시작 전에** 두는 것이 좋습니다

그 다음, 처음과는 달리 이제는 up_down 변수에 up 또는 down 대신 up.string 또는 down.string을 대입합니다. 우리에게 필요한 것은 string 안에 저장된 문자열 뿐입니다. **아예 문자열만 가져오면** 나중에 print() 문 같은 곳에서 쓰게 되면 up_down.string 대신 그냥 up_down으로 좀 더 짧게 쓸 수 있어 좋으니까요.

그 다음으로 **정규표현식 객체를 사용**해서 등락폭과 등락률을 가져온 다음 print()로 출력합니다. 이때 등락을 나타내는 기호는 ▲▼ 대신 미리 up_down_sign에 저장해둔 +, -를 사용합니다. 결과를 한번 볼까요?

```
*Python 3.7.2 Shell*
File Edit Shell Debug Options Window Help
Python 3.7.2 (tags/v3.7.2:9a3ffc0492, Dec 23 2018, 22:20 52) [MSC v.1916 32 bit
(Intel)] on win32
Type "help", "copyright", "credits" or "license()" for more information.
>>>
============== RESTART: C:\Users\flmik\Desktop\Python\kr=_v3.py ==============
KTOP 30     :  7,047.98 -    26.39 ( 0.37%)
KOSPI       :  2,203.46 -     1.39 ( 0.06%)
KOSPI 200   :    285.79 -     0.10 ( 0.03%)
KOSDAQ      :    716.92 +     0.06 ( 0.01%)
KOSDAQ 150  :  1,191.56 +     0.09 ( 0.01%)
KRX 300     :  1,317.93 -     0.18 ( 0.01%)
>>>
```

이제 좀 더 가지런히 결과를 정렬해서 출력하지만 +, - 기호가 주가지수 쪽으로 치우쳐 있어서 보기가 별로입니다. print() 문을 조금 수정하면서, print() 안의 매개변수 문자열이 길어질 때 코드를 좀 더 보기 좋게 만드는 테크닉까지 써먹어보겠습니다.

```python
# 결과를 출력한다
print(f'{name.string:11}:'      # 주가지수 이름
      f'{price.string:>9} | '   # 주가지수
      f'{up_down_sign}{index_data[0]:>7} '  # 등락폭
      f'({index_data[1]:>5}%)')  # 등락률
```

```
KTOP 30      :  7,047.98 | -    26.39 ( 0.37%)
KOSPI        :  2,203.46 | -     1.39 ( 0.06%)
KOSPI 200    :    285.79 | -     0.10 ( 0.03%)
KOSDAQ       :    716.92 | +     0.06 ( 0.01%)
KOSDAQ 150   :  1,191.56 | +     0.09 ( 0.01%)
KRX 300      :  1,317.93 | -     0.18 ( 0.01%)
>>>
```

이번에는 주가지수와 +, - 기호 사이에 | 를 넣어서 구분했습니다. 이보다 더 중요한 것은, print() 안의 문자열을 여러 부분으로 잘라서 여러 줄에 걸쳐 쓴 점입니다. 파이썬은 원래 한 문은 한 줄 안에 써야 합니다. 몇 가지 예외가 있는데 위에서 보는 것과 같이 문자열을 여러 조각으로 잘라 쓸 경우 여러 줄에 걸쳐 쓸 수도 있습니다. 문자열이 너무 길어지면 한 줄이 지나치게 길어지기 때문입니다.

긴 문자열을 여러 줄로 나눠서 쓰면 보기도 편하지만 (코드에 보이는 것처럼) 뒤에 주석을 붙일 수도 있어서 코드를 파악하기가 더욱 쉬워집니다.

그저께(작심 1일차에) 문자열과 문자열 사이에 쉼표를 찍어가면서 쓰면, **빈칸**이 하나씩 들어가면서 문자열이 이어지는 것을 보았습니다. 반면에 **쉼표를 쓰지 않고 문자열을 이어서 쓰면** 빈칸 없이 바로 바로 붙어서 이어집니다. 다음과 같이 파이썬 셸에서 비교해보면, 쉽게 그 차이를 알 수 있습니다.

```
>>> print('I love', 'Python.')
I love Python.
>>> print('I love' 'Python.')
I lovePython.
>>>
```

오늘 살펴본 정규표현식은 극히 일부분이라 할 수 있습니다. 정규표현식은 특히 이메일, 비밀번호, 전화번호를 비롯해서 특정한 형식으로 입력해야 하는 내용을 검사해서 올바른 형식을 가지고 있는지 판단할 때 널리 쓰입니다.

 인터넷 서비스에 가입할 때 이메일이나 전화번호를 입력하다보면 형식이 잘못되었을 때 경고를 내면서 다시 입력하라는 메시지가 나오곤 합니다. 이러한 **입력 데이터 검사에는 거의 정규표현식이 쓰이고 있다**고 보시면 됩니다.

앞으로도 계속해서 관심을 가지고 공부하면 데이터의 형식을 검증하거나 원하는 형식의 데이터를 찾아내는 작업을 크게 단순화할 수 있습니다. 정규표현식이 좀 복잡하긴 하지만 정규표현식을 안 쓰면 수십 수백 줄에 걸친 코드를 만들어야 할 수도 있습니다.

"원 모어 띵!" 여기서 **팁 하나 더** 알려드립니다. 아까 만든 주가지수를 보여주는 코드는 **탐색기에서 파이썬 코드 파일을 더블 클릭**해서도 실행시킬 수 있습니다. 그런데 그렇게 해보면(더블 클릭 후) 뭔가 창이 열렸다가 출력되는 듯하더니 이내 닫혀버릴 것입니다.

파이썬은 명령 프롬프트를 실행시키고 파이썬 코드를 실행시킨 후, 실행이 끝나면 창을 바로 확 닫아버립니다. 이래서는 우리 눈으로 주가지수를 볼 수가 없습니다. 마지막 줄 그러니까, for 루프 바깥에 간단한 코드 한 줄을 추가시켜봅시다.

```
input('엔터 키를 누르면 끝마칩니다.')
```

input()으로 입력을 기다리도록 해두면 창이 바로 닫히지 않고, 엔터 키를 쳐야 비로소 프로그램이 끝나고 창이 닫히게 됩니다.

작심 3일의 대장정을 마무리하는 오늘 마지막 파이썬 프로그램의 완성 코드를 보여드립니다. **작심 3일 파이썬** 읽기를 '작심삼일'로 끝내버리거나 미루거나 포기하지 않고 여기까지 무사히 읽고 따라온 독자 여러분은 정말로 진정한 승리자입니다.

```python
from bs4 import BeautifulSoup
import urllib.request
import re

# 한국거래소 웹사이트의 메인 페이지를 연다
with urllib.request.urlopen('http://www.krx.co.kr/main/main.jsp') as response:
    page = response.read()
    soup = BeautifulSoup(page, 'html.parser')
    index_info = soup.find_all('div', {'class':'index-info'})

    # 등락폭과 등락률을 찾을 정규표현식
    pattern_point = re.compile(r'\d{1,3}(?:,\d{3})*\.\d+')

    # 각각의 주가지수에서 데이터를 찾는다
    for index in index_info:
        name = index.find('span', {'class':'index-name'})   # 주가지수의 이름
        price = index.find('span', {'class':'index-price'}) # 주가지수
        up = index.find('span', {'class':'index-up'})       # 올랐을 때의 데이터
        down = index.find('span', {'class':'index-down'})   # 내렸을 때의 데이터

        # 올랐을 때와 내렸을 때를 감안해서 등락 관련 데이터를 복사한다
        is_up = (up != None)  # True면 지수가 오른 것, False면 내린 것
        up_down = up.string if is_up else down.string
        up_down_sign = '+' if is_up else '-'  # 등락 여부를 나타내는 기호

        # 정규표현식으로 등락폭과 등락률을 찾는다
        index_data = pattern_point.findall(up_down)

        # 결과를 출력한다
        print(f'{name.string:11}:'                  # 주가지수 이름
              f'{price.string:>9} ¦ '               # 주가지수
              f'{up_down_sign}{index_data[0]:>7} '  # 등락폭
              f'({index_data[1]:>5}%)')             # 등락률

    input('엔터 키를 누르면 끝마칩니다.')
```

작심하고 3일만
while 루프로 돌려도
고수가 된다!

오늘 우리는 이런 것들을 배웠습니다.

- 모듈을 불러다 사용하기
- pip으로 외부 모듈(패키지)을 설치하고 사용하기
- 파일을 열어서 읽고, 쓰고, 닫기
- 클래스와 객체의 기본 개념, 그리고 둘 사이의 차이
- 사전 데이터 유형
- 함수의 매개변수, 그리고 키워드 매개변수
- 직접 함수 만들어서 쓰기
- HTML 이해하기, 그리고 BeautifulSoup로 파싱하기
- f-문자열 더 정교하게 쓰기
- 정규 표현식 살짝 맛 좀 보기

이제 3일 동안 이어졌던 파이썬 공부도 마무리 지을 때입니다. 3일이라는 시간은 뭔가를 제대로 공부하기에는 '짧은' 시간입니다. 이 책에 3일 동안 이어졌던 내용은 파이썬의 기본 중에 기본을 점층적으로 살펴보고 고민하며 이해하는 과정이었습니다.

그 기본적인 이해만으로도 우리는 오늘, OECD에서 받은 데이터의 국가 코드를 국가 이름으로 편하게(자동으로) 바꾸고, 인터넷에서 주가지수를 받아다가 출력할 수 있었습니다. 파이썬이 많이 쓰이는 이유도, 그렇게 높은 테크닉이 없는 **초보 수준의 실력만으로도 할 수 있는 일이 꽤 많기 때문**입니다.

파이썬에 맛을 들였다면 더 많이 더 깊이 공부하고 싶어질 것입니다. 세상에는 좋은 파이썬 책들이 많이 나와 있고 인터넷 강의들도 있습니다. 물론 어떤 것으로 공부하든 고수로 가는 길은 멀고 깁니다. 꾸준함이 필요합니다.

이 책의 작심 3일 과정을 열심히 따라왔다면,

```
level += 1
```

"작심 3일을 while 루프로 열심히 돌려보자! 루프가 한 번 돌 때마다, 레벨이 1씩 올라가는 거야!" 하며 마음 먹고 차근차근 나아가봅시다.

그러다가 좀 지루하면 잠깐 쉬었다가 다시 작심 3일 모드로 돌아가는 겁니다. while 루프를 한번 되풀이할 때마다 당신의 레벨은 1, 2, 3으로 늘어나기 시작해서 1만, 10만, 100만까지(?) 엄청나게 올라갈 것입니다.

 무엇보다 일단은 이 책을 처음부터 한 번 더 보는 것이 좋습니다. 아마 지금쯤이면 그제, 어제 배웠던 것 중에 까먹은 내용이 꽤 있을 테니까요. 처음부터 다시 보면 3일까지는 안 걸릴 겁니다.

여러분, 수고 많이 하셨습니다. 좀 쉬었다가 앞으로 작심 3일을 while 루프에 돌린다는 마음가짐으로 계속 공부합시다! 감사합니다.

파이썬을 공부할 때 명심해야 할 3가지

앞으로 파이썬을 계속 공부하실 때 다음 3가지만은 꼭 염두에 두시기 바랍니다.

1. 파이썬을 비롯한 프로그래밍 언어의 진정한 강점은 '**반복**'에 있습니다. 사람이라면 지루해서 못할 수백, 수천, 수십만, 수억 번의 반복을 컴퓨터는 묵묵하게, 그리고 무식하게 해버립니다. **반복되는 지루한 일들**이야말로 **파이썬에게** 떠넘기기 아주 좋습니다.

2. 프로그래밍은 세상에서 일어나는 일들 안에서 '**패턴**'을 찾아내 이를 프로그래밍 언어로 옮기는 것입니다. 패턴을 컴퓨터가 알아먹을 수 있도록 구조를 짜내는 게 **알고리즘**입니다. 결국 프로그래밍의 고수는 알고리즘의 고수입니다. 알고리즘의 태반은 if … else …와 같은 조건문, 그리고 for, while과 같은 반복문으로 구성됩니다.

3. 파이썬에는 수많은 **패키지**들이 있으며 이 패키지들을 잘 활용하면 초보 수준의 실력으로도 정말 놀라운 일들을 할 수 있습니다. 어떤 패키지가 있는지 잘 모를 때에는 구글과 같은 검색 엔진을 활용해보세요. '파이썬 패키지' 또는 'python package'와 함께 원하는 일을 검색어로 넣어보면 패키지를 찾을 수 있습니다.

 **파이썬 잘 하시네요.
취직 자리
알아봐 드릴까요?**

파이썬을 만든 **귀도 판 로섬**은 2013년 9월 어느 날, 소셜 미디어에 다음과 같은 글을 올렸습니다.

> 나한테 이런 이메일 보내지 마세요.
>
> 안녕하세요 귀도 씨
>
> 구글 웹 검색을 통해서 당신의 경력을 보았습니다. 파이썬에 굉장한 전문성을 가지고 계시는 듯하네요. 아래 내용에 관심이 있으신지, 그리고 일하실 상황이 될지 이 메일에 답을 주시면 감사하겠습니다.
>
> (미국) 뉴저지 주에 있는 제 클라이언트는 파이썬 개발자를 급하게 구하고 있습니다. 아래에 업무에 관한 자세한 내용이 있습니다. 관심이 있으시고 일하실 상황이 된다면 최근의 이력서와 함께 원하는 급여 수준 및 언제부터 일하실 수 있을지 보내주시면 감사하겠습니다.
>
> 메일에 이렇게 답장을 할까 싶네요.
>
> "관심도 없고 일할 상황도 안 됩니다."

찾아보기

:   34, 43, 44
!=   111, 129
.   123
**   56
//   55
\   83
71, 126
%   55
=   41, 44
==   106, 111
〉〉〉 94
₩   83

A
and   128
append   124

B
Beautiful Soup   228
break   130

C
chardet   214
continue   162

CSV   182, 186, 199

D
def   222
dict   197

E
elif   111, 112
else   105, 108, 112, 115
except   160

F
False   106, 128
finally   207
for   42, 72, 131, 238
function   47, 50
f-문자열   78, 114, 239, 240, 247

H
Hello, world!   34
HTML   233, 236

I
IDE   94, 96
IDLE   94, 96
if   103, 105, 112, 115, 203

import　187, 189
in　72, 203
IndexError　121
input　79, 81
insert　123
int　74, 81, 137
IOBase　194

J

Java　51

L

len　124, 159

N

NameError　69, 166
None　50, 239

O

object　193
open　191, 206, 220
or　128

P

pip　188, 211, 229
print　47
.py　100

R

range　36, 38, 42, 64, 72
remove　124
repl.it　30, 34, 37, 45, 50, 51, 52, 68, 75, 97, 100, 101
return　223
re 패키지　243

S

Stack Overflow　210
str　74, 80
string　238
SyntaxError　77

T

The Zen of Python　172
TODO:　127

True　106, 128
try　160
TypeError　74, 80, 218

U

urllib　217

V

ValueError　158

W

while　131, 132
with　208

ㄱ

객체　192
거짓　107
결괏값　38, 74, 128, 144
관리자 권한으로 실행　212
괄호　38, 47, 49, 54, 55, 57, 78, 107, 115, 124, 128, 132, 139, 175, 222, 241, 242, 249, 252
구구단　133
국가 코드　183
귀도 판 로섬　86, 94
끝값　36, 38, 64, 164

ㄴ

날짜 계산　101, 135, 137
논리 연산자　128

ㄷ

대괄호　119, 124, 164, 197, 238
대입　41, 44
데이터　58
데이터 유형　74
들여쓰기　34, 45, 97
등호　41, 72
디버거　142, 146
디버그　70
디버깅　140
디코딩　200
따옴표　47, 48, 76

띄어쓰기　66

ㄹ

라이브러리　211
루프　46, 132, 253
리스트　119, 195, 204
리터럴　77

ㅁ

만약　103
매개변수　49, 201
메서드　193
명령 프롬프트　211
모두 바꾸기　185
모듈　68, 187
모듈화　222
몬티 파이썬　86, 94
무한 루프　135, 137, 161
문자열　47, 48, 74, 162

ㅂ

반복　59, 103
반복할 수 있는 객체　195
백슬래시　83, 247
버그　70, 140, 157
변수　39, 40, 44, 58, 64, 71
변수의 이름　40, 60
부등호　129
불린　107, 113, 132
블록　43, 44, 72, 109, 112, 208
빈 문자열　82
빈칸　44, 66, 97, 254
빈칸 네 개　45

ㅅ

사전　195, 204
샤프 기호　71
설치　90
셸　32, 50, 94, 101
소스　99, 141, 234
속성　193, 235
쉬운 언어　51
쉼표　48, 66, 184, 238, 254
스택　141
스팸　86

슬라이스　163
시스템 예약어　62
실행　32, 65
쌍점　34, 43, 44
쓰기 권한　191
쓰기 모드　205

ㅇ

알고리즘　103, 110, 116, 198
엑셀　182
연산자　53
예외 처리　159, 207
오류 메시지　67, 74
우선순위　54, 252
유니코드　200, 209
유형 강제변환　75
윤년　101, 108, 110, 112
이스케이프　247
이진 모드　219
인덱스　120
인코딩　199, 209, 219
읽기 권한　191
읽기 모드　219

ㅈ

자바　51, 174
자바스크립트　232
작은달　102
작은따옴표　47
저장　94, 99
전역변수　141
전자계산기　52
점　123, 190, 193
정규표현식　243, 248
정수　74, 80
정의　69, 70, 222
조건　104
조건문　115
조건부 표현식　115
주석　126
줄　34, 68
중괄호　78, 114, 118, 196, 240
중단점　149, 224
지역변수　141, 225

ㅊ

참 107
초깃값 72, 79

ㅋ

커서 82, 84
코드 34
큰달 102
큰따옴표 47, 186
클래스 187
키-값 쌍 195
키워드 62
키워드 매개변수 82, 201, 206

ㅌ

타입 캐스트 75
태그 232
텍스트 모드 219
통합개발환경 94, 96
튜플 124, 204
특수문자 83, 219

ㅍ

파라미터 49
파서 231
파싱 231
파이썬 공식 웹사이트 90
파일 사용권 191
패키지 211
편집기 32
평갓값 110
프롬프트 94
피연산자 74

ㅎ

함수 47, 49, 50, 187, 221
형식화된 문자열 리터럴 76, 78

작심 3일 파이썬
: 모두가 배워야 할 Python, 남몰래 3일만 투자하자!

초판 1쇄 발행 / 2019년 04월 25일

지은이 / 황덕창
펴낸이 / 김일희
펴낸곳 / 스포트라잇북

제2014-000086호 (2013년 12월 05일)

주소 / 서울특별시 영등포구 도림로 464, 1-1201 (우)07296
전화 / 070-4202-9369 **팩스** / 031-919-9852
이메일 / spotlightbook@gmail.com
주문처 / 신한전문서적 031-919-9851

책값은 뒤표지에 있습니다.
잘못된 책은 구입한 곳에서 바꾸어 드립니다.

Copyright ⓒ 황덕창, 2019, Printed in Korea.
저작권법에 의해 보호 받는 저작물이므로 무단전재와 복제를 금합니다.

ISBN 979-11-87431-16-9 13560

주목받는 잇(it)북을 만듭니다
스포트라잇북

3일 동안
기초를 배우지
못하는 일이란
세상에 없습니다

작심 **3일** 시리즈는 짧고 굵게 기초와 기본을 배우는 책들로 출간됩니다!

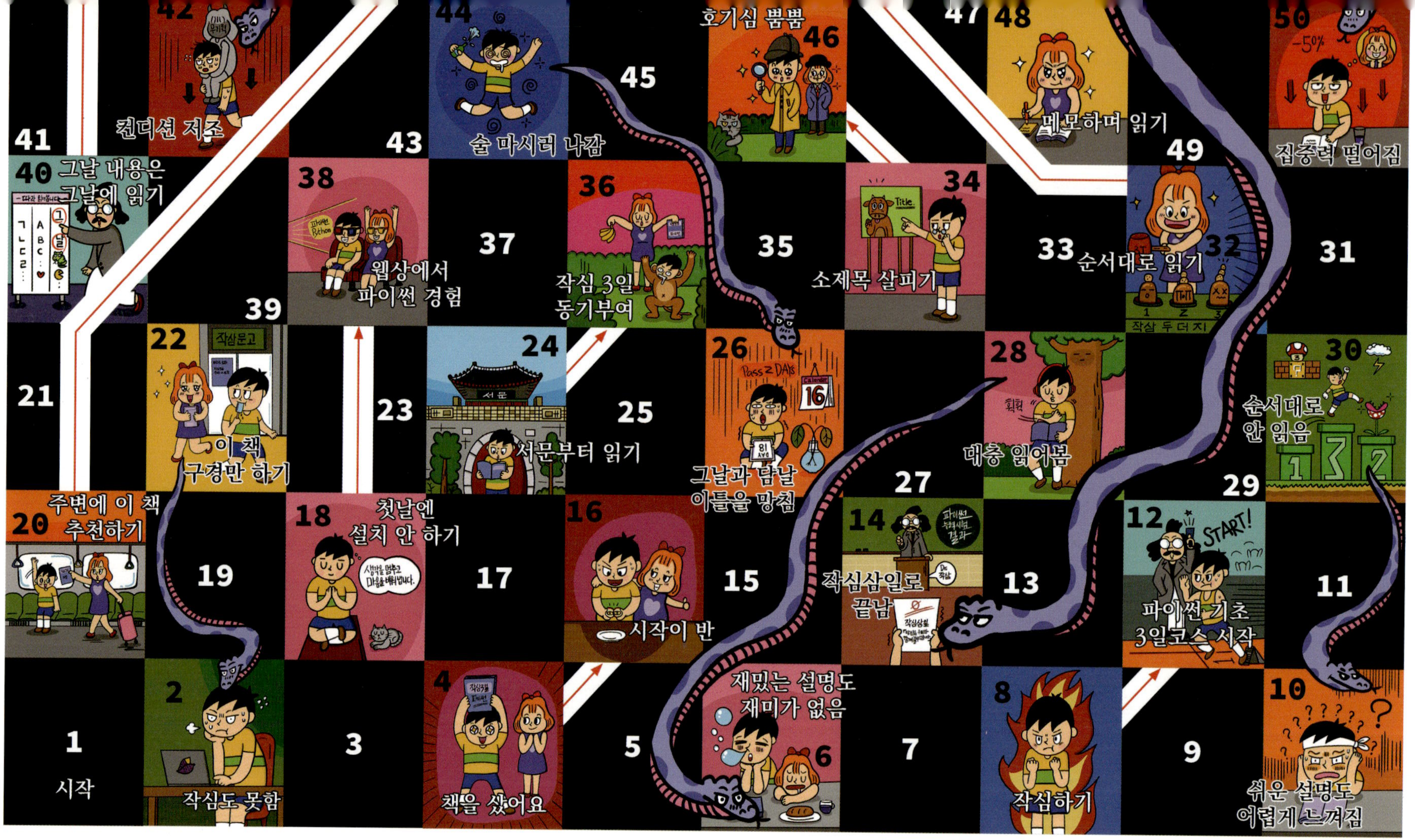

python.for3days.com

점선을 참고하여 조심스럽게 잘라
앞면지의 나머지 한쪽과 이어붙이시면
진짜로 주사위 놀이를 할 수 있습니다.
열심히 파이썬 기초를 공부하다가
머리 식힐 때 참 좋습니다.